U0272663

金·融·科·技

AIGC重塑金融

AI大模型驱动的金融变革与实践

林建明 / 著

AIGC RESHAPING FINANCE

图书在版编目（CIP）数据

AIGC 重塑金融：AI 大模型驱动的金融变革与实践 / 林建明著．—北京：机械工业出版社，2024.2（2024.4 重印）
（金融科技）
ISBN 978-7-111-74381-1

Ⅰ．① A…　Ⅱ．①林…　Ⅲ．①人工智能 – 应用 – 金融业 – 研究　Ⅳ．① F83-39

中国国家版本馆 CIP 数据核字（2023）第 231802 号

机械工业出版社（北京市百万庄大街 22 号　邮政编码 100037）
策划编辑：杨福川　　　　　　　　责任编辑：杨福川　罗词亮
责任校对：马荣华　　梁　静　　责任印制：郜　敏
三河市宏达印刷有限公司印刷
2024 年 4 月第 1 版第 2 次印刷
170mm × 230mm · 18.5 印张 · 1 插页 · 286 千字
标准书号：ISBN　978-7-111-74381-1
定价：99.00 元

电话服务　　　　　　　　　　网络服务
客服电话：010-88361066　　机　工　官　网：www.cmpbook.com
　　　　　010-88379833　　机　工　官　博：weibo.com/cmp1952
　　　　　010-68326294　　金　　书　　网：www.golden-book.com
封底无防伪标均为盗版　　机工教育服务网：www.cmpedu.com

PRAISE

赞　誉

在各种新技术的交织下，知识的传播和交互形式从黑板、书本到网络不断发生变化。大模型是重要的技术变量，未来，获取知识的形态可能超越人们的想象。AI终将服务于人，赋能于人，是人类能力的扩增。这本书系统分析了AIGC对金融领域的重塑与价值，带给我们更深层次的思考。

——周源　第十四届全国政协委员/
社会和法制委员会委员/知乎创始人兼CEO

“人们总是高估短期，而低估了长期。”大模型的涌现拉开了有史以来最大的平台革命序幕。只有以长期主义的姿态，不断追寻仰望星空与脚踏实地的平衡，才能在汹涌的潮流中找到真金。这本书以前沿的思维向我们传达了一个深刻的启示：种一棵树最好的时机是十年前，其次是现在。

——李华　富途集团创始人/富途控股董事长兼CEO

以ChatGPT为代表的大模型技术呼啸而来，迭代速度之快，震撼力之大，应用范围之广，前所未见，并且正在迅速地荡涤传统观念。林建明是极具影响力的AI技术创新的领军者，在本书中，他如高天行云般展现了大模型技术的混模态发展过程，作为坐言起行推动行业变革的创业者，他大开大合地展示了应用大模型技术的超强创造力。

——唐杰　深圳市前副市长/香港中文大学（深圳）理事

金融科技积厚成势，大模型虽非“轻舟已过万重山”，但“青山遮不住，毕竟东流去”。未来，要么颠覆自己，要么被别人颠覆。弄潮大时代，如果你还未深入了解 AIGC 新技术的原理和潜在价值，这本书值得一读，它将为你打开想象力的大门。

——徐连峰　招商银行前技术总监

金融数字化转型如中流击水，不进则退。大模型浪潮浩浩荡荡，不是简单的生产效率的提高工具，而是真正平台性的革命。金融机构要与 AIGC 结伴而行、双向赋能。林建明将 20 年金融科技经验和对 AIGC 深刻洞察融入这本书，为拥抱变革带来全新方法论和思考，读来受益良多。

——程峰　众邦银行董事长

回望中国金融业数字化发展历程，可谓风起于青蘋之末，浪成于微澜之间。大模型一石激起千层浪，成银行柔性战略的关键。这本书对于推动金融高质量发展、赋能美好生活提供了可借鉴的示范样本，是一本值得阅读、引人思考的前沿之作！

——王玉海　亿联银行行长

宏观虽然不可改变，但微观大有可为。创业者要埋头把自己的事情做好，持续创新，韧性生长。人工智能是长坡厚雪的赛道，大模型带给金融领域重要的创新机遇。这本书深刻分析了 AIGC 在金融场景中的潜在势能，值得关心未来的人士一读。

——肖冰　达晨创投总裁

AIGC 的潘多拉魔盒已经打开，我们不能因噎废食，因恐惧而抗拒。大模型如同八九岁的孩子，正在以惊人的速度成长，未来想象力无限。人类应该拥抱先进生产力，与之共舞，使其为我所用。这本书深刻探讨了 AIGC 在垂直领域的挑战和机遇，是一部引领潮流的优秀之作，强烈推荐给所有对此感兴趣的读者。

——刘毅然　元璟资本合伙人

AIGC 的爆发将彻底改变各行各业的商业生态，在未来三到十年推动生产力快速增长。作为金融科技领域的高级专家和践行者，作者从技术、商业场景、风险管理与安全、合规监管、科技伦理和产业发展政策等方面入手，深入解剖了如何用 AIGC 为金融业赋能，全面提升金融业经营管理水平，降低成本和提高效率，并绘制了一幅细致且可行的金融业数字化转型路径图。

——郑磊　博士 / 香港中文大学（深圳）高等金融研究院客座教授 / Global Fintech Lab 资深专家

FOREWORD

推荐序

回顾人工智能的发展轨迹，自 1956 年达特茅斯会议上人工智能的概念被正式提出以来，其能力进化曲线经历了从决策式 AI 到以 ChatGPT 为代表的生成式 AI、从单模态到多模态、从单领域到跨领域的发展，这代表人工智能从专用型向通用型转变。

AI 大模型的出现是一个划时代的里程碑，它通过对海量数据的训练学习，具备强大的语言理解和表达、思维链推理等能力，在文本图像理解、内容生成等 AI 任务中表现出显著优势和巨大潜力。

前沿大模型将是人工智能时代的“操作系统”，正在重构应用生态和重塑产业格局。正如《阿里达摩院 2023 年十大科技趋势》所预测，生成式 AI 以其强大的生成能力深刻地影响千行百业。多模态预训练大模型等前沿技术将 AI 带向通用人工智能规模化的前夜、爆发前的奇点。人类对通用 AI 的想象从未如此具体。

大模型是一场“ AI+ 云计算”的全方位竞争，超万亿参数的大模型研发，并不是只需处理算法问题的常规项目，而是囊括了底层庞大算力、网络、大数据、机器学习等诸多要素的复杂的系统工程，需要有超大规模 AI 基础设施的支撑。

过去十来年，阿里云已经累积了从飞天云操作系统、芯片到智算平台的“ AI+ 云计算”的全栈技术实力。今天，从底层算力到人工智能平台，再到模型服务，阿里云正在进行全面的技术升级和创新。阿里云的目标是“打造 AI 时代一朵最开放的云”，坚定地将 AI 基础设施和大模型能力向所有企业开放，共同推动产业数智化升级。

- 开放通义千问能力，提供完备的算力和大模型基础设施，让每一家企业打造自己的专属 GPT；
- 搭建 AI 开源社区“魔搭”，短短一年时间，汇聚了 280 万开发者、2300 多个优质模型，模型下载量超过 1 亿，打造下一代开源的模型即服务共享平台，降低 AI 应用门槛；
- 阿里达摩院首批免费开放 100 件 AI 专利许可，建立更开放的 AI 技术生态；
- 协同生态伙伴，合力推动大模型在不同垂直行业落地。

金融行业作为数字化需求强烈的数据密集型行业，是大模型落地的最优场景，也是我们的战略重心之一。生成式 AI 拓展了金融科技创新的疆界，并且提供了一种前所未有的新生产力。金融业务都值得用大模型技术重做一次。金融机构和科技企业正积极探索大模型在金融领域的应用，包括智能客服、智能办公、智能研发和智能投研等多个领域。这进一步推动了金融服务的数字化改造，加速了 AI 技术对金融业务的提质增效。

但是，鉴于金融在专业性、逻辑性、风险控制、合规性及可靠性方面的高要求，通用大模型在金融核心领域的应用仍然面临着一些挑战。大模型落地金融产业是复杂的系统工程，需要解决知识力、专业力、语言力及安全力等问题。我们需要多方共建生态，从数据、知识、架构、评估评测、生态体系等多个层面寻找通用大模型的适配方案，以满足金融行业的特定需求。

这本书全面、深入地剖析了 AIGC 技术原理、工作机制、典型落地场景，通过引用全球最新实践案例，揭示了 AIGC 在金融自动化流程、数据洞察、风险控制、数字人、智能营销及智能投资等实际业务环节展现出的独特价值与前景。

同时，书中提供了金融大模型 Prompt Engineering 训练要点和使用技巧，帮助从业者更好地运用这一技术来推动金融领域的创新和发展。另外，书中对于安全应用 AIGC、AGI 时代的畅想等观点引人深思，为加强对生成式 AI 的探索和实践提供了非常有益的指导。

大模型催生的新一轮创新浪潮和行业变革已经开启，在金融行业的应用逐渐从外围走向核心。让我们携手促进中国 AI 生态繁荣，共赴数智金融新时代。相信向未来张望的时光，或许孤独而漫长，但努力过后都是晴朗！

张建锋
阿里达摩院院长

PREFACE

前　言

在21世纪的科技舞台上，人工智能（AI）犹如一颗璀璨的明星，逐渐成为全球科技竞争的焦点。其中，通用人工智能（AGI）似乎是AI这场盛会的高潮，而AIGC（人工智能生成内容）如同引导我们走向这一高潮的旋律。2023年，就像一阵风席卷全球，AI的范式开始发生深刻变革，我们见证了参数量超千亿的AIGC大模型如雨后春笋般涌现。这不仅是数字内容生产与消费方式的进化，更是科技与人类关系深度融合的开端。

金融行业，这个总是对新技术敏感并迅速做出响应的“战场”，正在寻找更高效的“武器”以增强自身的金融服务实力。在此背景之下，AIGC的强大生成能力为金融领域开辟了一片新天地：从提升业务效率的“火箭助推器”，到降低成本的“利剑”，再到重塑与客户之间交互模式的“魔法”。面对这种科技浪潮，金融机构就像站在两条道路的交会处，一边是未知的挑战，另一边则是满载而归的机遇。

值得一提的是，AIGC的发展步伐就像超音速飞机，已经在某种程度上突破了摩尔定律。尽管新技术如同一块未经雕琢的宝石，充满未知和挑战，但及早研究AIGC在金融领域的应用，特别是在技术的大海中进行一些浅滩探险，确实是明智之举。我希望通过本书与读者一同探索这片神奇的海域，在金融应用中找到AIGC的真正闪光点。

读者对象

本书的受众群体广泛，包括但不限于金融从业者、计算机科研人士、学术研究人员、政策制定者、投资人、开设相关课程的大专院校的师生，以及其他对 AIGC 和金融科技感兴趣的人士。本书希望向读者深入全面地展示 AIGC 在金融领域的潜力和影响。

本书特色

本书全景式地展现了 AIGC 在金融领域的纵深影响和应用前景，其特色表现在以下几个方面：

- 技术原理剖析：本书系统解读了 AIGC 和机器学习的精髓，深入讲解其工作机制、算法设计与潜在局限。这为读者揭开了该领域的神秘面纱，提供了坚实的基础知识。
- 实践中的 AIGC：本书通过一系列真实案例，介绍了 AIGC 如何应用于金融的各个环节，如自动化流程、数据洞察、风险控制、数字人、智能营销及智能投顾等，展现出其独特的价值与魅力。
- 从效益出发：本书着重探索了如何运用 AI 技术在金融领域达成内外效益双赢。借助实际案例和实践经验，引导读者理解 AI 如何为金融业带来更大的竞争力与增值空间。
- 金融大模型构建：本书深入剖析了提示工程（Prompt Engineering）的核心思想、关键技巧以及在金融领域应用的广泛场景，以翔实的框架和步骤，助力金融机构实现稳健经营，提高预测准确性和风险控制能力，并持续创新。
- 伦理和监管策略：本书针对 AI 应用中的伦理挑战和法规问题进行了深入探讨，为金融机构提供了应对这一新领域的挑战所需的策略。

如何阅读本书

建议读者在阅读本书时，理论结合实践，保持开放的思维。本书主要包括以下内容：

第 1、2 章介绍大语言模型的过去、现在与未来，AIGC 三大核心技术的演变，数据、算力、算法的关键作用与相互影响，以及 AIGC 技术与应用的落地场景，帮助读者全面了解 AIGC 的基本原理，拥抱 AI 新时代。

第 3～5 章着重讲解 AIGC 对提升金融业内部生产效率、外部服务效率、金融科技水平的影响。这三章深度分享了大量全球最新的 AIGC 实践案例，融合了顶级大模型厂商、金融机构的 AIGC 实践经验，帮助读者理解这一前沿技术在自动化运营、数据分析、风险管理、数字人、智能营销、智能投顾等业务领域的应用，以及在金融业降本增效、重塑竞争力方面的关键能力。

第 6、7 章重点探讨 AIGC 在监管科技中的应用以及金融业如何安全地使用 AIGC。这两章解析国际实践经验，结合我国的合规发展现状，提出应对科技治理挑战、建立可信 AIGC 的策略。

第 8、9 章立足实践，总结金融业提示工程的训练要点和使用技巧，讲解如何从零开始训练金融大模型，探索垂直应用模型在金融领域的应用，并指导金融机构构建可靠、高效、可落地的金融领域特定大模型。

第 10 章展望大模型发展方向，思考人与 AI 的未来，畅想 AI 时代金融业从数字金融向智慧金融转变的路径，以及如何将新技术融入 AIGC 实践中。

我们将进入一个由 AIGC 引领的新时代，金融业将迎来更高效、更安全、更智能的服务模式和技术能力，同时面临诸多伦理和法规问题，这些问题需要我们共同思考并加以解决。希望本书能够帮助读者更好地理解并应对这一变革，为构建更加繁荣和可持续的金融世界贡献绵薄之力。

勘误和支持

除封面署名外，对本书做出贡献的还有张伊茗、苗燕、刘海余、阚全力、易小华、王明明等。由于作者的水平有限，书中难免会存在一些错误或者不准确的地方，恳请读者批评指正。欢迎读者将发现的错误或不准确之处发送至邮箱 linjianming@smyfinancial.com，不胜感激。

致谢

特别感谢我的太太何爱英及两个女儿林子琳、林子琰，她们一直以来的默默支持和鼓励让我能够顺利地完成本书，她们的陪伴和理解是我不断前行的最大动力。

林建明

CONTENTS

目　录

CHAPTER 1

第1章

AIGC开启的AI大航海时代

在人工智能领域，大语言模型技术的发展备受关注。以ChatGPT为代表的对话式大语言模型的横空出世，推动AI由弱人工智能向强人工智能迈进。

随着AIGC（Artificial Intelligence Generated Content，人工智能生成内容）技术的不断发展，大语言模型的应用领域也在不断拓展，对传统的PGC（专业生成内容）、UGC（用户生成内容）内容生成模式进行着颠覆与重塑。本章主要介绍大语言模型的发展脉络、ChatGPT引发的生产力革命、AIGC三大核心技术（生成算法模型、预训练模型和多模态技术），以及AIGC爆发所需的数据、算力和算法共振。最后，介绍从PGC到UGC再到AIGC，内容生成模式的转变将带来哪些巨变。

1.1 大语言模型的过去、现在与未来

大语言模型是指能够自动学习语言规律，并生成类似于人类语言的文本的机器学习模型。它是自然语言处理（NLP）领域的一种关键技术，已经在很多领域得到了广泛的应用。在过去几年中，随着深度学习技术的发展，大语言模型取得了很多突破。

1.1.1 大语言模型的过去和现在

自然语言处理是一门包含计算机科学、语言学、心理认知学等一系列学科的交叉学科，这些学科性质不同但又相互交叉。自 1906 年俄国数学家安德烈·马尔可夫（Andrey Markov）提出著名的马尔可夫链以来，对语言建模的研究已经有 100 多年的历史。近年来，自然语言处理领域发生了革命性的变化。2001 年，约书亚·本吉奥（Yoshua Bengio）用神经网络进行参数化的神经语言模型，开启了语言建模的新时代。其后，BERT（来自 Transformer 的双向编码器表示）和 GPT（生成式预训练 Transformer）等预训练语言模型的出现将自然语言处理的能力提高到了全新的水平。

按照时间来划分，自然语言模型的发展历程可以分为以下 4 个阶段：

1）统计模型阶段（20 世纪 50 年代～90 年代）：在这个阶段，n-gram 模型和隐马尔可夫模型（HMM）等统计模型是主要的研究方向。这些模型通过基于统计的方法建模词语之间的概率关系。

2）神经网络模型阶段（21 世纪初）：随着神经网络的兴起，自然语言处理进入了神经网络模型阶段。神经网络语言模型（NNLM）和循环神经网络语言模型（RNNLM）成为代表性模型，它们能够捕捉更复杂的语言结构。

3）预训练模型阶段（21 世纪 10 年代末～2020 年初）：在这个阶段，预训练模型成为自然语言处理的重要突破。BERT、GPT 和 XLNet 等基于 Transformer 架构的模型通过在大规模语料上进行无监督预训练，获得了丰富的语言表示能力，并在特定任务上进行微调。

4）多模态模型阶段（2020 年至今）：随着多模态数据的广泛应用，自然语言处理进入了多模态模型的阶段。该阶段的模型能够融合文本、图像、语音等不同模态的信息，进行复杂的多模态分析和处理。

1.1.2 大语言模型的未来

未来，大语言模型将继续朝着更大规模、更强能力、更通用的方向发展。模型将不断增大规模，具备更强大的语言理解和生成能力。在通用模型的基础上，各行业利用精调或 Prompt 的方式加入任务间的差异化内容，从而极大地提高模型的利用率。模型将注重上下文理解和推理能力的提升，实现更深入的语义分析和推理，更好地融合和处理多种数据类型。模型将更注重个性化和情感表达，能够生成符合用户个性化特点和情感状态的文本。

同时，大、小模型协同进化推动人工智能的发展，实现明确分工，高效率、低成本地解决业务问题。大模型负责向小模型输出模型能力，小模型更精确地处理自己擅长的任务，再将应用中的数据与结果反哺给大模型，让大模型持续迭代更新，形成大、小模型协同应用的模式，达到降低能耗、提高整体模型精度的效果。

此外，大模型将从科研创新走向产业落地。大模型最重要的优势是推动 AI 进入大规模可复制的产业落地阶段，仅需零样本、小样本的学习就可以达到很好的效果，从而大大降低 AI 开发成本。随着大模型的落地，头部企业将开放技术，赋能中小企业，打造以大模型为底座的生态。

这些趋势合力推动大语言模型在自然语言处理、智能对话、智能助手等领域发挥更重要的作用，并为人们提供更智能、更个性化的交互体验。然而，我们也需要关注相关的风险和挑战，包括伦理问题、误导性信息、数据隐私等，以确保大语言模型的安全、可靠和可持续发展。

1.2 ChatGPT 引发的生产力革命

ChatGPT 作为一种强大的自然语言处理模型，引发了一场生产力革命。它以出色的语言理解和生成能力，给各个领域的工作方式带来了革命性的变化。从自动化助手到内容创作和编辑，ChatGPT 成为人们工作中不可或缺的伙伴。这一创新的技术在提高效率、节省时间和提升工作质量方面发挥了重要作用。

1.2.1 AI 新的里程碑：ChatGPT

2022 年 11 月，由 OpenAI 开发的聊天机器人 ChatGPT 一经推出，便席卷了整个行业。它具备优秀的聊天对话、文案创作、代码编写等功能，上线两个月后活跃用户数量突破 1 亿，成为史上用户增长最快的消费应用。ChatGPT 是基于 Transformer 架构开发的大语言模型，通过学习大量预先标注的文本数据（包括网络新闻、书籍、学术文献等），生成与人类语言相似的文本。OpenAI 为 ChatGPT 嵌入了人类反馈强化学习及人工监督微调，因而具备了理解上下文、连贯性等诸多先进特征。

ChatGPT 带动 AI 里程碑式的技术进步，关键在于“三大支撑”。

- 大模型。全称是“大语言模型”（Large Language Model），指参数量庞大（目前规模达千亿级）、使用大规模语料库进行训练的自然语言处理模型，是 ChatGPT 的“灵魂”。
- 大数据。GPT-1 使用了约 7 000 本书训练语言模型。GPT-2 收集了 Reddit 平台（美国第五大网站，功能类似于国内的百度贴吧）的 800 多万个文档，数据量为 40GB。GPT-3 使用维基百科等众多资料库的高质量文本数据，数据量达到 45TB，是 GPT-2 的 1 152 倍。
- 大算力。以 GPT-3 为例，其参数量达 1 750 亿，采用 1 万颗英伟达 V100 GPU 组成的高性能网络集群，单次训练用时 14.8 天，总算力消耗约为 3 640 petaflop/s-day（假设每秒计算 1 000 万亿次，需要计算 3 640 天），相当于七八个耗资 200 多亿元的数据中心的算力。

英伟达首席执行官黄仁勋将 OpenAI 的 ChatGPT 称为人工智能的“ iPhone 时刻”。微软公司创始人比尔·盖茨盛赞 ChatGPT，称其是自 1980 年现代图形用户界面以来最具革命性的技术进步，对这一刻同样感到兴奋。他认为人工智能将像微处理器、个人计算机、互联网和移动电话一样改变世界，ChatGPT 将影响人们的工作、学习、旅行、医疗保健以及彼此交流的方式，整个行业都将围绕它重新定位。而埃隆·马斯克在使用 ChatGPT 后的感受是“好到吓人”，他甚至断言：“我们离强大到危险的 AI 不远了。”

1.2.2 ChatGPT 引领人类进入智慧时代

ChatGPT 在最具挑战性的自然语言处理领域实现了革命性的突破。相比视频、图像、语音等，自然语言的语法、语义、逻辑更复杂，存在多样性、多义性、歧义性等特点。文本数据稀缺，通常表现为非结构化的低质量数据。自然语言处理任务种类繁多，包括语言翻译、问答系统、文本生成、情感分析等。因此，长期以来自然语言处理被认为是人工智能中最具挑战性的领域。ChatGPT 不仅实现了高质量的自然语言理解和生成，并且能够进行零样本学习和多语言处理，为自然语言处理领域带来了前所未有的突破。

目前，国内外巨头已纷纷布局 ChatGPT 人工智能聊天机器人，抢滩 AIGC 科技赛道。ChatGPT 所展现出来的聊天功能，只是 AIGC 模型的能力之一。AIGC 大模型的本质是逻辑和推理能力，随着深度学习技术的快速突破以及数字内容的海量增长，AIGC 领域相关技术打破了预定义规则的局限性，使得快速、便捷且智慧地输出多模态的数字内容成为可能，并让其具备超越人类的创作潜力。这种能力被应用于各个领域，有望对现有的产业技术带来巨大的影响，从而推动生产力再次飞跃，带领人类从智能时代进入全新的智慧时代。

1.2.3 大模型带动生产力飞跃

从 2018 年到 2023 年，GPT 模型经历了 4 代。由简单的问答、阅读理解、文本总结，到在众多测试中获得“人类级别表现”评级，GPT 模型的进化速度越来越快。类 GPT 产品通过自动化、创新和智能化的方式，持续引发生产力革命，产生广泛而深远的影响。可以预期，AI 达到甚至超越人类智能水平的时代会以超预期的速度到来。AI 赋能千行百业的趋势已确立，根据 Gartner 预测，到 2025 年 AIGC 将占所有生成式数据的 10%，有潜力产生数万亿美元的经济价值。

类 GPT 产品将从 6 个方面大幅提升我们的生产力，如图 1-1 所示。

1）创新内容生产的流程和范式。深度应用 AIGC 技术，类 GPT 产品从技术层面实现以低边际成本、高效率的方式满足海量的个性化需求；创新内容生产的流程和范式，为更具想象力的内容、更加多样化的传播方式提供了可能性，推动内容生产向更有创造力的方向发展。

2）快速获取和处理信息。类 GPT 产品可以迅速检索大量信息，并提供准确和有针对性的答案。它能够帮助人们快速获取所需的知识和信息，减少在查找和整理信息上的时间和努力，提高工作效率。

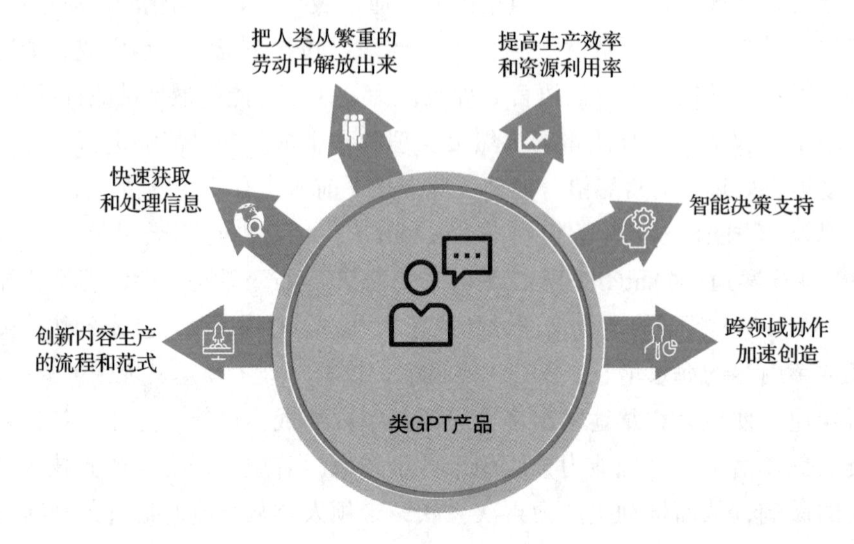

图 1-1 类 GPT 产品带动生产力飞跃

3）把人类从繁重的劳动中解放出来。以前，脑力劳动者需要耗费大量时间来完成许多重复性的劳动。类 GPT 产品能够解放人力，将重复性、机械化的任务（如数据输入、文档处理和客户支持等）交给机器来完成，使人们能够专注于更复杂和有创造性的工作，从而提高生产力和创新能力。

4）提高生产效率和资源利用率。类 GPT 产品可以通过优化生产流程、资源调配和供应链管理，提高生产效率和资源利用率。它可以快速分析和预测需求，优化生产计划和物流运作，降低成本，减少浪费，提高企业的竞争力和可持续发展水平。

5）智能决策支持。类 GPT 产品可以提供实时的数据分析、预测和建议，帮助人们做出更明智的决策。它能够快速处理和分析大量信息，为企业管理、市场营销、销售等领域提供决策支持，提高决策的准确性和效率。

6）跨领域协作加速创造。借助类 GPT 产品实现跨领域的协作和创新，使不同领域的专家和机器智能进行深入的合作与交流，为人们提供灵感、生成创意、解决问题等。它可以快速产生多样化的内容，为企业和个人带来更多创新机会，推动产品和服务的发展。

1.3　AIGC 三大核心技术

生成算法模型、预训练模型和多模态技术是 AIGC 的三大核心技术。如图 1-2 所示，这些技术的不断发展与融合，为人工智能的应用带来了前所未有的机遇和挑战。生成算法模型使机器能够创造新的内容和数据，展现出惊人的创造力和创新潜力。预训练模型通过在大规模数据上进行训练，提取丰富的语义和特征表示，为各种任务提供了强大的基础。多模态技术则将不同类型的数据进行融合与整合，实现更全面、更丰富的信息提取和理解。

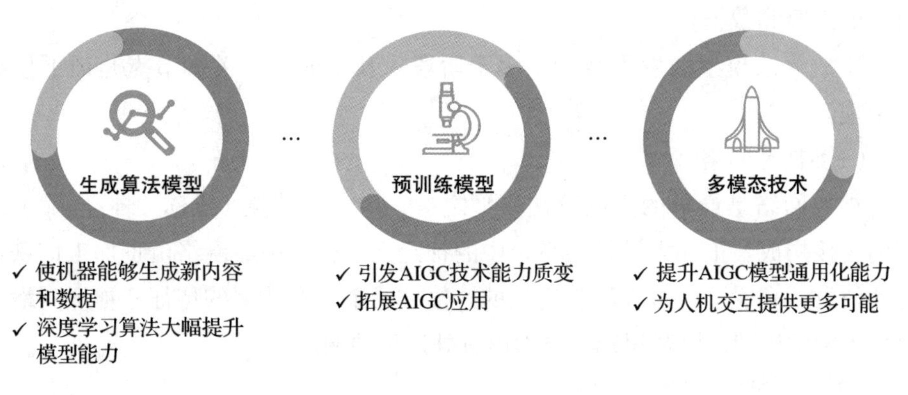

图 1-2　AIGC 三大核心技术

AIGC 三大核心技术的共振效应将推动 AIGC 的发展，并为人类创造出更智能、更高效的解决方案。本节将介绍几种常见的生成算法模型，并探讨它们在 AIGC 技术发展中的推动作用。

1.3.1　生成算法模型

1. 生成算法模型的起源与演变

如果将 1957 年莱杰伦·希勒（Lejaren Hiller）和伦纳德·艾萨克森（Leonard Isaacson）完成的人类历史上第一支由计算机创作的音乐作品看作 AIGC 的开端，那么 AIGC 的诞生距今已有 60 多年了。生成算法模型是 AIGC 的重要组成部分，它通过机器学习和深度学习技术使机器能够生成新的内容和数据。

算法的进化依赖于自我学习和进化。例如，基于遗传算法的进化算法是一种典型的算法进化方式。在这种算法中，借鉴自然界的遗传方式，算法将获得优秀个体进行基因交叉和变异，在不断迭代中逐步优化算法效果，并寻求最优解。

深度学习算法也是一种进化算法，通过不断增加网络的层数和节点数，使其能够自我学习和适应新的场景，从而实现对复杂问题的高效解决。

AIGC 领域已经出现了多种生成算法模型，如 GAN（生成对抗网络）、Transformer、Diffusion 等，这些算法模型的性能、稳定性、生成内容质量不断提升，让 AIGC 能够生成文字、代码、图像、语音、视频、3D 物体等各种类型的内容和数据。

生成算法模型的发展经历了多个阶段，其中的几个关键节点是以下模型的出现。

（1）神经网络

神经网络是最早的生成算法模型之一，由大量节点（或称“神经元”）之间的连接构成。正如人类神经系统中的神经元一样，神经网络负责加工信息和传递信息，它通过模拟人脑神经元的连接方式来学习数据的特征。神经网络可以用于图像识别、语音识别、自然语言处理等领域。

（2）GAN

GAN 是最受欢迎的生成算法模型之一，由生成器和判别器组成，二者相互对抗，生成器负责生成逼真的数据样本，而判别器则尝试区分生成的样本和真实的样本。GAN 被广泛应用于图像生成、图像修复、图像超分辨率等领域。在电视剧《射雕英雄传》中，老顽童周伯通被困在桃花岛上，他自创了左右手互搏术，双手的武功不断精进，这就是对抗。在人工智能的世界里，GAN 的存在就犹如“左右手互搏术”，推动着生成算法的进步和应用。

（3）自编码器

自编码器是一种无监督的学习模型，它通过编码器将输入数据编码成隐含表示，然后通过解码器将该隐含表示解码成输出数据。自编码器被广泛应用于数据压缩、特征学习等领域。

（4）变分自编码器

变分自编码器通过引入变分推理和潜变量模型，更灵活地建模数据的分布和生成过程。变分自编码器被广泛应用于图像生成、语音合成等领域。

（5）生成流模型

生成流模型是一种基于深度学习的生成模型，它通过建立一个高维概率分布，生成更加多样化和灵活的数据。生成流模型被广泛应用于音频合成、自然语言生成等领域。

随着技术的不断发展，生成算法模型的应用场景也越来越广泛，已应用于图像处理、自然语言处理、计算机视觉等领域。同时，随着研究的不断深入，新的生成算法模型不断被提出和改进，以满足不同应用场景的需求。

2. 深度学习生成算法先后涌现

深度学习（Deep Learning，DL）是机器学习（Machine Learning，ML）领域中一个新的研究方向，它被引入机器学习使机器学习更接近于其最初的目标——人工智能。深度学习是学习样本数据的内在规律和表示层次，在学习过程中获得的信息对诸如文字、图像和声音等数据的解释有很大的帮助。它的最终目标是让机器能够像人一样具有分析和学习能力，能够识别文字、图像和声音等数据。

（1）深度学习生成算法优势凸显

相较于之前的生成式算法模型，深度学习生成算法具有以下优势：

- 自动提取特征：自动从数据中学习到最有信息量的特征，避免了传统生成算法需要手动设计特征工程的烦琐过程。
- 学习复杂模式：能够学习复杂的数据分布和模式，从而生成更真实、更多样且富有创意的结果。
- 可扩展性好：深度学习生成算法可以扩展到不同的数据类型和不同的应用场景，如图像生成、音频生成、自然语言生成等。
- 层次化特征：深度学习模型通常由多层神经网络组成，能够逐层提取抽象特征，从低级到高级，从而增强模型对数据的理解和生成能力。
- 上下文理解：深度学习生成算法能够更好地理解输入数据的上下文信息，生成更具连贯性和相关性的结果，在文本生成任务中尤为重要。

（2）深度学习算法大幅提升模型能力

Transformer 模型、基于流的生成模型（Flow-based Generative Model）、

扩散模型（Diffusion Model）等深度学习的代表性算法先后涌现，这些算法使机器可以在海量数据上进行无监督预训练，也就是“自己训自己”，从而大大缩短训练时间，让模型的性能、稳定性、生成内容质量等不断提升。

其中，Transformer 模型是一种基于自注意力机制的序列生成模型。它在机器翻译、文本生成和语言建模等自然语言处理任务中取得了显著的成果。不同于传统的循环神经网络（RNN），Transformer 模型能够并行计算，处理长程依赖关系，并且具有更好的表示能力。它通过多层自注意力和前馈神经网络构建，使模型能够更好地捕捉上下文信息，从而生成更准确、更流畅的序列数据。后来出现的 BERT、GPT-3、LaMDA 等预训练模型都是基于 Transformer 模型建立的。

除了在自然语言处理领域的成功应用外，Transformer 模型也被广泛应用于其他领域，如语音合成、图像生成和推荐系统等。它的创新性和强大的建模能力为序列数据处理与生成任务带来了新的思路和突破。

扩散模型受非平衡热力学的启发，它定义一个扩散步骤的马尔可夫链，逐渐向数据中添加随机噪声，然后学习逆扩散过程，从噪声中构建所需的数据样本。扩散模型最初设计用于去除图像中的噪声。随着降噪系统的训练时间越来越长，效果越来越好，它最终可以以纯噪声作为唯一输入生成逼真的图片。

扩散模型的主要特点是通过随机扩散和迭代更新的方式生成样本。它可以生成高质量、细节丰富的图像，同时保持全局一致性和连续性。不同于其他生成模型，扩散模型在处理细节和纹理方面具有一定的优势。扩散模型的应用领域包括图像生成、图像修复、图像增强等。它在高分辨率图像生成、逼真的图像合成和图像重建等任务上表现出色。从最优化模型性能的角度出发，扩散模型相对 GAN 来说具有更加灵活的模型架构和精确的对数似然计算，已经取代 GAN 成为最先进的图像生成器。

深度学习生成算法已经成为人工智能的核心驱动力，引领着人工智能的发展。但是深度学习生成算法也存在一些问题和局限，如对数据和计算资源的依赖、对模型和过程的不可解释性、对噪声和攻击的脆弱性、对先验知识和常识的缺乏等。在未来，深度学习生成算法持续进步，将会有更多的创新和应用，为人类社会带来更多的福祉。

1.3.2　预训练模型

1. 预训练模型引发 AIGC 技术能力质变

预训练模型，即基础模型、大模型，引发了 AIGC 技术能力的质变。虽然过去各类生成模型层出不穷，但是这些模型使用门槛高、训练成本高、内容生成简单和质量偏低，远远不能满足真实内容消费场景中的灵活多变、高精度、高质量等需求。而预训练模型可以满足多任务、多场景、多功能需求，解决了数据采集和标注成本高昂、数据质量较难保障、数据多样性不足等问题。

预训练模型的优势在于能够从大规模数据中学习到丰富的语义和特征表示，提供了强大的基础和迁移能力，加速了各种任务的开发和应用。预训练模型显著提升了 AIGC 模型的通用化能力和工业化水平，同一个 AIGC 模型可以高质量地完成多种多样的内容输出任务，成为自动化内容生产的“工厂”和“流水线”。正因如此，谷歌、微软、OpenAI 等企业纷纷抢占先机，推动人工智能进入预训练模型时代。

预训练模型在 AIGC 中的应用可实现多任务、多语言、多方式。按照基本类型分类，预训练模型可分为以下 3 类：

- 自然语言处理（NLP）预训练模型。例如，BERT（Bidirectional Encoder Representations from Transformers）是一种预训练模型，通过在大规模文本数据上进行训练，学习到了丰富的语义和语境信息。BERT 可以用于各种 NLP 任务，如文本分类、命名实体识别、情感分析等。此外，还有谷歌的 LaMDA 和 PaLM、OpenAI 的 GPT 系列。
- 计算机视觉（CV）预训练模型。预训练模型在 CV 领域也发挥着重要作用。例如，ImageNet 上预训练的卷积神经网络（CNN）模型 ResNet、Inception 等，可以用于图像分类、目标检测、图像分割等任务。这些模型通过在大规模图像数据上进行训练，学习到了图像的特征表示，从而具备了一定的视觉理解能力。
- 多模态预训练模型。如融合图像、文本、音频。多模态预训练模型可以将不同模态的数据进行有效整合，提供更丰富、更全面的信息表示和分析能力。这有助于改善多模态数据处理任务的效果，提高模型对于真实世界场景的感知和理解能力。

2. 预训练模型拓展 AIGC 应用

预训练模型在 AIGC 中发挥着重要的作用，它能够显著提升 AIGC 的技术能力。

1）提供丰富的语义和特征表示。预训练模型通过在大规模数据上进行训练，可以学习到丰富的语义和特征表示。这些表示能够捕捉数据的内在结构和关联性，从而使 AIGC 系统具备更深入、更全面的数据理解能力。

2）提高迁移学习和泛化能力。预训练模型的特征表示可以用于各种任务的迁移学习，从而加速新任务的学习过程。预训练模型通过在大规模数据上进行训练，学习到一般性的模式和知识，这些模式和知识可以迁移到新任务上，从而减少对大量标注数据的需求。同时，预训练模型的泛化能力也得到了增强，能够更好地处理不同领域、不同任务的数据，提高 AIGC 系统在新领域中的应用能力。

3）加速模型训练和推理过程。预训练模型在大规模数据上进行了预训练，已经具备了一定的初始知识，这使得在具体任务上的模型训练和推理过程更加高效。相比从头开始训练模型，预训练模型可以更快地收敛和达到较好的性能。此外，预训练模型的参数初始化也为模型训练提供了更好的起点，避免了从随机初始化开始的不确定性和不稳定性。

预训练模型为 AIGC 系统提供了更好的基础，使其能够在更广泛的任务和领域中发挥作用，实现更高水平的人工智能应用。因此，预训练模型的不断发展和创新将进一步推动 AIGC 技术的进步和应用拓展。

1.3.3 多模态技术

“模态”（Modality）是德国物理学家和生理学家亥姆霍兹提出的一个生物学概念，即生物凭借感知器官与经验来接收信息的通道，如人类有视觉、听觉、触觉、味觉和嗅觉模态。根据模型的分类，AIGC 的应用可分为单模态和多模态两类。单模态技术专注于对单一类型的数据进行分析和处理。在图像处理领域，单模态技术专注于图像识别、物体检测、图像分割等任务；在自然语言处理领域，单模态技术致力于文本分类、情感分析、机器翻译等任务。

多模态技术是指结合多种不同类型的数据（如图像、文本、音频、视频等）进行分析和处理的技术。它旨在整合不同模态的信息，从而实现更全面、更丰富的数据理解和应用。目前，在人工智能领域由单模态向多模态的发展是一种重要趋势。

1. 多模态提升 AIGC 模型通用化能力

多模态技术推动 AIGC 内容多样性，让 AIGC 有了更通用的能力。多模态技术能够以不同角度和感知方式获取数据，并将这些数据进行融合和整合。多模态预训练模型致力于处理不同模态、不同来源、不同任务的数据和信息。相较于 NLP 预训练模型，多模态的预训练模型是一种全新的交互、生成模式，能满足 AIGC 场景下更多的创作需求和应用场景。

多模态预训练模型拥有以下两种能力：

- 模态关联学习：多模态预训练模型可以学习不同模态数据之间的对应关系。通过同时处理图像、文本等多种数据类型，模型可以学习到它们之间的语义联系，从而将图像与文本描述进行匹配、连接或关联。这种能力在图像标注、视觉问答等任务中具有重要作用。
- 跨模态转换与生成：多模态预训练模型能够实现不同模态数据之间的相互转化与生成。例如，它可以将文字描述转化为图像，也可以由图像生成相应的文字描述。这种能力使模型在 AIGC 领域中变得更加灵活，能够以不同的角度和形式进行创作和生成。

通过结合这两种能力，多模态预训练模型可以在 AIGC 场景中实现更多样化、更富有创意的生成，拓展了自动创作的可能性。这种技术在图像生成、图像描述、图像翻译等任务中都具有潜在的应用前景，从而提升了 AIGC 模型的通用化能力和多任务处理能力。

2. 多模态技术为人机交互提供更多可能

多模态技术可以促进跨模态任务的迁移学习和共享学习。通过在多个任务中共享与利用不同模态的数据表示和特征，可以减少对大量标注数据的需求，提高模型的效率和泛化能力。这对于实际应用中数据稀缺或标注困难的情况尤为重要。多模态技术也为人机交互和智能应用提供了更多的可能性。通过结合图像、语音和文本等多种模态，AIGC 系统可以实现更自然、更丰富的人机交互方式，如语音识别、图像识别和自然语言理解等。同时，多模态技术也为智能应用带来更多的创新，如智能辅助驾驶、情感识别和增强现实等领域。

2021 年，OpenAI 团队将跨模态深度学习模型 CLIP（Contrastive Language-Image Pre-training，对比语言－图像预训练）开源。英伟达于 2022 年 11 月发布 Magic3D，该模型可以根据“一只蓝色毒箭蛙坐在睡莲上”等提示创建 3D 模型。谷歌和 OpenAI 于 2023 年 3 月分别公布了视觉语言模型 PaLM-E 和大语言模型 GPT-4，这两个模型在多模态方面均具有出色表现。

CLIP 模型能够将文字和图像进行关联，比如将文字“狗”和狗的图像进行关联，并且关联的特征非常丰富。因此，CLIP 模型具备两个优势：一方面，同时进行自然语言理解和计算机视觉分析，实现图像和文本匹配；另一方面，为了有足够多标记好的“文本－图像”进行训练，CLIP 模型广泛利用互联网上的图片，这些图片一般都带有文本描述，成为 CLIP 天然的训练样本。据统计，CLIP 模型搜集了网络上超过 40 亿个“文本－图像”训练数据，这为后续 AIGC 尤其是输入文本生成图像 / 视频应用的落地奠定了基础。

在多模态技术支持下，目前预训练模型已经从早期单一的 NLP 或 CV 模型，发展到语言文字、图形图像、音视频等多模态和跨模态模型。2021 年 3 月 OpenAI 发布了 AI 绘画产品 DALL・E。只需要输入一句话，DALL・E 就能理解并自动生成一幅意思相符的图像，且该图像是独一无二的。DALL・E 背后的关键技术即 CLIP。CLIP 让文字与图片两个模态找到了对话的交界点，成为 DALL・E、DALL・E 2.0、Stable Diffusion 等突破性 AIGC 成果的基石。

DALL・E 和 Stable Diffusion 已经在文本到图像的跨模态领域很好地落地，可以更容易地生成高质量海报和提升三维场景重建的效果；它们与视频剪辑应用的结合降低了视频制作的门槛，拓展了影视领域的空间。PaLM-E 将丰富机器人操作场景，智能化机器人反馈。GPT-4 与 Office 办公软件的结合将显著提升生产力，使办公软件间的联动更智能；GPT-4 可以赋能教育科研领域，缓解教育资源短缺，降低获取知识的门槛；GPT-4 可以赋能数字人，使数字人落地场景更丰富，交互更拟人；GPT-4 还能助力应用开发，缩短开发周期，降低开发的门槛。

1.4 AIGC 爆发，数据、算力和算法共振

在 AIGC 的发展洪流中，数据、算力和算法形成了一种共振关系，推动了人工智能技术的迅速进步。数据是大模型训练的基础资源，对高质量数据

集的需求不断增加；算力作为支撑模型训练和推理的重要资源，需求持续攀升，GPU 行业市场潜力巨大；而大模型算法的引入和创新为 AIGC 的突破提供了强大助力。本节将重点探讨数据、算力和算法在 AIGC 爆发中的关键作用和相互影响，揭示它们共同构建人工智能领域的巨大威力。

1.4.1　数据：作为大模型训练基础资源的高质量数据集需求增加

1. 数据是训练大模型的“粮食”

有监督深度学习算法是推动人工智能技术取得突破性发展的关键技术，而大量训练数据则是有监督深度学习算法的实现基础，训练数据成为算法模型发展和演进的“粮食”。如果没有数据，大模型训练将面临“巧妇难为无米之炊”的困局。

数据对于实现更准确、更智能的模型具有至关重要的作用，是 AIGC 技术发展的重要驱动力之一。2021 年，全球人工智能和机器学习领域最权威的学者之一吴恩达教授提出人工智能研究的“二八定律”，他认为人工智能研究 80% 的工作应该放在数据准备上，确保数据质量是最重要的工作。深度学习模型的性能往往依赖于大量高质量的训练数据。数据包含丰富的信息和模式，通过对数据进行学习和训练，模型能够得到其中的规律和特征，并提升预测和决策能力。除了丰富的语料库外，高质量、大规模的数据标注将显著提升 NLP 模型的训练效果，使其输出更精确、更符合正向价值观的结果。

IDC 预测，2025 年中国人工智能市场规模有望达到 184.3 亿美元（约 1 200 亿元人民币）。其中，关于基础数据部分，预计中国人工智能基础数据服务市场规模近 5 年的复合年增长率达到 47%，2025 年将突破 120 亿元人民币，达到中国人工智能市场支出总额的约 10%。

政府对人工智能和大数据的支持力度也在不断加大。国家政策的出台为数据研究与应用提供了政策环境和资金支持。各级政府和科研机构也积极推动人工智能与实际应用的结合，为数据在各个领域的应用创造了有利条件，未来将推动我国抢占全球人工智能发展高地。

2. 数据服务发挥基础支撑价值

从自然数据源收集的原始数据并不能直接用于有监督深度学习算法训练，只有经过专业化的采集和加工形成的工程化训练数据集才能用于有监督深度学习算法训练。目前，有监督深度学习算法对于训练数据的需求量非常大，远超现有的标注效率和投入预算能够处理的数据量，基础数据服务将持续释放其对于算法模型的基础支撑价值。这就使得在数据服务这一领域会出现很多机会。

数据服务在 AIGC 中扮演着重要的角色，可以将其分为以下 4 个层次：

- 数据查询与处理：指对数据进行检索、过滤、清洗等操作，以获取符合需求的数据集。这一层次的目标是通过高效的数据查询和处理方式，提高数据获取的效率和质量。
- 数据转换与编排：将原始数据转换为可用于模型训练的特定格式。这包括对数据进行预处理、特征提取、数据归一化等操作，以便更好地满足模型训练的要求。
- 数据标注与管理：指对数据进行标注和注释，以提供有监督深度学习的训练样本。数据标注可以包括图像的物体识别、语音的转录、文本的分类等任务，标注的数据可以帮助模型学习到更准确的预测和判断能力。
- 数据治理与合规：对数据进行管理和监管，确保数据的安全性和合规性。这包括管理数据的存储、备份、权限控制等，以及遵守相关的法律法规和隐私政策。

3. 合成数据推动实现 AI 2.0

随着 ChatGPT 大火，大模型的训练和部署加速，而数据作为 AI 产业链中的一环，其重要作用不可忽视。ChatGPT 的训练使用了 45TB 的数据，总共近 1 万亿个单词。ChatGPT 等大模型的训练数据主要来自维基百科、书籍、期刊、Reddit 社交新闻站点等。总体来看，数据来源严重依赖于现有的互联网公开文本数据。

GPT-3 的参数量已达到千亿级别，下一代万亿级别大模型训练或将面临存量见底的境遇。在此背景下，有望解决此类数据供给问题的合成数据（Synthetic Data）的重要性日益凸显，市场规模迅速扩大。

合成数据是通过计算机技术人工生成的数据，而不是由真实事件产生的数据。但合成数据具备可用性，能够在数学上或统计学上反映原始数据的属性，因而可以作为原始数据的替代品来训练、测试并验证大模型。

Gartner 预测，到 2024 年，人工智能和数据分析项目中的数据将有 60% 为合成数据。到 2030 年，合成数据将完全超过 AI 模型中的真实数据，成为 AI 模型训练使用数据的主要来源。[⊖]

合成数据的价值主要体现在以下几个方面：

1）数据增强和多样性：通过生成具有不同属性、特征和分布的合成数据，可以增加数据集的多样性，提供更全面的数据视角。这有助于改善机器学习和人工智能模型的性能与鲁棒性。

2）隐私保护和安全性：合成数据可以解决涉及敏感信息的数据共享和交易中的隐私与安全问题，避免直接共享真实数据，从而保护个人隐私和敏感信息。

3）模型评估和测试：利用生成具有已知标签或真实分布的合成数据，可以对模型的准确性、鲁棒性和泛化能力进行评估，提高模型的可靠性和效果。

4）数据生成和创造力：合成数据可以通过人工智能技术实现大规模、自动化地创建新的文本、图像、音频和视频等内容。这为创意产业、媒体和娱乐等领域提供了丰富的内容资源。

5）加速大模型应用场景向纵深拓展：具体到产业应用层面，合成数据先行应用于计算机视觉领域，例如自动驾驶、机器人、安防等应用场景。这些场景下的 AI 大模型都需要大量图像、视频数据来训练，但获取原始数据相对较难。目前，合成数据应用正迅速向金融、医疗、零售、工业等诸多产业领域拓展。行业普遍认为，合成数据技术能以更低的成本更高效地批量生成 AI 模型训练所需的海量数据（诸如训练数据、测试数据、验证数据等）。作为对真实数据的替代或补充，它将推动人工智能迈向 2.0 阶段，从本质上扩展 AI 的应用可能性。

合成数据对人工智能未来发展的巨大价值使其迅速成为 AI 领域的新产业赛道。摩根大通于 2021 年 9 月提出通过合成数据来加快金融领域的 AI 研究和模型开发，以解决欺诈检测和反洗钱等问题，并改善服务体验。美国运通也正在尝试创建合成数据来训练、优化其用于欺诈检测的 AI 模型。微软、谷

⊖ 资料来源：《展望 AIGC 未来，合成数据打造优质数据源》，中国电信研究院。

歌、英伟达等硅谷巨头均在加速布局合成数据领域的相关业务。

在当前的数据服务领域中，我国企业和组织正逐步崛起并取得了一定的成绩。一方面，一些大型互联网企业拥有丰富的数据资源和深厚的技术实力，在数据服务领域有着较为深入的探索和应用。海量数据资源给我国在合成数据领域的研究和应用带来了独特的优势。另一方面，我国的研究机构和高校在人工智能和数据科学领域也取得了显著的成就，尤其是在图像合成、语音合成、文本生成等方面的研究成果，为我国在数据服务、合成数据领域的探索提供了坚实的理论基础和技术支持。

1.4.2 算力：算力需求不断攀升，GPU 行业市场潜力巨大

1. AI 大模型井喷，算力需求飞速攀升

在以 OpenAI 的 GPT、DALL · E 为代表的大模型（LLM）席卷全球后，大模型的竞争“战火”已经蔓延至国内，一场“百模大战”已然打响，激烈程度不亚于当年团购领域的“千团大战”。大模型的快速发展带来全球算力市场需求的飞速攀升。在数字经济时代，数据的产生和应用呈现爆发式增长，而算力作为推动数据处理和分析的核心力量，对于实现数据驱动的创新和决策至关重要，能够支持更复杂的模型训练和推理，从而推动人工智能、大数据分析、物联网等领域的发展。

传统的中央处理器（CPU）在处理大模型和大数据时往往无法满足需求，而 GPU、FPGA、ASIC 等芯片的发展和应用推动了算力的提升，为数字经济的发展提供了核心动力。GPU 具备高并行计算能力，可加速深度学习模型的训练和推理，已经成为许多研究人员和企业开展人工智能相关工作的首选。同时，定制化芯片（如 FPGA 和 ASIC）针对特定的应用进行优化，提供了更高的计算性能和能效比。

大模型对算力的需求到底有多大？以 ChatGPT 为例，ChatGPT 的总算力消耗约为 3 640 petaflop/s-day。随着模型参数的不断增加，算力需求猛增。比如华为云盘古大模型的预训练参数规模达到 2 000 亿个，而阿里达摩院的 M6 模型参数更是达到 10 万亿个，这些大模型对算力的需求已然超过 ChatGPT。

ChatGPT 等大模型应用快速渗透进各行各业，极大地增加了对 AI 算力的

需求，“算力荒”现象日益凸显，甚至出现 GPU“一芯难求”的困境。目前大模型厂商普遍采用的是“ GPU+CPU+NPU”的异构方式。快速膨胀的算力需求，让云厂商的 GPU 算力供应捉襟见肘。“卖铲人”英伟达等 AI 芯片厂商成了这波技术浪潮下的最大赢家之一。

根据 OpenAI 发布的一份分析报告，2012 年至 2018 年，6 年间 AI 算力需求增长约 30 万倍。在可预见的将来，在摩尔定律（Moore’s Law）已经失效的情况下，AI 模型所需算力每 100 天翻一倍，也就是“5 年后 AI 所需算力增加超 100 万倍”。造成这样的需求的根本原因是 AI 的算力不再是传统算力，而是智能算力，它以多维度的向量集合作为算力的基本单位。

另据 IDC 的预测，2025 年人工智能芯片市场规模将达 726 亿美元，全球算力整体规模将达到 3 300 EFLOPS（每秒百亿亿次浮点运算），2020—2025 年的复合年增长率将达到 50.4%。中国 AI 算力规模将保持高速增长，预计到 2026 年将达到 1 271.4 EFLOPS，2022—2026 年的复合年增长率达 52.3%。[㊀]

2.“算力经济”闭环

如果说算力是硬件和软件配合共同执行某种计算需求的能力，那么算力服务是提供算力的一种商业模式，是对包括对算力生产者、算力调度者、算力服务商及算力消费者在内的算力产业链上算力经济模式的统称，这些算力经济模式共同构成一个闭环的“算力经济”产业链。

“算力经济”闭环主要分为以下 3 层。

- 上游算力基础层。依靠高性能 AI 芯片、服务器和数据中心为 AIGC 模型的训练提供算力支持，是承载行业发展的基础设施。AI 芯片是人工智能的基石。
- 中游数据 / 算法软件层。主要负责 AI 数据的采集、清洗、标注及模型的开发与训练。已有多方厂商入局自然语言处理、计算机视觉、多模态模型等领域。
- 下游行业应用层。目前主要涉及搜索、对话、推荐等场景，未来有望在多个行业呈现井喷式革新。

㊀ 资料来源：《2023—2028 年中国人工智能芯片（AI 芯片）行业发展前景预测与投资战略规划分析报告》。

通用大模型的空前突破，搅动了人工智能的一池春水，不仅对 AI 训练芯片的单点算力需求提升，还对算力定制化、多元化、分布式计算，甚至对数据传输速度提出了更高的要求。目前，全球 GPU 市场中英伟达和 AMD 占据 96% 的份额。国内高端 GPU 相比国际巨头在显存频率、带宽等参数上还有一定差距，但在典型应用场景下，深算一号已基本能够达到国际上同类型高端产品的水平。

在英伟达、AMD 的高端产品被限制向我国出售的情况下，国产大模型的算力需求将快速推动国产芯片市场的增长。前瞻产业研究院发布的《2023 年中国人工智能芯片行业全景图谱》预测，在政策、市场、技术等合力的作用下，我国人工智能芯片行业将持续稳步增长，预计 2024 年市场规模将突破 1 000 亿元，2027 年我国人工智能芯片市场规模将达到 2 881.9 亿元。

AI 芯片是算力皇冠，我国高度重视 AI 芯片产业，发布了一系列支持政策，积极营造良好的产业环境，在技术创新、项目建设、资金保障、标准制定和人才培养等方面都给予了扶持，为我国 AI 芯片的发展奠定了政策基础。

产学研用各单位应以人工智能技术与产业融合创新为导向，加强半导体原理、材料等基础研究投入，推动多学科的交叉融合研究；加快工艺创新进步，构建本土供应链体系；进一步扩大国产通用 GPU 支持的开发框架、操作系统、算法模型、业务应用以及社区开发者的范围，建立起自主生态闭环。

我国算力产业坚持自主创新道路，以"云巨头自研自用 + 独立 / 创业公司服务于信创、运营商等 To G 与 To B 市场"为主要路径，会进一步摆脱对头部厂商的依赖。让我们一起静待国产替代曙光，及早实现国产"算力 + 应用"的正循环。

3. 全球算力行业面临重大机遇与挑战

未来，全球算力行业将面临重大发展和创新挑战，行业将呈现多方面的发展趋势：

- 超大规模集群和云计算。随着云计算的普及和大规模数据中心的建设，超大规模集群将成为算力行业的主要发展方向。大型科技公司和云服务提供商将继续投资建设更大、更强大的数据中心和计算基础设施，以应对不断增长的计算需求。
- 边缘计算和边缘智能。物联网和边缘计算的快速发展，将使边缘设备具备更多的计算能力，实现更快速和实时的智能处理。边缘智能将在边缘设备上进行推理和决策，减少对云端计算的依赖，提高响应速度和隐私保护。

- AI 芯片和专用加速器。大型 AI 模型的崛起为 AI 芯片公司带来了前所未有的挑战和机遇。AI 芯片和专用加速器的发展将继续推动算力行业的进步。为了满足深度学习和人工智能任务的需求，越来越多的芯片将被设计和优化用于加速 AI 计算，具备更高的计算效率和能源效率。
- 算法和模型的创新。例如，轻量级模型、模型剪枝和量化、自适应计算等技术将成为热点研究方向，更好地满足计算资源有限的条件下的需求，提高计算效率和资源利用率，并推动算力的发展和应用范围的扩大。
- 可持续性和能源效率。算力需求的增加，将导致能源效率和可持续性成为关注的重点。算力行业将寻求采用更节能高效的硬件设计和数据中心管理策略，以减少能源消耗和降低环境影响。

总之，算力行业作为数字经济时代的新生产力，将持续推动新技术和应用的发展，为各个领域的创新和进步提供核心支持。在不断增长的计算需求下，算力产业也需要注重能源效率和可持续性，为未来的数字世界做出更多贡献。

1.4.3　算法：大模型算法助力 AIGC 突破

1. 算法是大模型竞争的“关键手”

算法在大模型的开发和应用中具有关键作用，能够在多个方面优化模型，包括提高效率、增强稳定性、改善特征提取能力以及优化训练和推理过程，从而确保大模型能够达到最佳性能和应用效果。出色的算法不仅能够提高模型的准确性和效率，还能够降低计算复杂度和成本。

当前，AI 大模型正在以前所未有的速度发展。大模型起源于语言模型，旨在解决语言特征提取的难题。在早期的统计机器学习时代，自然语言处理领域常常使用 Ngram 等语言模型。随着深度神经网络时代的到来，为了解决特征表征的问题，Google 团队提出了 word2vec 词向量模型。word2vec 能够通过对给定语料库的优化训练，迅速而有效地将词语转化为向量形式，为自然语言处理领域的应用研究提供了全新的工具。

随着时间的推移，这些初步的算法演化为更加复杂和强大的模型，如BERT、GPT 等。这些 AI 大模型不仅在自然语言处理领域取得了巨大成功，还在计算机视觉、语音识别等领域取得了显著进展。正是在算法和算力、数据的驱动下，AI 才得以更好地模拟人类的思维和创造力，同时也为人类带来了许多便利和创新。

2. 算法进化打开 AI 潘多拉魔盒

AI 大模型的算法发展是一个动态和不断演化的过程。随着硬件性能的提升、数据集的增大以及算法的创新，AI 大模型已经打开了 AI 领域的潘多拉魔盒，带来了众多令人惊叹的突破和变革。

早期的 AI 算法主要基于规则和逻辑，受限于算力和数据量，取得了有限的成果。这个阶段的代表性算法包括逻辑推理和专家系统。随着数据的积累和计算能力的提升，统计机器学习方法成为主流。在自然语言处理领域，Ngram 语言模型、支持向量机（SVM）等算法得到了广泛应用。而后，深度神经网络的发展引领了人工智能的新时代。

2012 年，加拿大多伦多大学的 Alex Krizhevsky 将深层卷积神经网络应用在大规模图片识别挑战赛 ILSVRC-2012 上，在 ImageNet 数据集上取得了 15.3% 的 Top-5 错误率，排名第一，比第二名在 Top-5 错误率上低 10.9%。这一巨大突破引起了业界的强烈关注，卷积神经网络（CNN）迅速成为计算机视觉领域的新宠。

卷积神经网络作为深度学习的一个典型网络，通过充分利用局部相关性和权值共享的思想，大幅减少了网络的参数量，从而提高训练效率，更容易实现超大规模的深层网络。它在计算机视觉和图像处理领域取得了巨大成功。随后在一系列的任务中，基于卷积神经网络的形形色色的模型相继诞生，这些模型在图像分类、目标检测、图像分割等任务中取得了显著的成绩，证明了卷积神经网络在图像处理领域的巨大潜力和影响。同时，卷积神经网络的思想也在其他领域（如自然语言处理）中得到了借鉴和应用。

2013 年，Google 团队提出的 word2vec 词向量模型为自然语言处理领域带来了革命性的改变。该算法通过训练词向量，将单词映射到高维向量空间，实现了有效的语义表达和文本特征提取，使计算机可以更好地理解和处理自然语言。而 Transformer 模型在此基础上进一步发展，它通过自注意力机制和多层堆叠，有效地处理长文本序列，并且在多种自然语言处理任务中取得了非常好的效果。同时，Transformer 模型为后来的大模型和预训练方法提供了重要的启示与基础，对于自然语言处理技术的发展产生了深远的影响。

随着硬件性能的提升和大规模数据集的构建，GPT-3、CLIP 等 AI 大模型相继涌现。这些模型拥有数十亿甚至数千亿个参数，能够实现惊人的自然语言生成、图像理解等能力。GPT 和 BERT 这两个代表现代 NLP 技术发展的模型都建立在 Transformer 架构上。Google 团队把这个语言架构浓缩成一句话："Attention is All You Need."

AI 大模型算法的发展中，每一个阶段都为 AI 领域带来了新的机遇和挑战，推动了领域的不断进步与创新。AI 大模型未来亦将继续受益于算法的不断创新和优化。我们可以期待更强大、更智能、更具适应性的 AI 大模型在各个领域创造出更多惊人的成就。

3. AI 算法向多元协同进化

"梅须逊雪三分白，雪却输梅一段香。"总的来说，每一种算法各有千秋。在实际应用中，根据具体场景、数据特点和资源限制，选择合适的算法或者进行算法的组合和优化，可以获得更好的性能和效果。

未来，AI 算法将朝着多元协同进化的方向发展，涵盖跨模态与跨领域融合、可解释性与可信度、自适应与增量学习、多种算法的有机结合、鲁棒性与安全性等多个维度。

在多种算法的推动下，模型的发展将得到更多的可能性和机会。通过创新地将不同算法融合，模型可以在性能、适用范围和解决复杂问题的能力方面取得更好的结果。在跨模态与跨领域融合层面，算法将更加关注多模态数据的处理和融合。这包括将图像、文本、语音等不同类型的数据源结合起来，以获取更全面、更准确的信息。

此外，算法还将进一步探索不同领域的融合，将 AI 和其他领域的技术应用于更广泛的场景，实现跨界创新和应用。在可解释性与可信度方面，算法需要着重解决决策和推断过程中的可解释性与可信度问题。未来的研究将专注于开发能够解释其决策过程的 AI 算法，为模型提供可解释性的能力，甚至可能提供用于评估模型可解释性的算法或指标。

AI 算法还需要具备自适应和增量学习的能力，使其能够根据新数据和不断变化的环境进行实时学习和调整。应开发具有自适应性的算法，以适应多变的任务和环境，并实现长期演进和持续改进。

与此同时，强大的鲁棒性和安全性也将成为重要的研究方向。AI 算法需要能够应对各种干扰和攻击，保持高性能，特别是在存在噪声、缺失数据和对抗样本等情况下。当然，隐私和数据安全等问题也不容忽视，只有确保 AIGC 应用的安全性，才能实现更全面、更持续的应用和效果。

1.5 从 PGC、UGC 到 AIGC，传统内容生成模式的颠覆与重塑

从钻木取火到机器大生产，生产力的发展推动了由农业社会到工业社会的社会跃迁。自第三次科技革命之后，互联网成为连接人类社会的主要媒介，内容则是人们生产和消费的主要产品。互联网经历了 Web 1.0、Web 2.0、Web 3.0 时代，不同的互联网形态孕育了与之相辅相成的内容生产方式，并一直沿用至今。如图 1-3 所示，每一次变革都掀起了新一轮的商业浪潮。

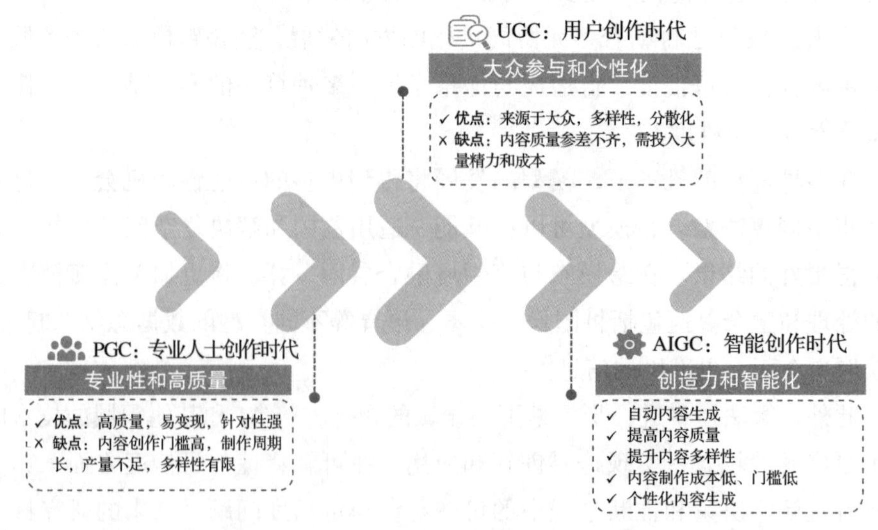

图 1-3　内容生成模式的颠覆与重塑

1. PGC：专业人士创作时代

20 世纪 90 年代，伴随着万维网的诞生与推广，互联网领域创业热潮兴起，正式进入了 Web 1.0 时代。在这个阶段，一种基于“信息经济”的全新商业模式应运而生。大多数用户只能在网上浏览和读取信息，内容的创作与发布主要由专业人士完成。门户网站、浏览器和搜索引擎成为当时的主要互联网产品。

这种由专业人士生成的内容被称为 PGC（Professionally Generated Content）。PGC 通常由具备专业技能和经验的创作者或生产团队（如电影制片人、电视节目制作人、记者等）制作。PGC 经过精心策划、拍摄、编辑和制作，具有高质量和专业水准。PGC 虽然具有高质量、易变现、针对性强等优势，但也存在着明显的不足。专业的质量要求往往导致这类内容创作门槛高、制作周期长，由此带来了产量不足、多样性有限的问题。

2. UGC：用户创作时代

21 世纪初，随着个人计算机和移动设备的普及，越来越多的人希望轻松地在网上发布和分享内容。Facebook、YouTube、Instagram 和微博等社交媒体平台的出现迎合了这一需求，也宣告了互联网演化到 Web 2.0 形态。在 Web 2.0 阶段，用户不仅是内容的消费者，也是内容的创作者，每一位用户的创造力都得到了前所未有的彰显。虽然 PGC 方式依然存在，但井喷式增长的 UGC 方式已成为趋势。

UGC（User-Generated Content，用户生成内容）是指由普通用户创造和分享的内容。这些内容可以是文字、图片、视频、博客、社交媒体帖子等，具有多样化的特征，并借由推荐系统等平台工具触达与内容匹配、具有相应个性化需求的用户。专业与否早已不是互联网内容创作的门槛，非专业人士也可以创作出大众喜欢的内容，这让互联网迎来了用户创作时代。UGC 的特点是来源于大众、多样化和分散化，代表了用户个人的创意和观点。但 UGC 丰富的内容背后存在着内容质量参差不齐，平台方需要投入大量精力和成本去进行创作者教育、内容审核、版权把控等方面的痛点。

3. AIGC：智能创作时代

AIGC 在人工智能技术的跃迁中逐渐成为前沿领域。AIGC 通过机器学习和深度学习技术，分析和理解大量的数据，并生成符合特定需求的内容，在文本生成、图像生成、音乐生成等方面展示出了强大的创造力和潜力。

虽然 AIGC 的概念在很早之前就有，比如微软的聊天机器人小冰、用于图片创作的 GAN，但是直到 2022 年绘画作品《太空歌剧院》获得“数字艺术”比赛一等奖，才将 AIGC 的概念推向新高潮。从 DALL · E 2、Stable Diffusion 等 AI 技术到 ChatGPT，AIGC 领域在互联网上掀起了 AI 浪潮，它惊人的创作速度让所有人都为之惊叹。根据 Gartner 发布的《2022 年重要战略技术趋势报告》，生成式 AI 居于战略首位。Gartner 预测，2030 年全球市场规模有望超万亿美元。

在内容的生成方面，PGC 代表着专业性和高质量，UGC 代表着大众参与和个性化，AIGC 代表着创造力和智能化。AIGC 是 AI 技术从感知世界到理解世界再到创造世界的飞跃，它将世界送入智能创作时代。与 PGC 和 UGC 相比，AIGC 的崛起可以说是又一次具有颠覆意义的变革。它让内容生成变得简单且富有创意，在成本更低的同时，信息更丰富。

2023 年 AIGC 大模型迎来爆发元年，不断创新的生成算法、预训练模型、多模态等技术融合带来了 AIGC 技术变革，构筑了智能数字内容孪生、智能数字内容编辑、智能数字内容创作的能力闭环。在技术加速迭代的背景下，最直接受 AIGC 冲击的是消费领域，从文本生成、图像生成再到视频生成、游戏生成，这些都是我们已经看到或即将看到的新业态，跨模态生成会是未来的主要发展趋势。

4. AIGC 颠覆内容生产力的优势凸显

AIGC 具有以下优势。

- 自动内容生成：大型语言和图像 AI 模型可用于自动生成内容，增加 UCG 用户群体。
- 提高内容质量：AIGC 模型从大量数据中学习并识别人类可能看不到的模式，产生更准确、更丰富的内容。
- 提升内容多样性：AIGC 模型可以生成多种类型的内容，包括文本、图像、音视频、3D 内容等。
- 内容制作成本低、门槛低：内容制作有望实现以十分之一的成本，以百倍、千倍的生产速度，创作出具有独特价值和独立视角的内容。

- 个性化内容生成：AIGC 模型可以根据用户的个人喜好生成个性化的内容，更精准地满足细分人群的需求。

“低门槛 + 高效”生产内容，AIGC 生态日益繁荣。需求端，在技术浪潮之下，数字内容大步迈进多元化的螺旋式强需求升级周期，巨大的内容缺口有望以更高效的方式来填补；供给端，AI 正加速融入文字、音乐、视频、3D 等多种数字内容生成的全链条流程中，重塑数字内容生产的人机协作新范式，赋能更多内容创作者高频、低成本、高效地产出内容，有望成为未来内容生产基础设施，极大地丰富数字内容生态。

不可否认，AIGC 的迅猛发展已成不可逆转之势，智能创作时代的序幕正在拉开。但是，任何技术都是一把双刃剑，“人工智能生成的内容如何确定版权归属”“ AIGC 是否会被不法分子用于生成具有风险性的内容或用于违法犯罪活动”等一系列问题都是现在人们争论的焦点。各界应秉持科技向善的理念，打造安全可信的 AIGC 技术和应用，以科技向善引领 AIGC 技术创新发展和应用，从而实现高质量、健康可持续的发展。

CHAPTER 2

第 2 章

AIGC 技术与应用的落地场景

第 2 章将探讨 AIGC 产业生态链和未来走向，解析典型应用场景和实践，揭示其巨大潜力和创新机会。同时，分析 AIGC 技术在金融领域的风险与挑战，探讨金融机构逐步应用 AIGC 技术的可能路径，以帮助读者更好地了解这一新兴领域面临的机遇与挑战。

2.1 AIGC 产业生态加速形成，走向模型即服务的未来

2.1.1 AIGC 架构体系及其重要性

AIGC 呈现指数级增长，目前产业链正在加速形成，并朝着模型即服务的方向发展。从产业链结构来看，AIGC 主要包括基础层、模型层和应用层三层，每一层都在产业生态中发挥着重要的作用。

1. AIGC 的三层式架构

AIGC 的三层式架构如图 2-1 所示。

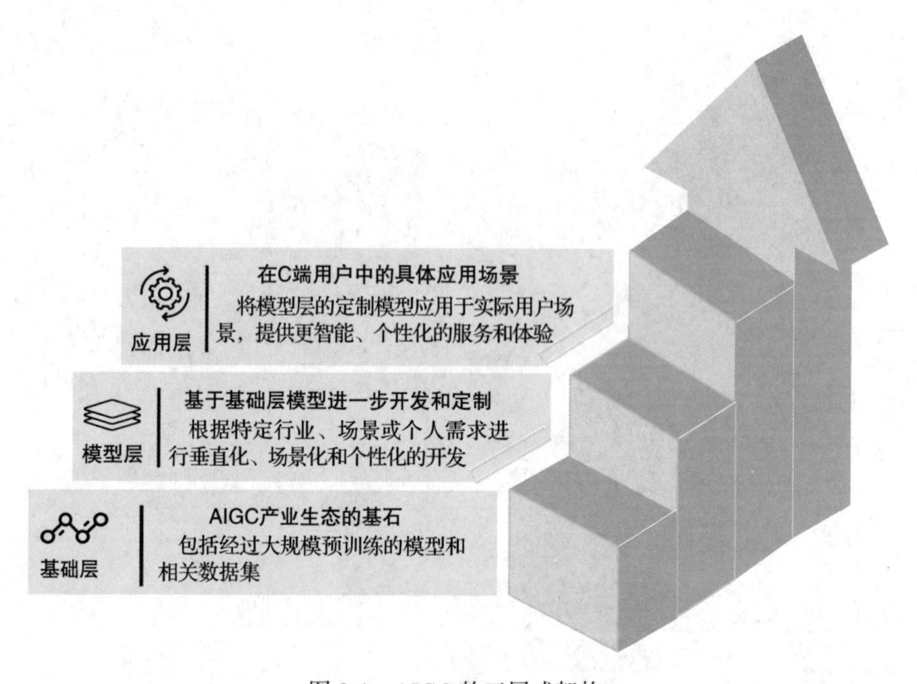

图 2-1　AIGC 的三层式架构

（1）基础层

基础层是 AIGC 产业生态的基石，包括经过大规模预训练的模型和相关的数据集。预训练模型是通过在大规模数据集上进行自监督学习或监督学习得到的通用模型。预训练模型是众多小模型的通用基底，为开发者降低 AI 开发与应用的门槛。预训练模型初始投入成本高，运行成本高，对软件、硬件

均有较高要求，因此涉足该环节的企业以微软、谷歌、英伟达、Meta 等科技巨头以及 OpenAI、Stability.ai 等 AI 研究机构为主。

在基础层中，一些大型科技公司和研究机构致力于构建与开发通用的预训练模型，如 OpenAI 的 GPT 系列模型、Google 的 BERT 模型等。这些模型经过大规模的数据训练，可以理解和生成自然语言、图像、音频等多种类型的内容。基础层的模型通常具备较高的可迁移性和通用性，能够为模型层和应用层提供基础的功能支持。

（2）模型层

模型层是基于基础层模型的进一步开发和定制。在这一层，模型根据特定行业、场景或个人需求进行垂直化、场景化和个性化的开发。在预训练模型基础之上，开发者可根据不同行业、不同功能场景生成相应的小模型，通过使用特定领域的数据进行训练和微调，模型层的模型能够更好地满足垂直行业的要求，提供更精准、更高效的 AIGC 服务。

模型层是 AIGC 产业生态中的关键环节，它涉及金融、医疗、广告、电子商务等各个行业和领域的专业知识与需求。在金融领域，模型层的模型可以通过分析大量的金融数据，为投资决策、风险评估和智能客服等提供支持。在医疗领域，模型层的模型可以通过分析患者数据和研究文献，为疾病诊断、药物研发和个性化治疗提供帮助。

基础层企业通过向模型层延伸，还可扮演模型即服务提供方，将其模型开源给更多企业进行二次开发，如 NovelAI 基于 Stability.ai 的开源模型 Stable Diffusion 开发出二次元风格的 AI 绘画工具。

（3）应用层

应用层是 AIGC 技术在 C 端用户中的具体应用场景，包括智能助手、自动化内容生成、个性化推荐等应用。通过将模型层的定制模型应用于实际的用户场景中，可以提供更智能、个性化的服务和体验。

典型企业有微软、Meta、百度、腾讯、阿里巴巴等。基于基础层、模型层的模型及工具，应用层企业可将其发展重心放在满足用户需求乃至创造内容消费需求上。AI 写作、AI 绘画等 AIGC 应用已在营销、娱乐、艺术收藏等领域落地。从形式上看，应用层包括 App、网页、小程序、聊天机器人等，将 C 端用户与模型联通，已经逐渐渗透到生活中的各个领域。例如，将

Midjourney 搭载在聊天软件 Discord 中，只需输入简单描述就能生成 AI 绘画。在网页端、App 端登录 ChatGPT 就可与它进行对话，满足用户的多样化需求。

应用层的发展受益于基础层和模型层的支持，它们提供了更高级别的服务和功能，与用户进行交互和沟通。通过不断优化和改进应用层的模型，可以提供更贴近用户需求的智能化体验，为用户带来更高效、更便捷和个性化的服务。应用层所需资金投入少、算力需求不高、数据量级要求低，未来会涌现出很多创新型中小企业和产品。

2. 大模型全面走向模型即服务的未来

大模型的训练成本非常高，需要用到大量的计算资源，比如 ChatGPT 的训练过程中使用了 1 万个英伟达最新的 GPU，每次训练成本在百万美元以上；除了算力、算法、数据外，大模型的训练还需要大量的 AI 人才。因此，中小企业根本不具备训练大模型的能力，且无法承担高昂的成本。随着通用大模型的演进，MaaS 已成产业的重要趋势。

模型即服务（Model as a Service，MaaS）是一种类云计算服务的新型 AI 商业模式，它将 AI 大模型变成服务化的产品，用户不需要具备较高的技术水平和底层设施，只需通过 API 调用即可使用，从而降低使用门槛，并大幅提高模型的使用效率。MaaS 模式的核心是“模型→细分工具→应用场景”的传导路径。在这条传导路径中，科技巨头通过提供 AI 大模型的调用 API 以及与之配套的低代码开发、模型编排等工具，向中小企业或行业客户收取模型 API 使用费。

比如，OpenAI 虽然推出了火爆的 ChatGPT、DALL · E 2 等“工具”，但其核心业务模式是基于通用大模型底座为用户提供 API 或定制服务。在国内，百度虽然目前推出了文心一言、文心一格等“工具”，但其未来的核心业务模式可能是基于百度的智算基础设施及 NLP、多模态大模型、行业大模型底座，通过 API 和模型微调对外赋能及提供服务。

MaaS 的出现降低了使用和部署模型的门槛，使更多的中小企业和开发者能够创造 AIGC 应用。它提供了一种灵活、高效和可扩展的方式来使用机器学习模型，普通开发者无须自己从头开始训练和部署模型，节省了大量的成本和资源。

在 MaaS 中，开发者可以根据自己的需求选择合适的模型进行订阅或使用。通过 API 将数据发送给模型，获取模型的预测结果或输出。这使得开发者无须关心模型的实现细节，只需调用 API 即可获得模型的功能和结果。未来，将模型接口场景化，所有的应用都有望围绕 MaaS 理念进行开发，这为 AI 技术的应用推广带来更深层次的技术革新，推动“AI 大模型 + 全场景应用”的新产业变革。与此同时，通用大模型厂商也要处理好数据隐私和安全性、模型质量和可解释性等问题，实现可持续发展。

2.1.2　主要参与主体排兵布阵，商业模式探索开始起步

1. AIGC 产业价值链格局初显

大语言模型加速发展，AIGC 产业价值链格局初显。国泰君安证券《ChatGPT 研究框架（2023）》报告指出，AIGC 产业链涵盖了上、中、下游生态领域。AIGC 上游主要包括数据供给方、算法机构、创作者生态及底层配合工具等，中游主要是文字、图像、音频和视频处理厂商，下游主要是各类内容创作及分发平台、内容服务机构等。

上游：上游是 AIGC 产业价值链的起点，主要涉及数据采集、数据预处理、模型训练等环节。在上游，大企业通过大量的数据采集和预处理，构建出各种基础通用模型，如图像识别、语音识别、自然语言处理等。这些基础模型为中游和下游的应用提供了支撑。

中游：中游是 AIGC 产业价值链的核心，主要涉及模型优化、模型评估、模型部署等环节。在中游，各种基础模型被进一步优化和评估，形成更专业的模型和服务。这些模型和服务可以被集成到金融、医疗、零售、航天等各种垂直的应用场景中。

下游：下游主要涉及具体应用的开发、部署、运营等环节。在下游，AIGC 技术被应用到智能客服、智能推荐、智能风控等各种实际场景中。下游的应用层是 AIGC 技术实现产业化和商业化的关键，也是 AIGC 技术最终为用户创造价值的地方。

AIGC 产业的价值链从上游的硬件制造与基础设施建设，到中游的技术研发与应用创新，再到下游的产业服务与终端应用，形成了一个完整的产业链。各个环节相互依赖，相互促进，共同推动着 AIGC 产业的发展和创新。

2. 商业化模式探索起步

大模型是 AIGC 产业发展的基石，它的高速发展导致云计算行业的产业规则被彻底改变，云服务市场的商业模式在 IaaS（基础设施即服务）、PaaS（平台即服务）、SaaS（软件即服务）之外，新增了一种商业模式——MaaS（模型即服务）。

OpenAI 作为 AIGC 行业的龙头企业，已开始商业化之路。用户付费的逻辑在于以下几个方面：更高效的信息获取方式，从辅助表达到替代表达，集成到已有的工作流，提升用户的创造力。

国内的讯飞星火认知大模型在商业模式落地方面，探索了开发者与平台之间按调用量付费、应用合作分成、流量分成及订阅付费等方式。依托大模型的 API、按照 Token 调用量向开发者收费的商业模式在国外已有先例并且得到了开发者的广泛认可。伴随着深度学习模型的不断完善、开源模式的推动，AIGC 产业生态的商业模式探索已经初步起步，并呈现出了 4 种主要的趋势和模式，如图 2-2 所示。

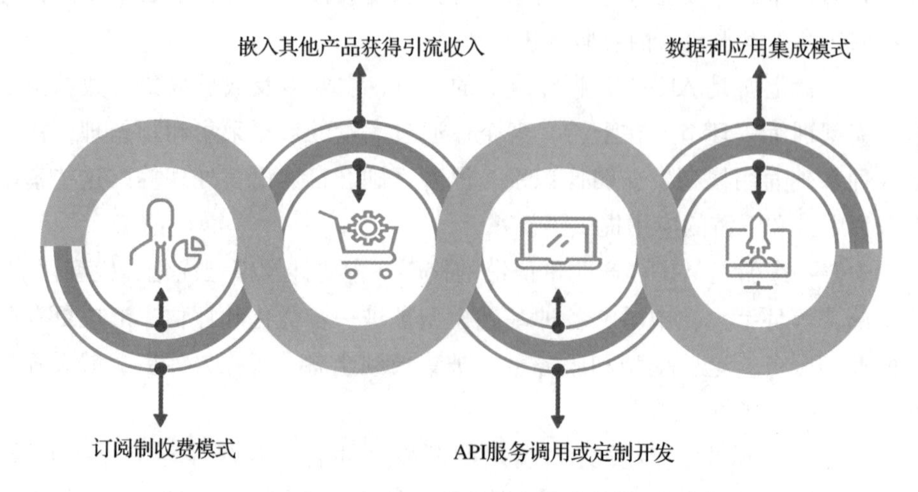

图 2-2 AIGC 产业生态商业模式

（1）订阅制收费模式

许多 AIGC 技术提供商和解决方案提供商将其模型产品化，并通过订阅制收费模式获取收入。企业可以根据自己的需求和使用频率选择订阅相应的 AIGC 模型服务。这种模式为用户提供了灵活性和可扩展性，并为技术提供商带来稳定的收入。从商业角度而言，将 AIGC 作为底层基础设施的 SaaS 订阅将成为中长期趋势，目前 Midjourney 等企业已进行了类似的尝试。

（2）嵌入其他产品获得引流收入

AIGC 技术提供商将其技术嵌入其他产品中，以获取引流收入。例如，微软的高级付费版 Microsoft Teams Premium 中嵌入了 OpenAI GPT-3.5 支持的“智能会议回顾”（Intelligent Recap）功能。这种模式通过将 AIGC 技术集成到现有产品中，为用户提供增值功能，并带动产品的销售和使用。

（3）API 服务调用或定制开发

许多 AIGC 技术提供商通过提供 API 服务调用或定制开发来收费，或者采用会员制 + 按次收费。例如，OpenAI 在推出 ChatGPT 之前，主要通过向行业客户开放其自身的大模型，并提供 API 服务调用或定制开发来收费。这种模式允许开发者根据自己的需求和应用场景使用 AIGC 技术，并根据使用量或定制开发的复杂度付费。

（4）数据和应用集成模式

大模型厂商为企业提供数据分析、预测和智能化决策的能力，提供数据接入、数据清洗、模型训练和结果展示等服务，并根据集成的复杂度和价值提供收费模式。

总体来说，AIGC 的商业模式尚处于探索初期。未来，随着 AIGC 技术的不断发展和应用场景的增加，预计还会出现更多创新的商业模式，推动产业的进一步发展。

2.1.3　AIGC 产业生态版图扩容加速

AIGC 应用加快落地，商业化空间正逐步打开。特别是在文娱影视、电商零售、新闻传媒、金融、教育、医疗等产业，AIGC 技术将逐步渗透，赋能生产与生活。

（1）产业链快速增长扩容

中国的 AIGC 产业已涌入互联网大厂，AI 公司、生态场景链公司、研究机构等多类参与者纷纷下场卡位，推动人工智能逐渐走出实验室，形成从基础层到技术层、从研究层到应用层的大模型产业链，其中尤以应用层的竞争最为激烈。虽然国产大模型还无法达到 ChatGPT 的高度，但是盘古、悟道、文心一言、通义千问等国产预训练大模型正紧跟世界技术潮流，保持着快速增长态势，推动中国人工智能及应用发展进入落地应用关键期。

从目前 AIGC 产业图谱和整个市场发展来看，虽然我国大模型技术处于关键发展期，但是层次已经比较鲜明。

在基础设施层，厂商主要为百度、阿里巴巴、腾讯、360，这些头部互联网厂商一方面在研发、算力等方面具备持续大规模投入的能力，另一方面本身也是海量数据的拥有者，未来有望引领全球中文语言大模型的发展。

在应用层，大模型及 AIGC 技术的场景化落地将产生巨大的商业价值，未来有望在办公、媒体、电商、金融、娱乐、教育等场景中得到深度应用。以金山办公、科大讯飞、萨摩耶云等为代表的企业将针对行业、产业提供大模型 + 行业解决方案。

在算法层，算法提供商作为 AI 技术的开发者，将持续为下游百业赋能。在这一层面，科大讯飞、云从科技、商汤科技等企业不断精进算法，促进 AI 应用规模化落地。

在算力层，大语言模型以及 AIGC 将带来对底层算力需求的急剧增加，算力相关厂商包括芯片厂商、服务器厂商、数据中心及云服务厂商三类。寒武纪、海光信息、浪潮信息等企业，聚焦人工智能芯片领域不断提升核心技术，支撑企业开展智能算法基础研究和开发各类人工智能应用产品，推动了产业发展。

（2）利好政策助推产业健康发展

AIGC 的发展获得了政策层面的大力扶持。2023 年以来，中央和多地出台相关政策，指引 AIGC 行业发展方向，为 AI 产业创新和技术突破提供政策、资源、资金扶持，合力助推人工智能高质量健康发展。

2023 年 7 月，国家网信办联合国家发展和改革委员会、教育部、科技部、工业和信息化部、公安部、国家广电总局发布《生成式人工智能服务管理暂行办法》。利用生成式人工智能技术向中华人民共和国境内公众提供生成文本、图片、音频、视频等内容的服务，均适用该办法。该办法明确了国家坚持发展和安全并重、促进创新和依法治理相结合的原则，采取有效措施鼓励生成式人工智能创新发展，对生成式人工智能服务实行包容审慎和分类分级监管，明确训练数据处理活动和数据标注等要求，规定了生成式人工智能服务规范等。

地方层面，北京市科学技术委员会、中关村科技园区管理委员会与北京市经济和信息化局印发《关于推动北京互联网 3.0 产业创新发展的工作方案（2023—2025 年）》的通知（下称《工作方案》），提出推动人工智能等底层关键核心技术攻关，围绕算法、数据、算力、场景、生态等方面，撬动引导企业、市场等创新资源优化配置，明确指出了未来人工智能的发展方向，推动产业的升级和变革。

深圳市委办公厅、深圳市人民政府办公厅发布《深圳市加快推动人工智能高质量发展高水平应用行动方案（2023—2024 年）》，在强化智能算力集群供给、增强关键核心技术与产品创新能力、提升产业集聚水平、打造全域全时场景应用、强化数据和人才要素供给、保障措施六大方面提出了建设方案。

上海市发展和改革委员会发布关于印发《上海市加大力度支持民间投资发展若干政策措施》的通知，提出鼓励民间资本投资新型基础设施。延长新型基础设施项目贴息政策执行期限至 2027 年底，提供最高 1.5 个百分点的利息补贴。充分发挥人工智能创新发展专项等引导作用，支持民营企业广泛参与数据、算力等人工智能基础设施建设。

随着科技企业的不断加大投入以及政府利好政策的推动，AIGC 产业的生态系统正在迅速扩大。根据前瞻产业研究院发布的《中国 AIGC 产业发展前景预测与投资战略规划分析报告》，我国 AIGC 产业链企业主要分布在东部沿海经济较为发达的一线城市和新一线城市，集中分布的区域有良好的政策、经济及技术环境，容易吸引初创企业到此发展，形成产业集聚效应。代表性企业主要分布在北京、广东和浙江。

期待未来 AIGC 市场规模将持续扩大，技术应用和创新将持续深化。相信在不久的将来，AIGC 将成为推动产业发展和创新的重要力量，带领人们进入更加智能、高效、便捷的时代。

2.2 AIGC 典型应用场景与实践

本节主要介绍 AIGC 在典型应用场景中的实践。如图 2-3 所示，文本生成、音频生成、图像生成、视频生成、跨模态生成和策略生成等技术在各个领域有着广泛的应用前景。

	文本生成	音频生成	图像生成	视频生成	跨模态生成	策略生成
发展阶段	自然语言处理（NLP） 自然语言理解（NLU） 自然语言生成（NLG）	拼接合成 参数合成 端到端合成	生成对抗网络（GAN） 自回归生成 扩散模型生成	图像拼接生成 GAN/VAE/基于流的模型生成 自回归生成 扩散模型生成	Transformer架构 VideoBERT模型 CLIP模型	深度强化学习技术
场景及应用	语言模型 文本摘要 机器翻译 对话系统	语音合成 声音效果处理 音乐生成 语音识别	图像修复和增强 图像识别 图像生成和合成 图像编辑和转换	视频生成 视频编辑 视频增强 视频转换	文字生成图 文字生成视频	游戏行业 金融行业 自动驾驶 机器人决策
未来探索	关注预训练模型开发 强化上下文理解和推理 提高生成多样性及可控性 强化交互和对话生成能力	模型性能提升 细分领域特定需求研发	提升模型对复杂和抽象任务的图像生成效果 形成更强的跨模态能力和实用性	引入视频生成模型对性能进行优化 生成式AI能力进一步融入视频制作全流程	提升生成质量， 扩展应用领域， 注重用户个性化需求	提升生成结果质量， 拓展更广泛的应用领域， 应对训练和推理挑战， 加速技术发展

图 2-3　AIGC 典型应用场景与实践

2.2.1　文本生成

语言是人类用来交流与表达思想的系统和工具，是人类文化的重要组成部分。它是一种符号系统，由词汇、语法和语义组成。每种语言都有自己独特的词汇、语法和表达方式，反映了不同社会和文化背景下的思维方式与习惯。

对于计算机来说，自然语言处理（NLP）领域致力于使计算机能够理解和处理人类语言，并进行自然语言生成。而实现自然语言处理既需要自然语言理解（Natural Language Understanding，NLU）也需要自然语言生成（Natural Language Generation，NLG）。

自然语言理解是所有支持计算机理解文本内容的方法模型或任务的总称，能够进行常见的文本分类、序列标注、信息抽取等任务。简单来说，就是希望机器能够像人一样，具备正常的语言理解能力。自然语言生成是指让计算机能够生成自然语言文本或语音的能力。它将非语言格式的数据转化为人类可理解的自然语言形式，进行文本的生成和输出。

近年来，预训练语言模型的发展使自然语言处理在许多应用领域取得了显著进展。在 AIGC 中，文本生成是一个重要的组成部分。通过应用自然语言处理和机器学习技术，计算机可以生成高质量和具有创造性的文本内容，例如文章、故事、诗词、对话等，为用户提供个性化、有趣和有用的信息获取体验。

自然语言处理是计算机科学、人工智能和语言学的一个交叉领域，包括机器翻译、阅读理解、对话系统、文本摘要、文本生成等应用。其中，文本生成是指使用计算机算法和技术生成自然语言文本的过程。它是自然语言处理领域的一个重要任务，旨在让计算机生成人类可以理解的文本。

1. 文本生成的主要应用

文本生成的主要应用如下：

- 语言模型：语言模型是文本生成的基础。它通过学习大量文本数据中的语言规律和概率分布，能够生成连续的文本序列。语言模型可以用来生成文章、进行对话、推测下一个单词等。
- 文本摘要：文本摘要是将长篇文本压缩成简洁摘要的过程。文本生成算法可以自动提取原始文本中的关键信息并生成一个简短的摘要，通常用于新闻摘要、文档摘要等。

- 机器翻译：机器翻译是将文本从一种语言转换成另一种语言的过程。文本生成在机器翻译任务中扮演着重要角色，通过分析源语言的句子结构、语义等特征，生成目标语言的对应句子。
- 对话系统：对话系统是模拟人类对话的计算机程序。文本生成在对话系统中起着关键作用，它根据用户的输入生成合适的回复，从而实现自然、流畅的对话交互。

2. 文本生成技术

文本生成技术包括统计方法、神经网络模型和深度学习技术。目前，循环神经网络（RNN）、长短期记忆网络（LSTM）和 Transformer 模型等深度学习模型在文本生成任务中取得了显著进展，使得生成的文本更加准确、连贯和语义丰富。

3. 文本生成方法

文本生成方法主要有两种：传统的文本生成方法，典型的技术是 AIML，通过人为设定规则模板，对用户输入进行回复；基于深度学习的文本生成方法，主要模型有 Seq2Seq 模型、Seq2Seq + Attention 模型、基于 Transformer 的 Seq2Seq 模型以及对抗生成网络 GAN-based 模型等。

（1）传统的文本生成方法

1）基于规则/模板的生成方法。基于规则/模板的生成方法多采用语言学专家手工构造的规则/模板，选用特征包括统计信息、标点符号、关键字、指示词和方向词、位置词（如尾字）、中心词等，以模式和字符串相匹配为主要手段。具体流程为：句子模板→搜索答案词→语法检查。

2）基于统计的生成方法。这种方法使用统计模型和语言模型来生成文本。统计模型可以通过分析大量文本数据中的统计规律来预测下一个单词或短语的概率分布，从而生成连贯的文本。常见的基于统计的生成方法有 n-gram 模型和隐马尔可夫模型。

传统的文本生成方法通常具有可解释性和可控性的优势，因为规则、模板或统计模型是可理解和可调整的。此外，传统方法在处理小规模数据、特定领域知识或结构化数据时可能更加适用。然而，传统的文本生成方法在生成长篇、复杂、具有创造性的文本时可能受限，相比于基于深度学习的文本生成方法，生成的文本质量和多样性可能较低。

（2）基于深度学习的文本生成方法

1）Seq2Seq 模型。Seq2Seq 是一个编码器 – 解码器（Encoder-Decoder）结构的网络，它的输入是一个序列，输出也是一个序列。编码器将一个可变长度的信号序列变为固定长度的向量表达，解码器将这个固定长度的向量变成可变长度的目标信号序列。编码器的过程相当于人听到一段声音，然后在脑海中形成一个理解（这类似于信息压缩的过程），而解码器的过程就是用自己的语言再把它表达出来。

2）Seq2Seq + Attention 模型。Seq2Seq + Attention 模型是在传统 Seq2Seq 模型的基础上引入注意力机制。在解码器生成每个输出单元时，它会根据输入序列的不同部分动态地调整注意力权重，从而更加关注与当前输出有关的输入部分。但是这一模型在文本生成任务中存在一些问题，比如长期依赖问题、对齐偏差、训练复杂性高和资源消耗大，以及缺乏全局一致性。

3）基于 Transformer 的 Seq2Seq 模型。Transformer 模型是一种基于自注意力机制的深度学习模型，用于处理序列数据。在文本生成中，基于 Transformer 的 Seq2Seq 模型将编码器和解码器都构建为 Transformer 架构，其中自注意力机制能够更好地捕捉输入序列中的上下文关系，从而提升生成质量。 GPT 系列模型正是在 Transformer 模型基础之上演化而来的，在进行有监督的微调训练后，模型的参数能够更好地适配 NLP 的其他下游任务，生成高质量的回答，进行更加自然流畅的多轮对话。

综合来看，当下 NLP 文本生成虽然已取得了一些成就，但是仍然存在许多问题。预计未来 NLP 文本生成算法的发展将更加关注预训练模型开发、强化上下文理解和常识推理、提高生成文本的多样性和可控性、融合多模态信息以及强化交互和对话生成能力。

2.2.2 音频生成

音频生成是人工智能领域的一个重要应用，它指的是利用深度学习技术，通过学习大量的音频数据，自动生成与人类发音相似甚至超越人类水平的音频内容。

目前，音频生成技术主要依赖于深度学习模型，如循环神经网络（RNN）、长短时记忆（LSTM）、Transformer 等。其中，Transformer 模型在音频生成方面表现出色，它通过多层的自注意力机制和位置编码，能够很好地处理音频序列数据，并且具有很高的生成效率。音频生成可以广泛应用于语音合成、音乐生成、声音效果设计、音乐和影视制作、有声书阅读、语音导航、同声传译等领域。

1. 音频生成的 3 个主要阶段

计算机技术的进步使得音频生成方法逐渐演变为以“文本分析 – 声学模型 – 声码器”为核心结构的语音合成流程。音频生成技术的发展历程大致可以分为拼接合成、参数合成及端到端合成这 3 个阶段。

（1）拼接合成阶段

早期的音频生成主要采用波形拼接法，先对语句的音素、音节、单词等进行特征标注和切分，再在已有的语音数据库中查找基本单位，拼接合成语音。这种方法通过拼接预先录制的语音片段来实现连贯的语音输出。其优点在于可以获得真实的语音，听起来比较自然，然而它需要大量的语音数据来保证覆盖率，而且得到的语音在字词之间的衔接可能会显得不够流畅。

（2）参数合成阶段

参数合成法主要利用数学方法对已有语音数据进行声学特征参数建模，构建文本序列到语音特征的映射关系，生成参数合成器。经过训练的模型可以对输入的数据进行分词、断句、韵律分析等处理，然后根据语言学特征生成声学特征，最终通过声码器合成语音。虽然这种方法减少了所需的原始声音数据量，且生成的语音比较流畅，但是存在音质损失、机械感强、有杂音的缺点。

（3）端到端合成阶段

随着深度学习技术的迅速发展，端到端合成法成为主流，它利用神经网络学习的方法，采用编码器 – 注意力机制 – 解码器的声学模型，实现直接输入文本或者注音字符。端到端合成大大降低了对语言学知识的要求，可以实现多种语言的语音合成。通过端到端合成的音频，效果得到进一步的优化，更加自然，趋近真人发声效果。但是由于它属于黑盒模型，合成的音频不能手动调优，所以复杂的合成任务需要更多的资源支持。

2. 音频生成的典型应用场景

音频生成的应用场景广泛，典型的应用场景有语音识别、语音合成、声音效果处理、音乐生成等，这些应用能够极大地提升信息传输的效率、人机交互的便捷性与使用体验，在公共服务、娱乐、教育、交通等领域具有巨大的商业化价值。

- 语音合成：生成自然流畅的语音，将文本或语音信号转化为可听的语音。这种功能可以应用于智能语音助手（如 Siri、Alexa）、电子书朗读、广播电台等场景，为用户提供高质量的语音交互体验。
- 声音效果处理：包括降噪、增强、失真、回声消除等。这些处理可以应用于音乐制作、语音识别、通信系统等场景。例如，在音乐制作中，AIGC 可以通过声音效果处理提升音乐的音质和表现力。
- 音乐生成：可以根据提示的音频片段或文本描述生成语义、风格一致的连贯音乐，在音乐和影视领域，可以帮助创作者进行歌曲编曲、音乐风格精修、背景音乐和环境音生成等工作。
- 语音识别：用于语音识别，即将语音信号转换为文本形式。这种功能可以应用于智能语音助手、电话客服、语音搜索等场景。例如，在智能语音助手中，通过语音识别将用户的语音指令转化为文本，实现语音交互和指令执行。

这些应用场景和实际应用情况展示了音频生成的多样性与广泛应用性。在音频生成技术的支持下，我们可以享受到更自然、更高质量的语音交互和音频体验。

3. 音频生成应用前景广阔

音频生成市场的迅速壮大，让国外头部科技公司，如微软、亚马逊、谷歌、苹果等，均展开了技术研究并在智能语音方面积极布局。微软公司通过其语音技术平台 Azure Speech 提供了强大的语音识别和语音合成功能，为开发者和企业提供了可靠的语音解决方案。亚马逊公司则通过其 Alexa 语音助手等产品，实现了智能语音交互和语音转文本的功能。苹果公司则通过 Siri 语音助手在智能语音领域扮演了重要角色。Siri 能够进行语音识别、自然语言理解和语音合成等任务，为用户提供智能语音交互和个性化的语音服务。

国内智能语音市场规模近几年保持稳定增长，面向 C 端的应用主要聚焦在智能家居、车载等场景，B 端则主要面向电商、金融、医疗、教育等行业场景提供语音客服、营销平台等定制服务。

AIGC 技术的进步再次推动了智能语音技术的整体发展和普及，它不断提升语音识别和语音合成的准确性与自然程度，改善用户体验，并在各个领域探索智能语音的应用，为市场带来新的增长。对音频生成的前沿研究主要分为两方面：一方面聚焦于对模型性能提升，包括多说话人语音学习和分离、非人工标注数据的情感识别、情感解耦、多模态转换等；另一方面从应用视角出发，面向更多细分领域的特定需求进行研发。

现在，音频生成技术的商业化已经取得了一定的进展，并且在不同的领域有着广泛的应用。接下来，家居、教育和出行领域将是智能语音技术的关键增长点。同时，与各行业合作探索更多领域的应用场景，并不断改进和优化音频生成技术，将进一步推动智能语音技术的发展和商业化落地。

2.2.3 图像生成

图像作为人工智能内容生成的一种模态，一直在 AIGC 领域中扮演着重要角色。图像生成是指通过计算机算法和模型生成新的图像。这些图像可以是完全虚构的，艺术创作的，或者是根据现有图像进行修改和增强的。

图像生成方法可以分为两类：基于规则的方法和基于学习的方法。基于规则的方法通常是通过手动或自动的方式定义图像的组成元素和规则，例如计算机图形学中的 3D 建模、纹理映射等。而基于学习的方法则是通过大量的训练数据，让计算机学习图像的特征和规律，然后根据这些特征和规律生成新的图像。近年来，深度学习技术在图像生成领域取得了显著的进展。其中，生成对抗网络（GAN）是最具有代表性的方法之一。GAN 通过两个神经网络之间的对抗，生成与真实图像相似的虚构图像。图像生成技术可以应用于许多领域，例如计算机视觉、艺术创作、自动驾驶、虚拟现实等。

1. 图像生成的关键发展阶段

图像生成的关键发展阶段可以追溯到 2014 年，当时还在蒙特利尔大学读博士的 Ian Goodfellow 将 GAN 引入深度学习领域。从那时起，GAN 成为图像生成模型的主要选择之一。GAN 通过生成器与判别器之间的对抗训练来逐步提升生成能力和判别能力，使生成的数据更接近真实数据，从而实现生成逼真图像的目标。然而，在其发展过程中，GAN 也面临着稳定性差、图像多样性不足、模式崩溃等问题。

伴随 AI 技术的进步，图像生成进入自回归生成阶段。受 NLP 预训练方法的启发，借助 Transformer 架构中的自注意力机制，自回归模型改进了 GAN 的训练方式，增强了模型的稳定性和生成图像的合理性。但由于基于自回归模型的图像生成所需的计算资源较多和训练成本较高，其实际应用受限。扩散模型（Diffusion Model）解决了这些问题，它在训练稳定性和结果准确性上提升明显，能够生成逼真、高质量的图像或数据样，因而迅速取代了 GAN 的应用。

扩散模型生成阶段，产业应用中有大量跨模态图像生成需求，围绕它有大量的方法、技术产生，但大多如同昙花一现。这之中，OpenAI 推出的 CLIP 出类拔萃，甚至有人形容神器 CLIP 是多模态领域的革命者。

CLIP 通过联合预训练的方式，将文本和图像联系在一起，实现了多模态数据的有效处理。它不仅在图像分类、检索等任务中表现出色，还可以用于图像生成、目标检测等领域，甚至实现了零样本检测。这种模型的引入为多模态数据处理开辟了新的研究方向，并在实际应用中发挥了巨大的作用。

从最初的 GAN 到自回归模型和扩散模型，以及多模态数据处理的革命性模型，都为图像生成领域带来了新的突破和机会。随着技术的不断发展，图像生成的方法和工具也在改进和完善，未来将会在更多的领域得到应用。

2. AIGC 驱动图像生成加快场景渗透

AIGC 在图像生成领域中能够模拟和学习现实世界中的图像特征，并生成逼真、具有创造性的图像内容，为多个领域提供各种强大的内容生成能力，比如：

- 图像修复和增强：AIGC 技术可以用于修复和恢复受损或缺失的图像，包括去除图像中的噪声、修复破损的图像部分、补全缺失的图像信息等。应用场景包括老照片修复、图像修复、视频修复等。

- 图像识别：AIGC 技术可以用于图像识别任务，即将图像转换为对应的标签或类别。应用场景包括物体识别、场景识别、人脸识别等，例如，识别图像中的物体、判断场景类型或进行人脸识别。
- 图像生成和合成：利用 AIGC 技术生成新的图像，可以是由随机噪声生成的抽象图像，也可以是基于给定条件生成的具体图像。比如，它可以生成逼真的人脸图像、虚拟场景、角色设计等，为游戏、电影和虚拟现实等领域提供内容生成的解决方案。
- 图像编辑和转换：借助 AIGC 技术，通过修改图像的特定属性或进行内容转换，实现图像编辑的功能。图像生成在艺术设计、产品设计、动画与游戏制作等方面均有充分的商业化潜力。在电商的应用方面，图像生成可以在虚拟试衣间、模拟商品展示等场景提升用户的在线购物体验。

3. 图像生成技术：开创 AIGC 应用新边界

从国内外市场需求和规模来看，目前图像生成在 AIGC 领域中的总体商业化进展较快。目前，市面上有多款各有特色和优势的 AIGC 图像生成工具，例如 Midjourney、DALL · E 2、Stable Diffusion、DreamStudio 等，仿佛开拓了一个新的艺术领域。中国的文心一格、CogView、ZMO 等 AI 图像生成产品通过模型调优和知识增强训练，对中文提示词具备更强的理解能力，在美术创作、广告设计等领域已经拥有了一定的用户基础。国内图像生成领域的商业化进程正在加速，但仍然需要结合技术能力和产品能力进行深度打磨，通过构建数据层、模型层、应用层的生态闭环以实现可持续发展。

图像生成技术的前沿探索主要聚焦在研究如何加强对图像实体关系的深度理解、提升多模态间的转换生成效果、提高采样速度和样本质量等方面，从而提升模型对复杂和抽象任务的图像生成效果，形成更强的跨模态能力和更好的实用性。

预计下一阶段图像生成将向更加标准、细分的市场需求方向发展。例如：在医学图像生成方向，研究人员致力于开发能够生成高质量医学图像的模型，以用于医学诊断和研究；在艺术创作方向，研究人员致力于开发能够生成艺术风格图像的模型，以支持创作和设计过程。这些研究方向的探索有助于进一步提升图像生成技术的能力和实用性，满足更加复杂和抽象的任务的需求，并适应不同领域和市场的应用需求。

AI 图像生成正在改变我们创建和消费视觉内容的方式，它很快会成为我们的助手。而要将人工智能融入创作过程，我们需要主动转变，我们必须学会与 AI 算法协同工作，充分利用人类创造力和 AI 生成结果的优势，创造更高价值。

2.2.4 视频生成

移动互联网的快速发展和流媒体技术的普及改变了内容创作方式。短视频和直播等形式兴起，为人们提供了更丰富多样的视频内容，并成为人们碎片化时间的重要消遣和学习途径。

传统以人为核心的创作模式面临着成本高、效率低的挑战。AIGC 技术的进步促进生成视频加速渗入内容创作领域，带来了颠覆性的变革和质的飞跃，为用户提供了更加快速、便捷、经济的视频创作方式和更加丰富的视听体验，开启了人机共创的划时代风口。AIGC 的下一个杀手级应用很有可能出现在视频赛道，它势必引发新一轮的创新竞争，推动行业迈入“黄金时代”。

1. 视频生成技术的演变与进化

视频生成是指使用计算机算法和技术来生成或合成视频内容的过程。这个过程通常包括从概念设计到最终输出的整个阶段，涵盖视频的创意、制作、编辑、特效等环节。视频生成技术广泛应用于媒体和广告、教育和培训、社交媒体和内容创作、游戏和虚拟现实、电影和电视制作、商业演示和企业宣传、医疗和科学研究等多个领域。

视频生成技术的发展大致经历了图像拼接生成、GAN/VAE/ 基于流的模型生成、自回归和扩散模型生成等阶段。深度学习的发展推动了视频生成技术在画质、长度和连贯性等方面的提升，但相对于语言生成和图像生成，视频生成仍面临复杂性高、时间序列和动态变化等挑战，导致生成的视频画质难以达到真实水平，长时间的连贯性难以实现。

- 图像拼接生成：将静态图像拼接成连续的视频流。由于每一帧是独立的图像，缺乏动态连续性，所以生成的视频质量较低。由于缺乏对帧间关系的建模，所以生成的视频中的场景转换可能显得突兀和不自然。图像拼接无法捕捉到视频中的动态变化和平滑过渡，导致连贯性较差，观看体验不够好。

- GAN/VAE/基于流的模型生成：利用循环 GAN、变分自编码器（VAE）或基于流的模型来建模视频的时序特性和动态变化。这种方法能够较好地捕捉视频中的连续性和动态性，但总体效果上生成视频的质量仍然较低，难以实际应用。
- 自回归和扩散模型生成：利用自回归模型或扩散模型进行视频生成。自回归模型利用先前的帧来预测下一帧，生成的视频较为连贯自然，但生成效率低且错误易积累。扩散模型则将图像生成领域的研究成果迁移到视频生成中，通过改进图像生成架构，使其适应视频生成任务。这种方法生成的视频具有高保真效果，但需要更多的训练数据、时间和计算资源。

当前，视频生成技术尚处于探索期，各类算法和模型在视频数据复杂性方面存在一定的局限性。生成视频的模糊、噪点、失真等问题仍待解决，尤其在处理细节和运动方面存在挑战。整体而言，尽管我们在视频生成方面取得了一定进展，但仍需进一步研究和创新，以提高生成视频的质量和连贯性。

2. 视频生成应用场景丰富，创造力惊人

当前，视频生成工具主要来自 Adobe、谷歌、Meta 等科技巨头，视频生成原理与图像类似，主流模型为 GAN、VAE、Flow-based 模型，近年来扩散模型也逐渐应用到视频生成中。2019 年，DeepMind 提出了 DVD-GAN（Dual Video Discriminator GAN）模型，加入了空间判别器 D-S 和时间判别器 D-T。GAN 在视频生成中的重大突破是一组由 50 万段 10s 高分辨率 YouTube 视频剪辑汇编成的数据集训练，能够生成具备时间一致性的高分辨率（256 × 256 像素）视频。

AI 生成视频能够极大地提高生产效率，短时间内创造出令人惊叹、想象力丰富的视频内容。AI 视频生成的应用场景主要集中在视频生成、视频编辑、视频增强、视频转换等领域。

视频生成领域，可以根据用户提供的文本、图像或其他媒体素材自动生

成短视频内容，满足用户的社交分享需求。例如生成电影、电视剧、游戏中的虚拟场景、角色、特效等，或是根据原始影片生成电影预告片，根据产品文字介绍生成视频广告等。

视频编辑领域，可以提供视频编辑功能，帮助用户剪辑、合并、添加特效等，实现个性化的视频内容创作。比如，创作者可以通过素材剪辑、特效添加，快速制作出更有创意的短视频内容，在抖音、Instagram 等平台上展示。

视频增强领域，可以通过降噪、锐化、去抖动、增强对比度和色彩校正等处理，改善视频的质量和观看体验。例如，在影视和广告制作过程中对视频画质、色彩、对比度进行调整，特别是能够应用在老电影、珍贵影像资料的修复工作中，提升视觉效果和研究价值，使其重新呈现在观众面前。

视频转换领域，将原始视频转换为不同的格式、分辨率、编码或风格，以适配不同设备或媒体的播放需求。例如，将真人视频转换为油画、素描、动漫等风格，或是进行黑白—彩色转换、日间—夜间转换处理，可以帮助影视工作者根据作品主题和情节需要快速调整风格，提高影视作品的艺术性。

3. AI 能力有望融入视频生成全流程

现在，视频生成方面的探索主要聚焦在高分辨率视频生成、基于超长文本的视频生成、无限时长的连贯视频生成等课题，并将文生图模型引入视频生成模型对性能进行优化。下一阶段视频制作的多端同步、多人在线协同创作的需求也会随之增加，生成式 AI 能力有望进一步融入脚本创作、视频剪辑、渲染、特效等视频生成的全流程。

美国麻省理工学院人工智能教授菲利普·伊索拉认为，如果看到高分辨率的视频，人们很可能会相信它。也有专家指出，利用 AI 逼真的视频生成能力，伪造公众人物和社会大众的言行可能会造成不可估量的伤害。但是，“潘多拉的魔盒已经打开”，AI 视频生成的技术需要不断改进，与此同时，依然需要警惕安全与伦理风险。

2.2.5　跨模态生成

1. 什么是跨模态

模态是指数据的存在形式，比如文本、音频、图像、视频等文件格式。

多模态是一种全新的交互、生成模式，集合了图像、语音、文本等方式。跨模态生成是指将一种模态转换成另一种模态，同时保持模态间的语义一致性。跨模态生成主要集中在文字生成图片、文字生成视频及图片生成文字等形式。

现实世界中的信息是文本、音频、视觉、传感器以及人类各种触觉的综合体系，要更为精准地模拟现实世界，就需要具备各种跨模态生成能力，例如文字—图像、文字—视频等跨模态生成能力。大型预训练模型的发展使得跨模态逐步成熟，文本—图像生成正在快速落地，文字—视频的实验效果也已较为理想。

让机器具备跨越文本、图像等多种模态的复杂场景理解与生成能力，是人工智能的重要目标之一，也是数字时代科技与产业深度融合创新、催生新业态新模式、加快产业智能化升级的新动能。跨模态和多模态应用颠覆了传统单模态的互动方式，未来将会带来创新性的探索，并赋能广泛的行业领域。

2. 跨模态生成算法持续迭代演进

Transformer 架构的跨界应用成为跨模态的重要开端之一。Transformer 架构的核心是自注意力机制，该机制使 Transformer 能够有效提取长序列特征。多模态训练普遍需要匹配视觉的区域特征和文本特征序列，而 Transformer 架构则擅长处理一维长序列，其内部结构具有更高的计算效率和可扩展性，为训练大型跨模态模型奠定了基础。

随后，谷歌的 VideoBERT 尝试了将 Transformer 拓展到视频—文本领域。该模型能够完成看图猜词和为视频生成字幕两项任务，首次验证了 Transformer+ 预训练在多模态融合上的技术可行性。

2021 年，OpenAI 发布 CLIP，成为图文跨模态的重要节点。CLIP 模型是多模态深度学习模型中一个具有里程碑意义的多模态模型，它提出了一个融合文本和图像数据的对比学习范式，通过利用文本信息作为弱监督信号监督相应视觉任务的训练，在相关视觉任务上取得了较好的结果。

作为一种经典的文图跨模态检索模型，CLIP 模型在大规模图文数据集上进行了对比学习预训练，具有很强的文图跨模态表征学习能力。除去图像领域，CLIP 后续还在视频、音频、3D 模型等领域扮演了关联不同模态的角色。

“CLIP+ 其他模型”在跨模态生成领域成为较通用的做法。例如，Disco Diffusion 的原理为 CLIP 模型持续计算 Diffusion 模型随机生成噪声与文本表征的相似度，持续迭代修改，直至生成达到要求的图像。在此基础上，大型预训练模型的发展重点开始向横跨文本、图像、语音、视频的全模态通用模型发展。通过计算策略、数据调用策略、深度学习框架等方法提升模型效果成为目前研究获得进展的关键。

跨模态生成技术在实现认知和决策智能方面展现出重要作用，被认为是一个转折点。未来，通过融合多源信息、提升认知能力、促进智能决策和实现自然的人机交互，跨模态生成技术可以推动计算机系统向更智能的方向发展，为各个领域带来更广阔的应用前景。

3. 文字生成图取得突破

国海证券的研究报告《AIGC 深度报告：新一轮内容生产力革命的起点》显示，AIGC 跨模态生成中，文字生成图已经取得了一定的突破，这得益于深度学习技术的发展和大规模数据集的支持。在未来两年内，文字—图像的生成将快速落地。目前，文字—视频的生成也已有相对理想的实验效果，三个模态的跨模态生成也已经开始尝试。然而，对于其他领域的跨模态生成任务，仍然存在一些挑战和待提升的方面，比如更复杂的图像生成文字任务、跨模态生成的多样性和生成结果的控制方面。

从应用角度来看，在文字生成图像领域，扩散模型的出现带来了重大的变化。这使得跨模态生成技术实现了跨越式的发展，图像生成质量大幅提升。诸如 DALL · E、Stable Diffusion、Midjourney、文心一格等 AI 绘画工具的问世，为创意和艺术注入了神奇的力量。2022 年被称为“AI 绘画”之年，对于艺术爱好者来说，这些 AI 绘画工具令人惊叹。只需输入一张图片或一段文字，软件就能生成独特的艺术创作。

文字生成图应用产品逐渐探索出了以面向消费者（2C）为主的商业模式。在 2C 端，这些产品通过“内容付费 + 会员付费”模式收费。然而，根据 6open 的调研，超过 60% 的国内 AI 绘画用户从未支付过费用，而愿意支付超过 100 元的用户比例不到 10%。

这表明在 AI 绘画领域，虽然有着广泛的兴趣和用户群体，但进行商业变现仍面临一些挑战。需要寻找更有效的商业模式和付费方式，以吸引更多用户为高质量的 AI 绘画作品付费。这也是未来需要解决的问题，以促进 AI 绘画技术的可持续发展和商业应用的成功。

4. 文字生成视频具有节点性意义

在一定程度上，文本生成视频可以看作文字生成图的进阶版。视频生成对于 AIGC 领域将具有节点性意义。在文字生成视频领域，以 Token 为中介，关联文本和图像生成，逐帧生成所需图片，最后逐帧生成完整视频。但由于视频生成会面临不同帧之间连续性的问题，对生成图像间的长序列建模要求更高。从数据基础来看，视频所需的标注信息量远高于图像。

在图像/视频生成文本领域，具体应用有视觉问答系统、配字幕、标题生成等，这一技术还将有助于文本与图像之间的跨模态搜索。代表模型有 METER、ALIGN 等。除了在各个模态之间进行跨越生成之外，目前，包括小冰公司在内的多家机构已经在研究多模态生成，同时将多种模态信息作为特定任务的输入，例如同时包括图像内的人物、时间、地点、事件、动作及情感理解，甚至包含背后的深度知识等，以使生成结果更加精准。

跨模态生成作为一个新兴领域，具有广阔的发展前景，但目前仍然存在一些挑战和问题，包括数据稀缺和不平衡、跨模态对齐、生成结果的一致性和真实性、多模态融合和平衡、伦理和法律等问题。未来，跨模态生成需聚焦于提升生成质量、扩展应用领域，注重用户个性化需求，为人们带来更多创新和便利。

2.2.6 策略生成

策略生成指 AI 基于特定问题和场景，自主提出解决方案的过程，本质是让 AI 感知环境、自身状态并基于特定目标决定当下需执行的动作，然后基于下一个状态发给系统的反馈进行奖励或惩罚，最终使系统在不断的“强化”过程中优化“策略”。

《AIGC 深度报告：新一轮内容生产力革命的起点》指出，AI 策略生成中普遍采用深度强化学习技术，关键是搭建能充分还原现实因素的虚拟环境及能够合理设置奖惩，在游戏、自动驾驶、机器人决策、智能交通、金融、数字人等领域有应用价值。

1. 策略生成提升决策效率

金融是数字化水平高的行业，策略生成为金融业带来了决策效率提升、个性化服务、风险管理和创新竞争力等多重价值。它不仅为金融机构提供了更好的决策支持，还推动了金融业务的数字化转型和智能化发展。但是值得注意的是，AIGC 模型生成的投资策略是基于历史数据和模型的学习，并不能保证策略的绝对准确性和未来的市场表现。投资者仍需要根据市场情况和个人判断做出决策，并且定期评估和优化投资策略。

在投资决策层面，策略生成可以通过分析金融市场的历史数据和趋势，生成投资策略和模型，辅助金融机构做出更明智的投资决策。这可以包括股票选择、资产配置、买入和卖出时机等方面的决策。此外，通过策略生成，金融机构可以更好地评估和管理风险。策略生成模型可以帮助识别潜在的风险因素，并提供相应的对策和风险控制措施。

另外，策略生成也可以应用于金融机构的各个业务流程，如交易执行、资产管理、客户服务等。通过自动化生成的策略和决策模型，可以提高业务流程的效率和准确性，减少人为失误和时间成本，推动金融业务的数字化转型。与此同时，策略生成还可以根据个体客户的需求和偏好生成个性化的金融服务方案。通过分析客户的数据和行为模式，策略生成模型能提供个性化的投资建议、理财规划和风险管理策略，提高客户满意度和忠诚度。

虽然策略生成可以提供强大的分析和建议，但它并不能完全替代人的判断和决策。投资者和金融专业人士仍然需要考虑市场情况、宏观经济因素和个人判断，同时定期评估和优化策略以适应不断变化的市场条件。策略生成应被视为一种有益的工具，而不是独立的决策机器。

2. 策略生成的未来：为生成最优解赋能

未来，策略生成可借助大模型技术能力，通过数据分析、风险评估、自动交易和个性化推荐等方式，赋能金融业务场景，引领金融数智化转型，为投资决策提供最优解。策略生成可能演变的趋势主要包括以下方面：

- 增强学习和自适应性：策略生成模型可能更加注重增强学习，使其能够在不断变化的环境中学习和调整策略。策略生成模型可能会变得更加复杂和精密。这将使大模型能够处理更大规模的数据，并提供更准确、更细颗粒度的策略建议。
- 跨领域整合：策略生成可能会在不同领域之间实现更深层次的整合。

例如，将金融数据与社会、环境、政治等多领域数据结合，以更全面的视角生成决策策略。

- 解释性和透明度提高：随着对模型决策透明度的需求增加，策略生成模型可能会更注重解释性。这将有助于用户理解模型是如何得出特定策略建议的，从而增强用户对模型的信任。
- 个性化程度提高：随着数据获取和处理能力的提高，策略生成模型可能会更加注重个性化。模型将更好地理解个体客户的需求、偏好和风险承受能力，生成更为个性化的决策策略和服务。
- 实时决策支持：随着实时数据的广泛应用，策略生成模型将会更注重实时决策支持。这意味着模型将能够在瞬息万变的市场中提供即时的、准确的策略建议。

策略生成有望在技术、整合、透明度和个性化等方面取得更多突破，为决策者提供更强大、更智能的支持，使其能够更好地应对复杂的商业和金融环境。然而，大语言模型也存在局限性，未来需要更加注重提升生成结果质量、加强对伦理和法规的关注、拓展更广泛的应用领域、应对训练和推理挑战，加速技术的发展。通过大模型策略生成的发展，我们期待推动人工智能在自然语言处理、图像生成、音乐创作等领域的应用和创新，为金融及其他行业带来更精准、更具有多样性和创造性的策略生成能力。

2.3 大模型落地金融领域的风险与挑战

这是最好的时代，也是最坏的时代。尽管大模型技术在金融领域具有巨大的应用潜力，但其应用也面临不容忽视的风险和挑战。本节将深入研究大模型在金融领域的数据隐私和安全风险、模型可解释性和透明度、监管和合规要求，梳理中国、美国、欧洲等地 AIGC 技术的应用规则，探索对应的风险管理和应对策略。

2.3.1 大模型在金融领域的 5 个典型应用场景

当前，金融科技已经从“立柱架梁”迈入了“积厚成势”新阶段，越来越多的金融机构积极使用数字技术来为金融血脉注入全新能量。人工智能技术正加速与金融产业深度融合，以 ChatGPT 为代表的大模型技术不断进化，为金融业带来深刻变革，驱动金融服务更加高效、便捷、有温度。

ChatGPT 拥有持续的多轮对话能力，并具备一定逻辑推理能力，在生成文章、生成代码、翻译等方面展现出令人惊叹的水平。ChatGPT 的问世，意味着人工智能从 1.0 时代迈入了 2.0 时代。ChatGPT 背后的 GPT 大模型技术是下一代 AI 技术竞争的核心，将重新定义包括金融在内的众多行业，重塑全球科技竞争格局。

金融行业属于信息密集型行业，是大模型技术的最佳应用场景之一。未来，具有通用能力的大模型将成为信息处理的基础设施，大幅降低中小银行应用人工智能技术的门槛。由于在数字资源、科技能力、业务场景等方面的天然劣势，中小银行与大银行相比，在数字化转型方面相对落后，且差距越拉越大，“智能化鸿沟”也越来越明显。在大模型时代，各类银行重新站在同一条起跑线上，都可以便捷地使用 AI 技术，插上一双数智化“翅膀”，曾经再“阳春白雪”的复杂数据，也能飞入“寻常人家”。

如果将大模型的能力放在金融行业中去处理原有的任务，会对很多工作产生颠覆性的影响。相比现有的 AI 技术，大模型技术在众多金融场景具有广泛的应用潜力和影响力。

- 金融风险管理。大模型技术可以用于构建更准确、更全面的风险模型，帮助金融机构评估和管理市场风险、信用风险、操作风险等，提供更精确的风险预测和决策支持，有助于金融机构制定有效的风险管理策略。
- 量化交易。大模型技术可以应用于量化交易策略的开发和执行。通过分析海量的金融数据和市场信息，识别出潜在的交易机会和趋势，自动执行交易策略并进行实时调整。这有助于提高交易效率，降低交易成本，提升交易的稳定性，以及增加收益。
- 个性化投资建议。大模型技术可以根据个体投资者的偏好和风险承受能力，生成个性化的投资建议和组合配置，辅助投资者做出更明智的决策。
- 金融欺诈检测和预防。大模型技术可以应用于金融欺诈检测和预防。通过分析用户的交易数据、行为模式和历史记录，识别出潜在的欺诈行为和异常交易，提高金融机构对欺诈风险的识别和应对能力，保护客户和金融系统的安全。

- 智能客户服务。大模型技术可以用于构建智能客户服务系统，通过提供流畅的人机对话服务，提升客户满意度和忠诚度。

2.3.2 大模型在金融领域应用所面临的风险及其防范

自 2020 年 OpenAI 提出大语言模型的缩放法则（Scaling Law）以来，用“大力出奇迹”的方式去做大模型仿佛成为“金科玉律”，“大炼丹”时代序幕拉开，百亿、千亿参数规模的大模型比比皆是。量变引发质变，超大模型蕴含着的涌现能力被发现，但在惊讶于这种神奇能力的同时，我们同样应该审视其潜在风险。在斯坦福大学的学者们的眼里，大模型涌现的能力既是科学兴奋的源泉，也是意外后果的忧虑之源。换言之，如果不能引导大模型“向善”，那么它随时可能伤及人类本身，带来不可估量的后果。

金融行业是数据密集型行业，涉及海量的金融数据和复杂的金融业务。大模型对于提高金融业务的自动化和智能化水平、提高风险控制和决策效率具有重要意义，在生成书面报告、开展培训和投教、提升客户陪伴质量等应用场景中潜力巨大。目前，国内外金融机构已经纷纷开始探索将 GPT 等大语言模型应用在金融领域的各个场景。

1. 大模型应用在金融领域的 5 个风险和挑战

尽管大模型技术在金融领域有着广阔的应用前景，但其稳定性、可靠性和安全性有待提升，面临着不少风险和挑战。

第一，数据隐私和安全。金融数据包含敏感的个人和机构信息，而大模型需要大量的数据进行训练和应用。因此，确保数据隐私和安全成为一个重要的挑战。大模型十分依赖数据，然而许多数据质量不高、不完整，仍然需要花费大量人力和时间进行数据清洗与预处理。另外，模型可能会受到恶意攻击，如对抗样本攻击、模型篡改等。这些攻击可能会导致模型输出错误的结果，从而影响金融决策的准确性和可靠性。

第二，解释性和透明度。大模型往往是复杂的黑盒模型，其决策过程和结果难以解释与理解。金融行业是一个对于模型的可解释性和鲁棒性等要求非常高的行业。而大语言模型当下输出结果的可解释性目前是相对封闭、不透明的，同时，其稳定性也仍然受到数据、算法、训练等方面的干扰，表现出非鲁棒性的特征。

第三，数据偏见和倾向性。大模型的训练数据可能存在性别、种族等方面的偏见。如果这些偏见被应用到金融决策中，可能导致模型在决策和预测中产生不公平或歧视性的结果，进而误导用户，致使用户做出错误的决策。

第四，可信度与伦理问题。ChatGPT 等生成式大模型以问答形态存在于社会层面，但其回复往往存在不可信或者无法判断其正确性的问题，有时看似回答流畅，但却在一本正经地胡说八道，有时甚至会对现有社会伦理产生冲击。具体而言，存在传播有害意识形态、传播偏见和仇恨、影响政治正确、破坏教育公平、影响国际社会公平、加剧机器取代人类的进程、形成信息茧房阻碍正确价值观形成等问题。

第五，组织能力的挑战。金融行业可以通过应用大模型来替代人力去执行机械的重复性工作。但是，金融机构面临如何厘清人和机器之间的协同合作关系的问题：一方面，如何更好地为人赋能，提升人使用 AI 工具的能力；另一方面，如何不断调整和优化人与数字员工的职能边界。

2. 大模型时代的 AI 风险

应对大模型技术的风险和挑战，引导科技健康有序发展，需要政府、平台、学术界、行业和公众共同努力。通过完善法规、促进跨学科合作、提高透明度和加强隐私保护、加强道德评估和促进公众参与等，推动人工智能健康发展。而金融机构更要注重风险管理的前瞻性，加强内外部环境剧烈变化下的风险管理。

一是全面加强数据隐私和安全管理，如采取加密、脱敏等技术手段，严防客户和机构敏感信息泄露。在数据收集过程中利用差分隐私等技术进行隐私保护；对于训练数据进行数据加密；在模型训练过程中使用安全多方计算、同态加密及联邦学习等技术进行数据隐私和安全保护；建立数据隐私评估和保护模型、机制，实施安全认证，并且保护下游应用的隐私；严格遵守《中华人民共和国个人信息保护法》等相关法律法规，落实数据安全保护责任。

二是加强模型的安全性，包括进行对抗样本检测和提升模型的鲁棒性，以应对可能的攻击和欺诈行为；让不同的模型适用于不同国家的法律条款，以及针对各种对抗攻击进行防御性训练。对于对用于大语言模型开发的数据进行人工标注的，开发主体应当制定清晰、具体、可操作的标注规则，对标注人员进行必要的培训，抽样核验标注内容的正确性。保障和规范 AI 的训练过程，及时发现问题，及时止损并调整模型参数。避免因源数据本身存在争议、来源不可信或素材违法或侵权，而生成虚假、歧视或不公平的结果。

三是建立监测和评估机制，定期评估大模型系统的性能、准确性和公平性，并及时发现与解决潜在的风险和问题。

四是提高算法的可解释性和透明度，使用可视化技术和交互式界面来展示算法的决策过程。建立审查和评估机制来消除算法黑盒问题，促进负责任的 AI 的开发、部署和应用，提高生成式 AI 的安全性、可解释性和可问责性，以更好地预防风险。

大模型已来，要在不确定性中寻找确定性。正如加州大学伯克利分校教授 Jacob Steinhardt 所言："机器学习的步伐太快了，模型的能力提升往往比预期更快，但其安全属性的进展却比预期要慢，我们需要从现在开始构建未来十年的机器学习系统的发展图景，防范大模型时代的 AI 风险。同时，我们要认真思考 AI 与人类的关系，以实现人机合作和共生发展，而不是简单地用 AI 取代人类。"

2.3.3 AIGC 技术的科林格里奇困境

当我们惊讶于机器人越来越"聪明"之时，也不可忽视人工智能给人类社会带来的道德危机和合规风险。英国技术哲学家大卫·科林格里奇在《技术的社会控制》（1980）一书中指出：一项技术如果因为担心不良后果而过早实施控制，那么该技术很可能就难以爆发；反之，如果控制过晚，已经成为整个经济和社会结构的一部分，就可能走向失控，再来解决不良问题就会变得昂贵、困难和耗时间，甚至难以或不能改变。这种技术控制的两难困境就是所谓的科林格里奇困境（Collingridge's Dilemma）。[㊀]

以 ChatGPT 为代表的 AIGC 技术的治理问题，就是一个我们今天迫切需

㊀ 资料来源：方兴东，顾烨烨．ChatGPT 的治理挑战与对策研究——智能传播的"科林格里奇困境"与突破路径 [J]. 传媒观察，2023（3）：25-35.

要解决的科林格里奇困境。ChatGPT 横空出世，旋即让生成式 AI 的应用规则制定和监管问题成为全球关注的焦点。美国联邦贸易委员会（FTC）主席称，生成式 AI 将是“高度破坏性的”，FTC 将在该领域进行严格执法。在数据隐私合规领域，意大利数据保护监管机构（GPDP）打响了国别监管的“第一枪”——GPDP 于 2023 年 3 月 31 日宣布全面禁用 ChatGPT，并禁止 OpenAI 处理意大利用户数据。

监管的连锁反应正在全球范围内发酵。2023 年以来，多国数据保护监管机构宣布对 ChatGPT 开展调查。4 月 3 日，德国表示也在考虑禁用 ChatGPT。法国、爱尔兰也纷纷采取措施，包括但不限于与意大利研讨执法相关事项，西班牙则要求欧盟数据保护委员会（EDPB）评估 ChatGPT 隐私相关问题。4 月 4 日，韩国个人信息保护委员会委员长表示正在调查 ChatGPT 的韩国用户数据泄露情况。同日，加拿大宣布就数据安全问题调查 OpenAI。4 月 13 日，EDPB 决定启动 ChatGPT 特设工作组。

4 月 11 日，中国国家互联网信息办公室正式发布《生成式人工智能服务管理办法（征求意见稿）》，这也是我国首次针对生成式 AI 产业发布规范性政策。而 7 月，经修订的《生成式人工智能服务管理暂行办法》正式发布，并于 8 月 15 日正式实施。

与其他新技术一样，AIGC 的发展也伴随着风险，短时间内就带来了虚假新闻、数据安全、隐私风险、学术剽窃、算法安全等一系列问题。新机遇，也是新挑战，当旧的治理范式落伍，治理进入深水区后，更加考验监管的张弛之道。把握发展规律和节奏，全球各国需要协同制定相应的监管政策，带领 AIGC 走出科林格里奇困境。

1. 负责任的 AI：欧美实践与启示

作为全球数字治理制度建设的风向标，欧美正试图在 AI 治理全球规则的制定上掌握主动权与主导权。比如，美国政府于 2022 年 10 月发布《人工智能权利法案蓝图：让自动化系统为美国人民服务》，就应对大数据和人工智能技术对于美国政治生态的负面影响，提出了人工智能技术应当遵循的五大原则：

- 建立安全且有效的系统原则（Safe and Effective Systems）；
- 避免大数据算法歧视原则（Algorithmic Discrimination Protections）；

- 保护数据隐私原则（Data Privacy）;
- 通知和解释原则（Notice and Explanation）;
- 保留人工评估和选择原则（Human Alternatives, Consideration and Fallback）。

美国更加偏重于利用人工智能系统的发展在全球经济中保持竞争地位，并满足国家安全需求。2023 年 5 月 16 日，OpenAI 创始人兼 CEO Sam Altman 出席了美国国会召开的主题为“AI 监管：人工智能的规则”的听证会。

他在听证会上提出了一个包含 3 个要点的计划：

1）成立一个新的政府机构，负责审批大型 AI 模型，并对不符合政府标准的公司进行处理，包括吊销它们的 AI“执照”。

2）为 AI 模型创建一套安全标准，用于评估其风险。AI 大模型必须通过某些安全测试，例如它们是否能够“自我复制”或是“出逃（摆脱人类控制）”。

3）要求独立专家对模型在各个指标上的表现进行独立审核。

面对 AIGC 对现有监管体系的巨大冲击，欧洲在监管思路上与美国有鲜明的差异。欧盟在数据保护和隐私上较为保守，计划更新即将出台的全面人工智能法规——《人工智能法案》，对生成式 AI 生成图像和文本的智能模型制定限制性规则。同时，欧洲数据保护委员会（EDPB）发出质疑，称 ChatGPT 作为商业产品，利用网络信息自我迭代，应不属于合理使用范畴，且采用用户个人数据参与模型训练，不符合欧盟颁布的《通用数据保护条例（GDPR)》。

保守的监管模式虽然有效地解决了信息泄露的问题，但也在很大程度上限制了 ChatGPT 的发展；“鼓励型监管”有利于 AI 技术的进一步研发，但是很可能存在监管力度小、效果不尽如人意的问题。由此可看出，生成式 AI 的监管困难并不在于“监管”，而在于如何让 AI 在有效监管下依然能迸发出创新活力。

2. 中国的规则与治理策略思考

技术的进步往往是一把双刃剑，我们在看到 AIGC 对社会生产力带来的巨大推动之外，也需未雨绸缪，充分关注其对社会的多元影响。通用大模型存在鲁棒性不足、可解释性低、算法偏见等技术风险，以及可能存在数据滥用、侵犯个人隐私、偏见歧视、寡头垄断、监管失能等方面的经济、社会、政治风险。中共中央政治局会议指出："要重视通用人工智能发展，营造创新生态，重视防范风险。"AIGC 全球治理秩序、规则与规范的建设还远远滞后，因此，亟须从人工智能系统生命周期治理的角度，制定加强隐私保护、信息安全、可追溯和可问责的全球治理方案。[㊀]

（1）鼓励创新发展，构建规范治理体系

在中国，2023 年 7 月 13 日中央 7 部委联合发布《生成式人工智能服务管理暂行办法》（简称《办法》），这是全球首部 AIGC 领域的监管法规。除了这部专门的监管法规外，我国在科技发展、网络安全、个人信息保护、互联网信息等多个方面已发布多项法律、行政法规等规范性文件，包括《中华人民共和国个人信息保护法》《中华人民共和国数据安全法》《互联网信息服务算法推荐管理规定》《新一代人工智能伦理规范》，构成了人工智能领域多层级、多角度的规范治理体系。

《办法》统筹了生成式人工智能的发展与安全问题，为我国 AIGC 产业发展提供重要遵循。首先，与 2023 年 4 月发布的征求意见稿相比，《办法》有较大的思路调整，明确了提供和使用生成式人工智能服务的总体要求，内容涵盖技术发展与治理、服务规范、监督检查和法律责任等方面。

其次，《办法》与现有规范一脉相承，延续了此前的监管手段，提出国家坚持发展和安全并重、促进创新和依法治理相结合的原则，采取有效措施鼓励生成式人工智能创新发展，对生成式人工智能服务实行包容审慎和分类分级监管，反映了国家对生成式人工智能更加包容的心态和鼓励发展的态度。

（2）有序开放数据，促进算力资源协同共享

人工智能需要 GPU 算力、网络及存储等硬件基础设施的全方位支撑。《办法》指出，鼓励生成式 AI 算法、框架、芯片及配套软件平台等基础技术的自主创新，鼓励平等互利开展国际交流与合作，参与生成式 AI 相关国际规则制定。

"大模型时代，得数据者得天下。"大模型训练对于训练数据的数量、质量、结构都有着非常高的要求，而目前产业界在进行模型训练时面临高质量训练数据资源稀缺的问题。训练数据成为影响大模型性能的重要因素之一。

㊀ 资料来源：《AIGC 冲击下的国际技术政治变革》，叶淑兰，中国社会科学网。

《办法》提出："促进算力资源协同共享，提升算力资源利用效能。推动公共数据分类分级有序开放，扩展高质量的公共训练数据资源。"

目前，北京、深圳等地已出台不少关于公共数据开放利用的条例，这对于利用公共数据投喂人工智能、发挥数据红利迈出了重要的探索步伐。不过，公共数据的开放范围、质量仍然存在较多阻力，未来需推动有序开放，亟待分类分级，探索更加契合公共数据价值利用的规律和规则。科技企业应重点关注《办法》中的内容审核义务、训练数据合规处理义务、对用户的保护及监督义务、备案义务。

（3）明确责任和义务，平衡创新与安全

生成式人工智能在社会变革中具有重要作用，但它可能存在的数据违法收集、知识产权侵权、生成虚假信息等问题同样不容忽视。《办法》积极回应生成式人工智能带来的社会问题，明确提供和使用生成式人工智能服务的法律底线。它将生成式人工智能服务提供者明确纳入了网络平台责任的规制范围内。要求不得生成违法内容、防止歧视、尊重知识产权和他人合法权益、提高生成内容的准确性和可靠性。明确提供者的义务与责任、界定不同环节的要求更有利于降低生成式人工智能的安全风险，提高制度的可落地性。

生成式人工智能的监管是一个复杂的全球性问题，需要监管机构和企业共同努力，制定出更加科学、合理、可行的监管政策和规范。预计未来，中国生成式人工智能有望形成敏捷完善的监管模式，促进 AIGC 可持续创新发展。

1）建立健全敏捷监管机制。监管机构可能会出台更多的法规和规范，强调在对 AI 应用进行分级分类的基础上，不断创新监管工具箱，采取分散式、差异化监管，对 AIGC 的研发和应用进行动态敏捷监管，不断平衡创新和安全之间的关系。

2）企业将更加注重自我监管和合规意识。企业将更加重视 AIGC 的伦理和安全问题，制定详细的规章制度，对 AIGC 算法的设计、开发、测试、应用等环节进行全面监管，确保其符合相关法律法规和道德标准。同时，企业将更加注重员工的教育和培训，以帮助员工增强合规意识和提高技能水平，准确理解并遵守相关规定。

3）形成多方参与的协同治理机制。在 AIGC 治理方面，政府、企业、学术界、社会组织及公众将更加积极地参与，建立多方参与的协同治理机制，制定更具共识的规则和准则，共同推动 AIGC 技术的发展和应用。

4）建立 AI 伦理风险管理机制。组建伦理委员会，构建 AI 伦理风险管理机制，包括设立伦理委员会、制定清晰的伦理准则和政策，并确保其在技术的各个阶段（预设计、设计开发、部署以及测试和评估）贯穿始终，以应对潜在的伦理风险，打造可信的 AIGC 应用生态。

2.4　金融机构使用 AIGC 技术的难点与可能路径

金融行业具有信息、数据、知识密集型的特性，使 AIGC 天然可以在很多方面提升金融服务的效率。ChatGPT 强大的自然语言处理和生成能力，为金融行业带来了更高效、更准确的信息处理和决策分析能力，同时为金融机构提供了更好的客户服务和风险管理能力，它在金融领域有着广泛的应用潜力，包括客户服务和支持、财务咨询、欺诈检测和风险管理、自动化交易和投资以及信用评估和贷款审批。

1. 全球金融机构踊跃试水 AIGC

ChatGPT 的大火，让金融行业开始重新审视 AIGC 的价值所在。“当我们思考亲情时，却发现它是一种超越生物学的‘利他’行为。”这句颇具哲思的话来自招商银行信用卡公众号利用 ChatGPT 撰写的营销文章，引发了金融机构对 AIGC 的踊跃试水。[㊀]

AI 已赋能海外金融机构的前中后台，为 AIGC 应用升级筑基。前台业务中，AIGC 已被海外金融机构应用于智能营销、智能客服、智能投顾等领域，摩根大通、摩根士丹利、美国支付巨头 Stripe、高盛等都已纷纷入局 AIGC；中后台业务中，当前海外金融机构主要基于自身主营业务需要布局 AI 应用。AIGC 一方面有望强化现有的 AI 应用，另一方面有望提升公司的经营效率。此外，金融机构或也有望发挥专业细分领域的优势打造金融类语言模型。

自 2023 年 2 月以来，江苏银行、招商银行信用卡中心等机构陆续披露

㊀ 资料来源：招商银行武汉分行，《ChatGPT 首秀金融界，招行亲情信用卡诠释“人生逆旅，亲情无价”》。

AIGC 在业务中的具体运用。此外，百信银行、中国邮储银行、泰康保险、广发证券、鹏华基金等机构也宣布接入号称中国版 ChatGPT 的百度“文心一言”。一些机构声称自己将集成“文心一言”的技术能力，推进智能对话技术在金融场景的应用。

2. 金融机构使用 AIGC 大模型的难点

虽然机构对新技术普遍秉持积极态度，但在合规压力巨大的金融行业，是否能完全复制 AIGC 应用在其他领域的效能，还有待商榷和验证。

首先，从组建 AIGC 模型到实际应用，大致需要以下几个步骤：数据采集和清洗、模型训练、模型测试和评估、部署和应用。目前，大模型并不完美，需要不断迭代和优化，才能取得更好的效果。相比较而言，金融领域的 AIGC 应用可能会更加复杂，对数据质量的要求更高，对数据的安全性和合规性等要求更为严格，令不少机构望而却步。

大模型技术研发训练成本仍较高，包括算力消耗、模型训练、训练语料与数据标注等，都是制约金融机构试水的因素。训练通用大模型是“烧钱”的游戏，从零开始训练一个大模型，所需的成本和时间是大多数企业无法承受的。以 ChatGPT 为例，大模型训练一次的成本为 200 万～1 200 万美元。AIGC 大模型研发需要深厚的人工智能技术沉淀、海量训练数据、持续优化的算法模型与完善的生态体系等，且这项新技术从研发到商业化应用，需较长的时间与高额的资金投入。目前的大模型输出结果仍不够可靠，存在事实性错误，距离“可使用”还有一定差距。

3. 金融机构使用 AIGC 技术的 4 条可能路径

技术的发展通常是波浪式前进、螺旋式上升的，面临问题和挑战总是不可避免的。但是，AIGC 技术已是时代大势，大模型将对金融行业的智能化水平和数字化程度产生深刻影响。身处时代洪流，金融机构已大致勾勒出使用 AIGC 技术的 4 条可能路径，如图 2-4 所示。

其一，基于大模型的通用能力，叠加金融客服领域的数据和专业服务经验进行模型预训练。通过模型压缩、小样本训练等方式进一步降低应用成本。对于大多数金融机构而言，自建大模型并不现实。调用通用大模型叠加金融客服领域的数据，可以使模型更加符合金融行业的特点和要求，提高模型在金融领域的适应性和准确性。在数据合规层面，充分重视数据质量问题，从数字化改造的源头进行标准化建设，对数据进行清洗和筛选，设置严格的评估指标和方法。部署模式以专用、自主可控的私有化部署，满足数据保密性和数据所有权的要求。

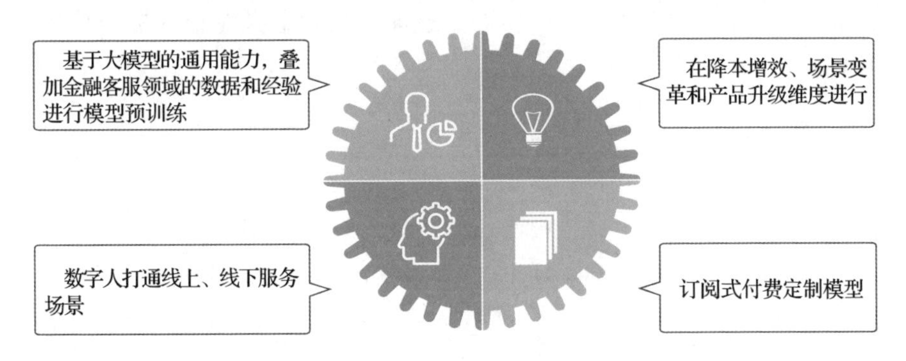

图 2-4　金融机构使用 AIGC 技术的 4 条可能路径

例如，经过垂直领域定向训练后，客服机器人既能与用户进行多轮对话，让运营智能客服更简单，又能提出具体可行的解决方案，提升复杂问题解决率、人机交互感知和意图理解程度，完成流程自主构建、知识生成等。

其二，在降本增效、场景变革和产品升级维度进行。AIGC 应用场景与产品类型不断丰富，率先从智能客服、智能营销场景切入，逐步拓展应用范围。比如在优化内容生产创意与效率层面，传统获客以互联网营销模式为主，结合 AIGC 技术在自动化生成营销物料的同时，实现千人千面的个性化营销。可探索在投研、研发编程、授信审核及流程管理等方面提高效率，减少基础人员投入。在通用基础能力中引入高级认知能力，整合碎片知识与多样化需求，形成创新的产品化模型与业务解决方案。

其三，数字人打通线上、线下服务场景。虚拟员工和真人员工相辅相成，数字人或将成为银行服务用户的新形态，革新传统银行的人机交互模式。在 AIGC 技术的驱动下，通过构建更有趣的 3D 数字空间、打造线上与线下更好玩的内容互动社区、营造更温暖的金融体验，为用户提供全新的沉浸式数字金融服务。

其四，订阅式付费定制模型。类似 SaaS 付费模式，金融机构选择采购软件 / 解决方案，按照服务调用次数付费，按照内容生成数量付费。大模型服务提供商按需定制大模型能力，金融机构按需支付相应的服务费。金融机构的成本压力将大幅减轻，支出和收入的比例将得到更好的控制和匹配。

未来，哪些金融机构可能会在 AIGC 的浪潮中胜出？总的来说，拥有数据储备优势的金融机构，或者能构建差异化 AIGC 服务能力、流量场景丰富、已建立较为完善的 IT 系统和 AI 生态、叠加科技和金融专长的机构平台有望脱颖而出。

CHAPTER 3

第 3 章

AIGC 提升金融业内部生产效率

与十年前相比，金融业在科技赋能数字化经营方面取得了显著的进展。毫不夸张地说，金融业已成为当前信息化程度最高的行业之一。以大型银行为代表的多家上市银行在 2022 年年报中披露，它们在金融科技创新领域取得了快速且高质量的发展。金融科技创新在提升银行内部生产效率方面发挥了尤为重要的作用，银行业效率及成本控制因之获得了切实改善。

大语言模型在处理大规模数据集方面能力突出，它擅长分析数据与信息，可以自动处理文字，能帮助人类员工更高效地完成工作任务，并可以独立处理一些重复性高、附加值低且数量庞大的工作。尤其是在数据处理量极大的金融领域，AIGC 将成为得力助手，帮助金融机构实现内部生产效率的提升，改善外部客户体验，加速金融业数字化转型的进程。

本章将主要围绕 AIGC 如何提升金融业的内部生产效率展开，将从 5 个方面分别阐述 AIGC 所能发挥的作用，如图 3-1 所示。

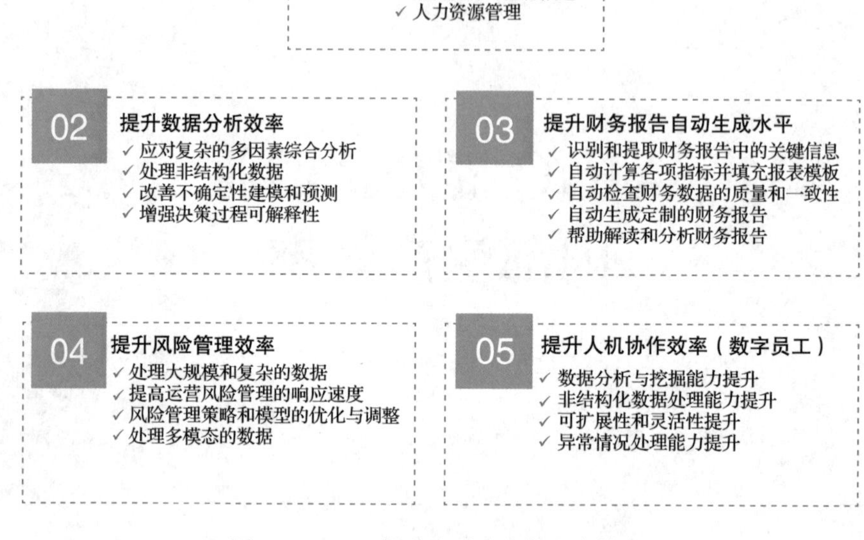

图 3-1 AIGC 提升金融业内部生产效率

3.1 提升自动化运营水平

3.1.1 金融行业自动化运营现状

埃森哲的报告《生成式人工智能：人人可用的新时代》显示，在美国，语言任务占到了企业人员工作总时长的 62%，而 65% 的语言任务可以借助人员强化和自动化技术来提升处理效率，而 AIGC 将在其中发挥主要的作用。其中，被生成式人工智能改变工作方式的前五个行业分别是银行、保险、软件和平台、资本市场、能源。金融领域的三大行业——银行、保险和资本市场，自动化潜力分别高达 54%、48%、40%；这三个行业的人员强化潜力，即可以通过技术辅助实现效率提升的比例，分别达到 24%、26% 和 29%。相关情况如图 3-2 所示。[⊖]

⊖ 资料来源：埃森哲，《生成式人工智能：人人可用的新时代》。

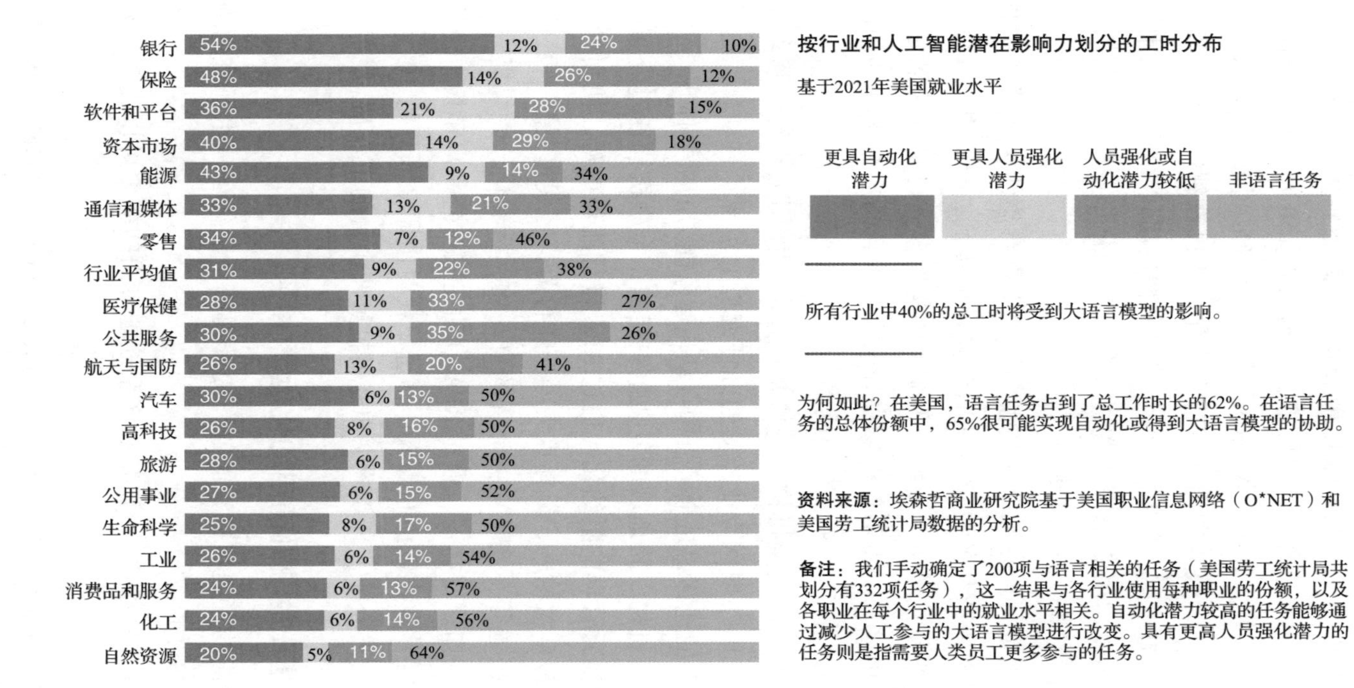

图 3-2　埃森哲关于生成式人工智能将改变各行各业的工作方式调查结果[㊀]

㊀ 由于四舍五入的关系，图中部分行业的比例数据加总不为 100%。

多家上市银行披露的 2022 年年度报告也证实了人工智能技术对于人力的替代已经呈现出较高的比例。兴业银行年报披露的数据显示，RPA 技术提升流程自动化能力，替代人工作业 1.8 亿笔，节约人工 160 万小时；中国工商银行年报披露，由于“技术换人”场景的应用，全年释放超过 1.8 万人年工作量；招商银行年报披露，报告期内，该行智能化应用已在智能客服、流程智能化、语音质检、海螺 RPA 等场景实现全职人力替代超过 1.2 万人。中国建设银行年报显示，通过运用 RPA 等智慧技术提升集约化作业质效，新增应用场景 307 项，全年节省 439 万个工时。

这些数据反映出银行业在数字化转型的浪潮中进行集约化运营体系改革的成果。随着金融创新产品的复杂性和监管要求的提高，金融机构跨系统、跨条线的长流程业务日益增多。传统线下驱动的运营模式已经无法满足业务发展的需要。自动化运营能力不仅能够提升前台、中台与后台之间的协同配合，还有助于提升运营管理效率、节约成本。

在过去的十数年中，金融机构在一些常规业务，如网上银行、移动支付工具、交易终端、自助办理保险业务等的办理流程上实现了自动化。这种业务办理从线下至线上的迁移，是金融机构自动化运营能力的重要体现。

近年来，面对跨机构、跨地域的复杂组织架构，金融机构通过分布式接入进一步加强日常运营管理的集约化。通过 RPA 进行流程重塑，使用机器人进行业务调度，模拟键盘输入、鼠标点击等操作行为，替代重复性手工操作，自动完成监管信息报送等，实现业务流程的自动化、标准化，大幅提升了运营的自动化水平。例如，吉林银行通过 RPA 自动完成对公账户年检、经营情况、年检标注、经营异常止付控制等操作，每户耗时由原来人工的 10 分钟缩短至系统自动处理的 2 分钟，有效减少 200 名柜员两个月的工作量。[⊖]

3.1.2 AIGC 提升金融机构自动化运营水平

生成式人工智能的快速演进，能够在提升内部自动化运营水平方面为金融机构带来什么样的可能性？

1）更高效的流程自动化。AIGC 在文字处理方面的能力可以支持自动生

⊖ 资料来源：《借金融科技东风 吉林银行跑出数字化转型“加速度”》，人民网 – 吉林频道。

成报告，帮助提高文件处理速度、执行数据分析任务等，从而达到减少人工操作、降低错误风险、加快流程执行速度的效果。将其应用于金融机构的内部流程，能够实现自动处理烦琐的任务，从而提高工作效率。

2）提升决策的精准度。AIGC 通过学习大量的金融数据，能够利用模型来预测市场趋势、客户行为、风险因素等，为运营管理提供更精准的数据分析和预测支持，帮助工作人员更好地做出决策。

3）个性化的员工辅助。通过了解各岗位员工的工作职责，AIGC 能够学习业务处理方法和步骤，并通过模型辅助员工完成一些特定的基础性工作，提升工作效率。

4）降低操作风险。AIGC 可以在操作风险管理和合规监测方面发挥作用。通过自动监测业务处理流程，能够识别业务异常模式、操作错误或不当行为，帮助金融机构及时发现风险。

5）提升产品创新速度。通过对市场的数据分析和趋势预测，结合客户的需求偏好，AIGC 能够生成产品的创意方向，帮助金融机构进行更贴近市场与客户需求的产品创新。同时，AIGC 能够自动生成代码和文案，在辅助进行新产品开发时，也能够提升效率。

3.1.3　AIGC 在自动化运营领域的 5 类应用场景

AIGC 在自动化运营领域主要有 5 类应用场景，即内部流程优化、行政助手、业务审核助手、数据统计与监管报送、人力资源管理，如图 3-3 所示。

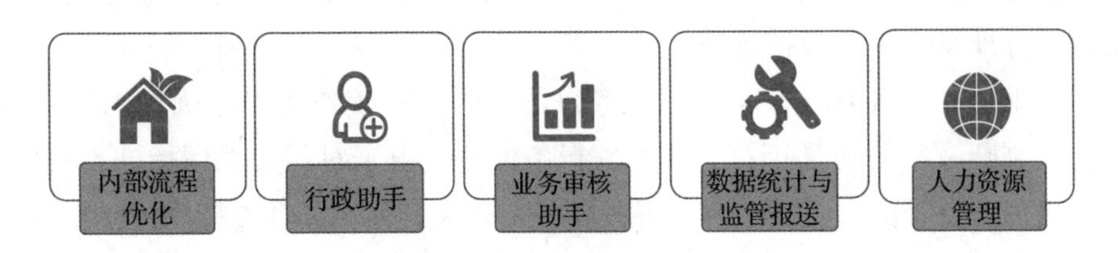

图 3-3　AIGC 在自动化运营领域的 5 类应用场景

1. 内部流程优化

内部流程优化是金融机构提高效率和降低成本的重要手段之一。运用自动化和智能化技术，可以对机构的内部流程进行优化，从而提高工作效率，加速决策和服务交付。

以证券公司为例，假如经纪业务总部需要向公司的各个营业部下达一个关于创业板开户的任务。在使用数字化的运营管理系统之前，任务指令通常需要以线下开会、打电话、发邮件等方式来层层传达。后来，大家开始通过 OA 系统来下达任务指令。更加智能化的运营管理平台上线之后，只需要在系统中直接下达任务，相关的业务部门就会同步收到该任务，而且各部门的完成状态也会在系统中实时反馈。而如果在该系统中接入 AIGC，通过学习大量的客户数据，建立各种功能性的模型，能够帮助各营业部快速了解目前自己的任务进度差、需要重点解决的问题、哪些客户更有意愿进行创业板开户、如何进行客户营销，甚至可以学习其他营业部的先进经验。由此带来的已经不只是流程的改变，更是工作方式与工作效率的全面提升。

2. 行政助手

AIGC 能够理解、分析和生成自然语言，可以提供更准确、更自然的文本处理和生成能力，提升机器理解文本和回答问题的能力。将 AIGC 技术融入 NLP，可提升 NLP 的效果和性能。新员工经常因对制度不熟悉而工作效率低下。他们通常需要查询大量的文件才能找到对应的规则。AIGC 能够让员工使用自然语言快速找到自己所需的内容。

例如，当一位新员工需要了解某项财务制度或者确认某项支出是否符合公司的报销规定时，通常需要逐条查询公司的各种财务制度或直接询问财务人员。而 AIGC 将支持他直接就需要查询的内容进行提问，如“请问我的餐费报销标准是多少？报销流程是什么？”

在业务中，AIGC 的这一能力将为员工的日常工作提供很大的帮助。例如，在判断一家公司是否符合债券发行条件时，由于对相关发债标准不熟悉，过去员工需要查阅大量的文件，寻找相关的条文，而 AIGC 支持使用自然语言直接要求系统列出所有关于公司发行债券条件的相关条款。除此之外，还可以结合公司对筛选客户的标准与相关文件的标准进行交叉比对的结果进行输出。

3. 业务审核助手

自动化审核经常被金融机构用于处理日常的账户信息审查、账务审核、合同审核、合规审查等业务，而内容读取与分析是 AIGC 的优势，将其应用于上述业务的审查，能够帮助员工提升审查的效率并发现潜在风险。

AIGC 可以帮助合规人员对一些业务的流程是否符合监管要求和内部规定进行自动检查。例如，银行在为客户办理业务时，可以利用 AIGC 自动检测账户信息是否真实、完整，审批的环节是否存在遗漏，并自动核对相关的业务办理节点是否一致等，从而提升业务办理的效率与准确率，并在一定程度上预防操作风险。

在贷款合同的审查中，需要提交的审查材料往往较多，人工审查的速度慢、工作量大。AIGC 能够帮助审核人员更高效地完成该项工作。结合 OCR 技术，AIGC 能够提升识别能力，提高对复杂字体、模糊或扭曲文字的识别准确性，同时，其跨模态能力能够对图像信息与文字信息进行自由转换，在核对相关材料的一致性、自动调用数据库的信息进行比对等方面具有明显的优势，能够大幅缩减信贷审核的时间。

4. 数据统计与监管报送

AIGC 对于数据的分析与抽取能力，可以在金融机构的数据统计类工作中发挥重要作用。通过学习，AIGC 可以识别和理解不同类型的报表，在相应的模型框架下，能够自动应用适当的规则和公式，生成结构化的报告。这有助于减少人工操作，提高报告生成的效率和准确性。在财务领域和监管报表的统计报送工作方面能有效提升自动化率。

例如，在监管数据报送工作中，金融机构均已实现数据的自动抓取，但自动抓取的比例和数据质量仍存在较大的差异。尽管数据治理的成效会在很大程度上决定自动抓取的效果，但 AIGC 对于非结构化数据的理解能力大幅增强，所以一定程度上能够提升抓取的比例，从而辅助提升监管数据报表的自动生成率。

在银行资金结算的流程中，银行使用较为广泛的 RPA，接入 AIGC 的能力后，能大幅提升计算效率并提高准确性。在自动执行重复性、规则性的任务，自动处理大量重复、基于规则的工作方面，AIGC 有助于减少人工错误，并大幅降低运营成本。对此我们还将在后面的章节中详细说明。

5. 人力资源管理

人力资源管理是企业管理的重要组成部分，它对企业的发展和竞争力的提升具有至关重要的作用，对金融机构更是如此。为了提升人力资源管理的效率，金融机构通常会使用企业资源计划（Enterprise Resource Planning，ERP）、办公自动化（Office Automation，OA）等工具。对此我们会在后面的章节中详细说明。

随着人工智能等技术的发展，更多的技术被应用于人力资源管理领域。例如：通过技术手段，可以帮助人力资源管理者进行数据分析，从而更好地了解员工情况，优化招聘流程，改进培训方案等；通过技术手段，可以将人力资源管理的信息与其他部门共享，提高企业内部协作效率；通过在线平台、移动应用等，人力资源管理者可以更方便地与员工进行沟通，及时解决问题，提高工作效率；通过技术手段，还可以实现对人力资源管理过程的实时监控，以及时发现问题并进行调整，提高管理效率和准确性。

而 AIGC 的使用，能够更好地弥补人力资源管理方面的短板。

1）AIGC 可以帮助金融机构优化人力资源的配置和规划，通过数据分析预测业务需求，为员工提供个性化的培训和发展计划。此外，AIGC 还可以支持人才招聘和绩效评估过程，帮助银行实现智能化招聘、员工绩效管理和晋升智能推荐等功能，提供更准确和客观的数据支持，提高员工满意度和保持员工稳定性。

2）在员工培训方面，AIGC 技术可以用于开发培训内容，通过语音、文字、图像等多种形式，帮助员工更好地理解知识和掌握技能。例如，可以使用 AIGC 技术开发交互式培训课程，帮助员工了解银行的政策、流程和操作规范，进行信息安全等体验式的培训。在员工管理方面，AIGC 技术可以帮助银行对员工进行智能化管理，例如通过分析员工的行为数据和绩效数据，提供个性化的职业发展建议。

3）通过引入协作工具和技术平台，促进信息共享、项目管理和协同工作。AIGC 可以改善金融机构内部团队之间的协作与沟通效率。它可以提供自然语言处理和自动化对话功能，使团队成员能够快速共享信息、讨论问题和做出决策。AIGC 还可以构建知识库和智能搜索系统，方便团队成员获取所需的信息和资源，促进协作和知识共享。

3.2　提升数据分析效率

金融行业的特性决定了这是一个与数字打交道的行业。无论是银行、保险公司还是证券公司，其内部都有大量的数据统计及分析的工作。这一领域正是 AIGC 所擅长的。

3.2.1　金融行业中常见的数据分析需求

数据是金融行业的生产资料。在金融行业中，有大量需要进行数据分析的工作。

金融机构需要对各种风险进行分析，包括信用风险、市场风险、操作风险等。数据分析可以帮助识别和量化风险，并支持制定风险管理策略和做出相关决策。

金融机构在进行贷款申请审批时需要评估借款人的信用状况和还款能力。例如，银行可以通过分析客户的信用记录、财务状况等数据来评估客户的风险等级。数据分析可以用于构建信用评分模型、分析历史数据，并预测借款人未来的还款表现。

金融机构需要对市场趋势和投资机会进行分析，包括股票市场、外汇市场、商品市场等，以便做出正确的投资决策。例如，证券公司可以通过分析股票、债券等市场数据来预测市场的走势和趋势。数据分析可以用于技术分析、基本面分析和量化模型，帮助预测市场走势和优化投资组合。

金融机构需要了解客户的需求和行为，以提供个性化的产品和服务。数据分析可以帮助识别客户的偏好、购买行为和生命周期价值，支持客户关系管理和精准营销。

金融机构需要识别和防止欺诈行为，包括信用卡欺诈、身份盗窃等。数据分析可以应用在交易数据、行为模式等方面，发现异常模式和潜在的欺诈行为。

金融机构需要对业务绩效进行营收、成本、利润等方面的分析。例如，保险公司可以通过分析保险赔付数据来优化理赔流程和提高效率。数据分析可以帮助评估业务单位的绩效、分析业务模型的盈利能力，并支持业务决策和战略规划。

金融机构需要遵守法规和监管要求，进行合规监测和报告。数据分析可以用于监测交易活动、检测异常行为、生成合规报告，并提供风险警示和合规建议。

3.2.2 金融机构进行数据分析常用的技术手段

金融机构在使用技术手段提升数据分析的效率和准确度方面较为积极。

- 数据仓库。金融机构需要对大量的数据进行存储和管理，因此需要使用数据库技术来实现数据的高效管理和查询。例如，银行可以使用 MySQL、Oracle 等关系数据库来存储客户信息、交易记录等数据。
- 数据挖掘。金融机构需要从大量的数据中挖掘出有价值的信息和趋势，以便做出正确的决策。利用统计分析软件、数据挖掘算法等工具对数据进行探索和分析，金融机构可以发现数据中的模式、趋势和关联性，从而得出有价值的洞察和决策支持。例如，银行可以使用数据挖掘技术来发现客户的消费习惯、信用风险等信息。
- 人工智能。金融机构需要利用人工智能技术来自动化分析和处理数据，以便提高效率和准确性。知识图谱、生物识别、智能图像识别、机器学习等技术常被金融机构用来预测客户行为、识别异常交易、优化投资组合等。例如，银行可以使用机器学习算法来预测客户的信用风险等级，也可以使用知识图谱技术来构建客户关系图谱，以便更好地了解客户的社交网络和行为轨迹。中国邮政储蓄银行利用知识图谱技术，打造了 40 亿多个节点，36 亿多个关系边的企业级业务图谱，输出了 4 000 万条风险分析评估结果。[⊖]
- 云计算和大数据。金融机构需要处理的数据量非常大，因此需要使用大数据技术来处理和分析数据。这些技术提供了弹性的计算资源和分布式数据处理能力，使金融机构能够快速处理复杂的数据分析任务。例如，银行可以使用 Hadoop、Spark 等大数据平台来处理和分析海量的交易数据。
- 可视化。金融机构需要将分析结果以图形化的方式呈现，以便更直观

⊖ 资料来源：《中国邮政储蓄银行有限公司 2022 年度报告》。

地了解数据的趋势和规律。这有助于更直观地理解与传达数据的洞察和结论，支持决策与沟通。例如，银行可以使用 Tableau、PowerBI 等可视化工具来展示客户的交易记录和风险评估结果。

3.2.3 AIGC 提升数据分析能力的 4 个维度

前述技术的确在帮助金融机构从海量的数据中提取有价值的信息，为业务决策提供支持方面发挥了重要作用。但这些技术也存在一定的问题，例如数据质量不高、模型精度不够高等，仍有较大的提升空间。AIGC 的最大优势是基于模型对已有数据进行学习和推理，能够帮助金融机构提升数据处理的质量，并帮助提升模型的精确度，从而得到更精准的分析结果。

1. 帮助金融机构应对复杂的多因素综合分析

目前很多银行通过机器学习算法对客户的财务状况、信用记录、借贷行为等数据进行分析，从而预测客户的还款能力和信用风险等级。但面对复杂的多因素综合分析，如考虑客户的职业背景、行业前景、个人生活状况等因素时，现有的技术可能难以充分权衡，对较为复杂的工作难以胜任。AIGC 具有整合和分析大量多样化数据的能力，可以将不同来源的数据进行整合，并利用强大的模式识别能力辅助决策。通过对多种因素进行综合分析，AIGC 可以提供更准确的预测和决策支持，以改进客户信用评估和风险管理。

AIGC 在开发复杂模型方面优势明显，复杂的模型能够实现对多个因素的同步分析。例如，通过从历史数据中学习、识别变量之间的复杂关系，实现对复杂模型的构建。在信用风险评估中，复杂的模型可以处理各种数据，包括信用记录、财务数据、个人信息，甚至外部经济指标，以提供更全面的风险评估。

多因素综合分析的技术实现路径如图 3-4 所示。

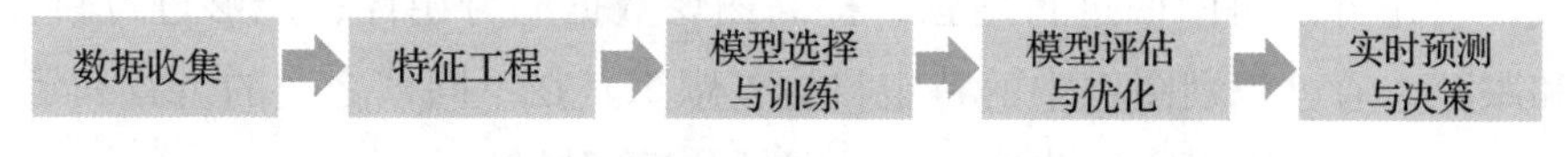

图 3-4 多因素综合分析的技术实现路径

- 数据收集：收集多样化的数据，包括客户的财务状况、信用记录、职业背景、行业前景等信息。

- 特征工程：通过数据清洗、编码、标准化等操作，使数据具备可用于模型训练的特征。
- 模型选择与训练：选择合适的模型，如 BLOOM、LLaMA、GLM、PaLM、GPT 等，训练模型以预测目标变量，如信用风险等级。
- 模型评估与优化：使用交叉验证等技术评估模型性能，进行超参数优化以提升模型效果。
- 实时预测与决策：将训练好的模型部署到实时系统，以便在实时数据到达时进行预测和决策支持。

2. 帮助金融机构处理非结构化数据

金融机构的数据中，尽管结构化的数据占比很高，但仍然存在大量的非结构化数据，如文本、图像和语音数据等。尽管 NLP 和计算机视觉（Computer Vision，CV）技术已经取得了一定的进展，也已经被很多金融机构应用于日常的工作中，但对于处理大规模非结构化数据和从中提取有用信息的复杂任务而言，它们仍然有较大的提升空间。

AIGC 在处理非结构化数据方面具有较大的潜力，通过对 NLP 和 CV 的赋能，能够对大量的文本、图像和语音数据进行更加深入的分析与理解，这使金融机构能够更好地利用非结构化数据中隐藏的信息，提高数据分析的质量和效率。

AIGC 能够理解自然语言的含义、情感和目的，从而更好地解释和处理文本数据。通过训练，它可以自动识别文本的主题、情感倾向和情绪，从而帮助金融机构更好地理解客户的需求、反馈和情感状态。例如，通过分析社交媒体帖子、客户评论和新闻文章，评估对特定金融产品或市场趋势的公众情感。此外，AIGC 可以识别图像中的物体、场景和特征，帮助金融机构更好地分析和理解图像数据，例如从扫描的文件中提取信息或在股票图表中识别模式；它还可以对图像进行增强，提高图像数据的可用性；能够进行目标检测和跟踪，通过识别图像中的特定目标，跟踪其在不同帧之间的位置和运动，可被金融机构应用于安防监控、交易图像分析等场景。

处理非结构化数据的技术实现路径如图 3-5 所示。

图 3-5 处理非结构化数据的技术实现路径

- NLP 和 CV 模型构建：训练 NLP 和 CV 模型，使其能够处理文本、图像和语音数据。
- 特征提取：从非结构化数据中提取有用的特征，例如从数据库中提取关键词、从图像中识别有价值的信息等。
- 模型训练与优化：使用提取的特征训练模型，例如情感分析模型或图像分类模型。
- 可视化输出：将模型的输出可视化，以便用户更好地理解数据中的信息和趋势。

3. 有助于改善不确定性建模和预测

金融领域通常存在很高的不确定性，例如市场波动、政策变化等因素，这些都会给决策带来较大的影响。在进行投资分析时，现有的 AI 技术在不确定性建模和预测方面仍有局限性，无法完全捕捉和处理复杂的不确定性情况。而通过集成不同的算法和模型，AIGC 能够更好地处理金融市场中的不确定性，并提供更准确的预测结果。它可以利用大规模的数据和强化学习等技术，不断寻找市场变化与政策之间的相互作用关系，对不确定因素进行建模和优化。

AIGC 可以利用其从历史数据中学习复杂模式的能力，对不确定事件进行建模和预测。例如，在对未来投资趋势的预测中，AIGC 可以分析历史市场数据、经济指标等，以预测市场趋势，帮助金融机构做出更明智的投资决策。

改善不确定性建模和预测的技术实现路径如图 3-6 所示。

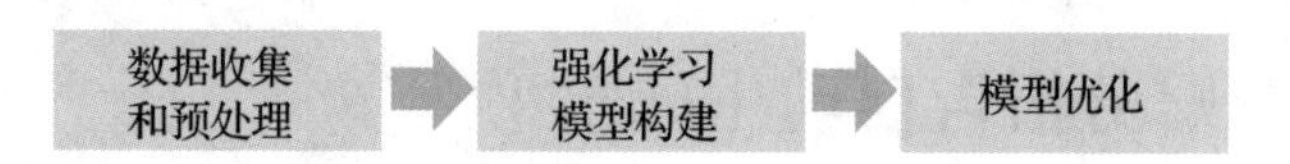

图 3-6 改善不确定性建模和预测的技术实现路径

- 数据收集和预处理：收集历史市场数据、经济指标等数据，并进行数据清洗和预处理。

- 强化学习模型构建：使用强化学习算法构建模型，对市场不确定性进行建模和预测。
- 模型优化：使用强化学习算法训练模型，不断调整模型参数以适应市场变化和不确定性。

4. 增强决策过程可解释性

在金融领域，解释模型的决策过程和提供透明性是非常重要的。然而，某些 AI 技术，特别是深度学习模型，可能存在黑箱问题，难以解释其决策依据。这给需要对决策过程进行审计、合规和解释的金融行业带来了一定的挑战。AIGC 的一些技术方法，如可解释的人工智能（Explainable AI）和透明度增强技术，可用于提高模型的解释性和透明性。

AIGC 可以设计为提供可解释的输出。通过关注机制或特征重要性分析等技术，可以解释影响特定决策的因素。这有助于金融机构理解和解释模型的决策依据，确保满足监管要求。

增强决策过程可解释性的技术实现路径如图 3-7 所示。

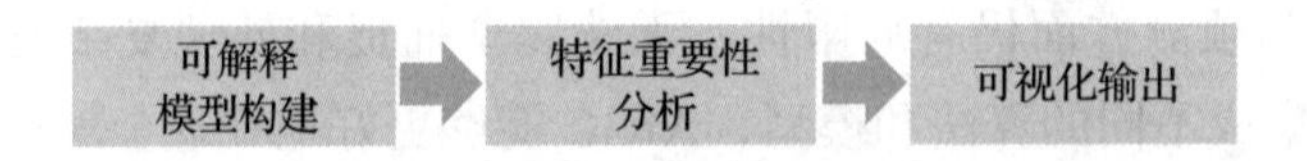

图 3-7　增强决策过程可解释性的技术实现路径

- 可解释模型构建：选择可解释性较高的模型，如决策树、逻辑回归等。
- 特征重要性分析：使用技术（如 SHAP 值分析、LIME 等）解释模型对每个特征的决策影响。
- 可视化输出：将模型的解释性输出以可视化方式呈现，例如特征重要性图表。

3.3　提升财务报告自动生成水平

金融机构的财务会计工作的顺利开展，是金融机构进行正常经营管理的必要条件。金融机构不同于一般的企业，由于子公司、分支机构众多，其财务工作的复杂程度超乎想象。每月一次的财务报表填报工作会经历原始数据催收、科目汇总、合并抵消、校验等多个步骤。每一步，都要面对海量的数据，进行机械而繁复的计算。如果中间的哪一个小环节出现了错误，有可能导致一场全面返工。提升财务部门的信息化水平，是改进其工作效率的最佳途径。

3.3.1 技术手段在财务报告生成领域的应用

当前，金融机构在辅助进行财务报告生成方面采用了多种技术手段。

1）利用工具对数据进行自动化提取和整合，能够有效提升后期使用数据的效率。

金融机构通过使用 OCR 技术和数据抓取工具，能够自动提取和整合财务报表中的数据。这些工具可以将纸质或电子文档中的文字信息转换为可编辑和可处理的数据格式，比如，将纸质的银行对账单转换为可编辑的电子数据，以便后续处理和分析。在数据的整合方面，金融机构通常会将不同来源的数据整合到一个中心化的数据仓库中，以便更好地管理和分析数据。例如，银行可以将贷款、存款等业务数据从不同的系统中抽取并整合到一个数据仓库中，以方便财务报告的生成。

2）通过使用数据清洗和标准化工具，对提取的数据进行处理和校验，能够确保数据的准确性和一致性。

金融机构可以利用数据处理软件来自动校验、纠正和清洗财务数据。例如，对于提取的销售数据，系统可以自动检测和修复缺失的数值，纠正格式错误，并将所有数据统一转换为标准的货币单位。此外，它们还能识别和修复数据中的错误、缺失值和不一致性，使数据符合财务报告的要求。

3）借助报表生成工具，整理好的数据能够自动转换为财务报表的格式和结构，自动生成报表。

例如，人工智能技术可以帮助金融机构自动生成财务报告。系统可以根据预先设定的规则和公式，自动计算各个财务指标，并将其填充到报表模板中，生成完整的资产负债表和利润表。人工智能技术还可以帮助银行预测未来的财务状况和趋势。

4）金融机构利用数据分析和可视化工具对财务数据进行分析与呈现。

这些工具可以对报表数据进行统计分析、趋势分析和比较分析，同时通过图表和图形展示数据的关系与趋势，帮助决策者更好地理解和解读财务报告。在数据分析和可视化方面，金融机构可以使用数据分析软件来对财务数据进行统计和呈现。例如，通过使用数据可视化工具，可以将销售数据以图表形式展示，帮助决策者快速理解销售趋势和市场份额的变化。

5）金融机构使用审计工具和规则引擎，对生成的财务报告进行自动化审核。

这些工具可以检查报表数据的一致性、合规性和准确性，发现潜在的错误或风险，并提供相应的警示和建议。金融机构可以使用审计工具来自动审核财务报告的准确性和合规性。例如，系统可以自动比对报表中的数值和公式，检测潜在的错误或异常值，并生成报告审核结果，从而减少人工审核的工作量和时间。

6）金融机构可以利用大数据分析对历史数据进行分析和挖掘，以识别潜在的趋势和模式。

例如，银行可以使用大数据分析技术来预测客户的还款能力和信用风险等级，从而帮助制定财务报告。

7）区块链技术可以帮助金融机构提高财务报告的透明度和可信度。

例如，银行可以使用区块链技术来记录每一笔交易的细节和时间戳，以确保财务报告的真实性和准确性。

3.3.2 AIGC 提升财务报告自动生成水平的 5 条路径

AIGC 技术可以进一步提升财务报告自动生成的效率和准确性。它能够减少人工操作和人为错误，提高数据处理速度，同时提供更深入和全面的分析，帮助金融机构更好地理解和利用财务信息。从识别数据和信息开始，到解读与分析财务报告，AIGC 可以逐步应用于财务工作。

1）AIGC 技术可以结合 NLP 和机器学习算法，更准确地识别和提取财务报告中的关键信息。例如，NLP 技术可以自动识别和解析财务报表中的特定段落或字段，如总资产、净利润等，并将其转换为结构化数据。AIGC 强大的识别能力，能够提升现有 NLP 在字段识别方面的精准度，将非结构化数据转换为结构化数据。

2）AIGC 技术可以学习与应用财务报告的规则和公式，自动计算各项指标并填充报表模板。通过分析大量的财务数据和报表样本，AIGC 可以识别和理解不同类型的报表，并自动应用适当的规则和公式，减少人工操作和减少错误的风险。

3）AIGC 技术可以自动检查财务数据的质量和一致性。它可以自动识别潜在的错误或异常值，并提供警示或修复建议。例如，AIGC 可以检测到数据间的不一致性，如数值差异、公式错误等，并提示用户进行检查和修正。

4）AIGC 技术可以自动生成定制的财务报告。根据用户需求和设定的参数，AIGC 可以生成不同类型、格式和样式的报告，满足不同用户的需求。例如，可以根据特定的行业要求或监管规定，自动调整报告的格式和内容，以符合相关要求。

5）AIGC 技术可以帮助解读和分析财务报告。通过深度学习和数据挖掘技术，AIGC 可以自动识别报表中的关键洞察和趋势，并提供相应的解释和分析。例如，可以识别出收入增长的主要驱动因素、成本结构的变化等，并提供洞察和建议。

3.3.3　AIGC 提升财务报告自动生成水平的具体步骤

1）数据收集和预处理。收集大量的财务报告样本和相关财务数据，建立数据集。对收集的数据进行清洗、标准化和预处理，确保数据的准确性和一致性。

2）NLP 和文本分析。使用 NLP 技术，将财务报告文本转化为结构化的数据。使用 NLP 模型识别关键信息，如财务指标、金额、日期等，以及报告中的段落结构。

3）机器学习模型训练。构建机器学习模型，如文本分类模型，以识别不同类型的财务报告。利用深度学习技术，训练模型以从财务报告中提取关键信息和指标。

4）规则和公式应用。基于历史数据，训练模型学习财务报告中常见的规则和公式。将学习到的规则和公式应用于新的财务报告，自动计算和填充各项指标。

5）数据质量检查与纠错。使用数据质量检测模块识别可能的错误、异常值或不一致性。提供警示或建议，帮助用户修复错误或改善数据质量。

6）报告定制和格式调整。根据用户需求和设定的参数，生成定制的财务报告。

3.4 提升风险管理效率

按照新巴塞尔资本协议的规定，金融机构共有八大类风险，分别是信用风险、国别风险、市场风险、利率风险、流动性风险、操作风险、法律风险、声誉风险，其中的任何一项风险都会严重影响金融机构的日常经营。由于各类金融机构的业务特点和面临的监管要求不同，金融机构需要通过综合性的风险管理框架和策略，全面识别、评估和管理各类风险，以确保业务的稳健运行和可持续发展。

3.4.1 技术手段在风险管理方面的应用

风险管理一直是金融机构管理工作中的重中之重。无论银行、保险公司还是证券公司，都有着极为严苛的风险管理要求。如果不借助技术手段，金融机构很难对各类风险进行有效管理。以下是目前金融机构常见的风险，以及为管理这些风险所使用的技术手段。

1）金融机构的业务运营过程中存在发生系统故障、自然灾害、网络攻击等信息灾害的情况，从而导致业务中断和服务不可用。为了管理这一风险，金融机构通常采取备份和灾备方案，建立冗余系统和备用设备，并进行定期的业务恢复演练。为此，国内的银行主要采取“两地三中心”的方案[⊖]来应对信息灾害。其中，分布式云架构及大数据平台建设都是较为常见的技术。银行业率先提出了主机下移、核心上云等战略。当银行的系统端发生故障，灾备系统可立即调用目标平台 API，从而保证系统可以继续运行。

2）金融机构可能遭遇的客户数据泄露、恶意攻击等信息安全问题，也是较为常见的风险之一。通过加密技术、访问控制、设置防火墙和定期的系统检测等措施，可以有效保护客户数据的安全。

3）洗钱和恐怖融资活动的风险，也是金融机构面临的高发风险。尤其是随着技术的进步，洗钱手段越来越隐秘、复杂、多变，洗钱交易呈现出“快进快出”的特点，多以“大额转入”后“小额分批转出”，且由于线上化的操作十分便捷，资金转移速度非常快，如何及时识别洗钱的线索并加以有效拦

⊖ “两地三中心”：“两地”是指同城和异地，“三中心”是指一个生产中心、一个同城灾备中心和一个异地灾备中心。

截成为金融机构的一大挑战。以银行业为例，目前较为常见的是通过运用知识图谱、机器学习、联邦学习等技术，帮助识别洗钱线索，对可疑线索进行判定，通过建立联邦学习模型以提升效率。

4）市场价格波动、利率风险、汇率风险等也是金融机构日常运营中常见的市场风险。这些风险可能导致金融机构的投资组合价值下降或损失，影响其盈利能力甚至资本充足状况。为此，通过风险管理模型、定量分析和预测等技术，来评估与量化市场价格波动、利率和汇率走势及风险，帮助机构识别和监控风险敞口，并采取相应的对冲和管理策略。

5）信用风险是金融机构面临的核心风险。借款人或债务人无法按时偿还债务或履行合同义务，会导致金融机构遭受重大损失。金融机构为应对信用风险，广泛采取了多种技术手段。例如：使用机器学习算法对客户的借贷历史、消费行为等数据进行分析和建模，预测客户的未来财务状况；使用深度学习算法对客户数据进行分析和建模，以识别潜在的风险因素和欺诈行为；利用决策树算法对客户的借贷历史、收入水平等数据进行分类和预测，确定客户的信用风险等级等。

此外，金融机构还面临着操作风险、战略风险等层面的问题，通过 NLP、RPA 等技术手段，能够减少操作失误、信息泄露、政策预判偏差等风险。

3.4.2　AIGC 提升风险管理水平的 4 个维度

尽管金融机构在风险管理领域的技术使用较为领先，但它们使用的风险模型需要不断更新和优化，以适应市场和业务变化。以 AIGC 为代表的技术在创建新模型方面具有强大的能力，这在帮助金融机构提高风控、改进风险管理工作方面能够发挥重要的作用。它能够提高风险识别和预测的准确性，自动化决策和处理流程，优化和调整风险管理策略，处理多模态数据，并提供实时监控和警报功能，帮助金融机构更加高效、准确地管理和控制运营风险。

1）金融机构需要确保风险管理所依赖的数据质量和完整性。数据来源的可靠性、数据的准确性及数据的时效性都是关键因素。AIGC 在处理大规模和复杂的数据、提高数据质量和完整性、发现数据中的隐藏模式和趋势方面具有独特的优势，能够帮助金融机构更好地发现潜在风险。AIGC 利用机器学习和数据挖掘等技术，可以构建更准确和灵活的风险模型，并实时更新和优化模型，从而识别出现有技术难以捕捉的潜在风险因素，并提供更准确的预测和风险评估。这种能力应用于监测反洗钱、市场价格波动、汇率与利率变化，以及预测客户的信用状况能够发挥重要作用。

2）AIGC 能够提升自动化决策与处理流程的速度和准确性，从而提高风险管理的响应速度。通过分析大量的数据、生成实时报告和预警，并根据事先设定的规则和模型自动采取行动，减少人工干预和处理时间。快速识别与应对风险事件对于降低损失和保护机构利益至关重要。AIGC 可以实时监测多个数据源和指标，通过智能算法发现异常模式和风险信号，并及时发出预警，帮助机构快速响应风险事件。此外，AIGC 还可以自动执行风险管理流程，减少人为错误和操作风险，同时通过智能决策支持系统，提供风险管理决策的参考和建议。

3）AIGC 可以利用算法优化和智能学习的能力，对风险管理的策略和模型进行优化与调整。它可以根据实时数据和反馈信息，自动更新模型参数和策略，使其更适应不断变化的市场和风险环境。通过建立更为精准的预测模型，帮助金融机构更好地预测未来可能发生的风险，进而采取相应的措施来规避或降低风险。比如在反洗钱领域，不少金融机构在可疑交易监控中，通常存在误报或漏报的情况，不少工作仍然需要进行人工判别。而通过训练，AIGC 可以深度模仿人类思维，不断学习人类对洗钱行为的判断标准和逻辑，使得自动发现、预测洗钱行为模式成为可能。同时，能够避免错判、误判，精准暴露风险，提高甄别效率，减少人工干预。

4）AIGC 结合了不同领域的技术，如 NLP、CV 和声音识别等，可以处理多模态的数据，包括文本、图像、音频和视频等。通过综合分析多种数据类型，AIGC 能够提供更全面的风险识别和预测能力。例如，AIGC 可以实时监控金融机构的运营状况，并根据预设的规则和模型生成实时警报。它可以在发生异常或存在潜在风险时迅速发出警报，并提供相应的解决方案和建议，帮助金融机构及时应对运营风险。

3.4.3　AIGC 提升金融机构风险管理能力的路径

在风险管理中使用 AIGC 技术，的确能够在一定程度上提升金融机构现有的风险管理水平。对于金融机构来说，在现有的风险管理工具中，由简单到复杂、按需融入 AIGC 的能力，逐步提升现有风险管理技术的效果，或许是最为可行的路径。

1）初步整合。金融机构可以在现有的风险管理流程中选择一个相对简单的环节，如数据预处理、风险指标计算等，引入 AIGC 技术进行辅助处理。这可以帮助风险管理团队熟悉 AIGC 技术的应用，并逐步适应新技术的使用。

2）基于规则的扩展。在已有规则引擎或模型的基础上，金融机构可以引入 AIGC 技术来增强规则的制定和修订。AIGC 可以分析更大范围内的数据和信息，从而提供更准确的规则建议，提升风险决策的效果。

3）数据分析优化。对于已有的数据分析和风险预测模型，金融机构可以将 AIGC 技术用于数据的特征提取、数据清洗以及模型参数的优化，识别出影响风险的隐藏因素，从而提升预测模型的准确性。

4）增强预测能力。金融机构可以在现有的市场风险和信用风险预测模型中引入 AIGC 技术，以增强对未来风险情景的预测能力。AIGC 可以从大量非结构化数据中提取关键信息，为风险预测提供更全面的数据支持。

5）自动化决策支持。在已有的决策支持系统中，引入 AIGC 技术可以实现自动化的决策流程。AIGC 可以根据实时数据和市场情况提供智能建议，辅助决策者做出更准确的决策。

6）强化监测和警示。对于流动性风险和市场风险管理，金融机构可以将 AIGC 技术用于实时监测，及时发现异常情况并发出警示。AIGC 可以从大量数据中识别出异常模式，预警风险事件。

3.5　提升人机协作效率

麦肯锡在 2022 年发布的《数字化劳动力白皮书》中指出，“数字员工”又称数字化劳动力，是打破人与机器的边界、以数字技术赋予“活力”的第四种企业用工模式，即“人机耦合”。[⊖]

早在 2019 年，数字员工就开始出现在金融机构中。目前数字员工在金融行业已经得到广泛应用。经过近些年的发展，“人机协作”已经成为金融机构

⊖ 资料来源：麦肯锡，《数字化劳动力白皮书》。

中再常见不过的工作情景。

拟人化的数字虚拟人、智能机器人、流程机器人等参与到金融机构日常工作中的数字化工具都可以被称为数字员工。RPA 机器人是目前较为流行的数字员工形态，它们主要被应用于程序性强、重复性劳动较多的客服、日常运营管理、风控审核等领域。在提升效率、节约人力方面，数字员工发挥了重要的作用。从较早期只能进行一些机械重复的简单工作，到现在不断融合新技术，能够处理相对复杂的工作，数字员工的“职场”经验在不断提升。

3.5.1 数字员工遍布金融行业

1. 银行业

银行业目前的数字员工使用情况比较普遍，尤其是在技术应用较为领先的大型银行。数字员工在银行中主要承担的工作包括客服、风险管理、反洗钱、信用卡审核、日常运营管理等多个方面。

许多银行都安排数字员工来提供自动化客户服务。这些数字员工可以通过自助服务平台、手机应用程序和社交媒体等渠道与客户进行交互，并提供 7×24 小时的在线支持。数字员工能够帮助银行识别潜在的风险因素，如欺诈行为等。数字员工可以利用大数据和机器学习技术来分析客户的信用风险、欺诈风险，从而帮助银行更好地管理风险。数字员工还可以帮助银行识别潜在的洗钱和恐怖融资风险，并自动执行反洗钱和合规性检查工作。例如，数字员工可以自动检查客户的身份信息、交易记录和资金来源等，以确保客户没有涉嫌非法活动。根据风险识别结果，数字员工还可以自动执行一些管理工作，如信用卡开卡、贷款审批、账户开立和交易监控等，从而大幅节约人力，提升效率。

有些银行的数字员工拥有完整的虚拟数字人形象，它们不仅对内服务员工，还对外服务客户；也有些银行的数字员工虽然没有被赋予“人类身份”，但在辅助员工工作方面依然发挥了重要作用。无论是哪一种，都带来了生产效率的提升和运营成本的下降。

兴业银行在其年报中披露，2022 年该行通过推广 RPA 技术提升流程自动化能力，累计上线 38 个流程机器人，平台化、智能化进程不断加快，替代人工作业 1.8 亿笔，节约人工 160 万小时。

2. 保险业

数字员工在保险行业的应用也日渐成熟。在保险机构中，数字员工多被用于分销、承保、定价和理赔、数据分析、智能客服等多个方面。数字员工通过使用人工智能技术对大量的保险索赔数据进行分析和建模，进行更精准的定价；还可以办理承保、理赔等业务以提高效率，缩短业务办理时间。

以人保财险为例。在车险业务中，存在大量规则清晰且重复性高的核保工作，核保处理时需要操作多个系统，人工处理的工作量、复杂度、易错程度都较高，处理的时效性也不能完全满足业务需要。针对这一场景，开发车险核保机器人辅助人工处理核保工作，通过 RPA 融合 OCR 技术，提升信息审核速度及准确性，辅助人工快速完成核保操作，效率提升 600%。采用总分协同模式对数字员工进行集中管理，目前车险核保机器人已在 28 家省级分公司上线，2022 年以来已累计节约 37 人年工作量。其中，人保财险福建分公司共上线 9 个车险核保机器人，平均每天处理 300 单业务，替代 7 名人工。此外，该公司还针对理赔集审照片、农险业务、运维工作智能化等业务，上线了流程机器人。

人保财险湖南分公司自主开发的“小南同学”智能运维应用，专门针对提升日常运维工作的效率。一方面，以企业微信工作台为入口，接收用户以自然语言方式下达的任务命令并转化为数字员工可以理解的任务消息；另一方面，将各类运维数字员工封装成标准化服务以便调用。各数字员工监听消息，当监听到归属于自身的任务消息时则自动执行，然后将执行结果返回“小南同学”前端并反馈用户。“小南同学”将日常运维中的重复工作，如车险投保预确认、重新转保单、电子保单重发等交给数字员工自动解决，实现运维工作的智能化自执行，并将数字员工的调用无缝融入运维工作场景，支持数字员工的自定义扩展和快速接入，实现“数字员工服务化”模式。人保财险在此基础上又推出了“人保小智”智能运维应用。

截至 2022 年 11 月底，数字员工平台已在人保财险总 / 分公司上线 612 个 RPA，打造 699 名数字员工，涵盖总部及各省级分公司。2022 年以来，数字员工累计运行时长超过 84 万小时，节约人工工作量超过 356 人年。[㊀]

㊀ 资料来源：人保财险科技运营部 / 软件开发中心，《人保财险打造数字员工推动降本增效》，中国人民保险。

3. 证券业

提升证券公司运营管理水平，降低服务成本，加快实现智能化运营与数字化运营，已成为证券公司转型的一致方向。而通过部署 RPA 机器人和打造数字员工平台来提升工作效率，优化业务流程，成为众多证券公司的选择。以 RPA 机器人为代表的数字员工，在提升员工的效率方面发挥起越来越大的作用。

华泰证券的数字员工产品借助 AI+RPA 技术，模拟真人员工的思路与行为处理金融行业的日常工作。据华泰证券信息技术部联席负责人、数字化运营部总经理介绍，数字员工已在华泰证券前中后台多条业务线正式“入职”，负责信息报送、交易清算、报表发送、运营管理等基础性工作。有的甚至被合作金融机构“相中”，比如一名数字员工就在一家头部私募大显身手，过去需要 2 个人两周时间才能完成的备案数据更新工作，在它的帮助下，现在只需要 1 个人工作三天即可。㊀

国海证券的数字员工平台则相当于为零售一线员工加载了一个超级智慧大脑。该平台整体技术框架以国海私有云为底座，采用“云 + 数据中台”一体化技术方案，由客户、员工、素材、产品、服务、任务等 6 个公共中台模块组成，为项目多角色、多端应用赋能。通过全面整合 KPM 和 MOT 任务体系，多端同步联动并覆盖客户各阶段生命周期的服务场景，辅助员工实现最合理的任务安排、最优解的服务和行动策略、最专业的“投 + 顾”服务，从而实现高效指引员工及时高效地服务客户的目标。国海证券相关人士认为，数字员工平台对未来财富管理业务战略布局和数字化转型、业务的技术核心竞争力培养、降本增效和规模化效益具有深远意义。

3.5.2 数字员工的 5 点不足

尽管数字员工在提升金融机构效率、节约人力成本方面发挥了重要的作用，但是现有的数字员工“经验值”仍然处于初级阶段。尽管有的金融机构打造了数百个 RPA 机器人，但从整个金融行业来看，数字员工的渗透率与普

㊀ 资料来源：徐兢，王灿，《多位大咖解开数字化转型“密码”，华泰证券“数字员工”大显身手》，扬子晚报 / 紫牛新闻。

及率仍然有较大的提升空间。

1）数字员工需要对各种不同的业务流程进行分析和建模，以便开发出能够自动执行工作的程序。这需要产品和技术开发者具备深厚的技术能力，包括自然语言处理、机器学习、数据分析等方面的知识。金融机构之间的差异决定了部分具备较强实力与技术能力的机构可以实现 RPA 的自研，而大部分中小金融机构只能选择第三方采购的方式。而机构的实际需求与外部供应商对需求的理解之间往往存在偏差。

2）RPA 技术只是数字员工的核心技术之一，通常它需要与其他的技术进行融合，才能更加符合使用需求。比如，当前市场中的部分 RPA 机器人在数据挖掘和提取过程中，存在数据质量不理想的问题，提取到的数据噪声大、属性值缺失、信息缺失，这给后期使用这些数据造成了一定的困难。此外，大部分 RPA 对于非结构化数据的处理能力比较有限，只能处理结构化数据。例如，对于图像、语音、文本等类型的数据，它们需要额外的技术和算法支持才能进行自动化处理。

3）随着业务流程的变化和扩展，数字员工需要具备可扩展性和灵活性，如无缝接入 ERP 系统、CRM 系统等，以适应不同的业务场景。

4）RPA 对单一任务的处理能力较强，但对于复杂业务流程的处理能力有限。复杂的业务流程通常包含多个环节和多个步骤，需要对各个环节和步骤进行深入的理解和分析。

5）在实际应用过程中，业务流程中难免会出现各种异常情况，如错误、故障、延迟等。目前的 RPA 等主要的数字员工技术对于这些异常情况的处理能力还比较有限，需要进一步的技术改进和优化。

3.5.3 AIGC 能有效提升数字员工职场“经验值”

目前，大部分的 RPA 机器人仍然囿于流程处理能力，智能化程度有待进一步提升。“ RPA+AI”以及“ RPA+AIGC”将有效提升数字员工的职场“经验值”，让它们更好地帮助自然人员工高效高质地完成工作。

1. 数据分析与挖掘能力提升

AIGC 可以帮助 RPA 机器人更好地处理数据，提高数据挖掘与提取的效率和准确性。例如，RPA 机器人通过接入大语言模型对大量文本数据进行分析和分类，从而提高数据处理的速度和质量。例如，对用于财务处理的 RPA 机器人来说，在大语言模型的基础上，训练专有模型用于理解财务报告的语义和结构，从中提取出关键信息。可以使用预训练的语言模型（如 BERT、GPT）执行文本分类、实体识别等任务，以准确地识别和提取数据。

2. 非结构化数据处理能力提升

AIGC 所拥有的跨模态处理能力，可以为 RPA 机器人提供非结构化数据的处理能力，图像、语音、视频等类型的数据也能够被转换为文本，进而被转换为结构化数据。通过深度学习等技术，AIGC 可以让 RPA 机器人更好地理解这些数据，并对其进行自动化处理。

3. 可扩展性和灵活性提升

AIGC 可以帮助 RPA 机器人更好地适应不同的业务场景和变化的业务流程。例如，AIGC 可以通过机器学习技术对业务流程进行建模和优化，从而提高 RPA 机器人融入不同业务场景的能力。

4. 异常情况处理能力提升

AIGC 可以通过机器学习和智能算法对业务流程进行监控与预测，从而及时发现和处理异常情况。例如，AIGC 可以通过实时监控系统来检测系统的错误和故障，并自动进行修复或报警，从而弥补过去 RPA 机器人只能发现问题、汇总问题而无法处理问题的短板。

5. RPA 机器人接入 AIGC 的具体步骤

在 RPA 机器人中接入 AIGC，预计将从一些最基本的功能开始，逐步拓展应用范围，以实现更智能化的流程处理。例如：可能从自动文本处理入手，进行文本分类、信息抽取和关键字提取等任务；然后，辅助自动报告生成；接着通过获取更多的信息和洞察，用于智能决策支持；在不断提升 RPA 智能化水平的过程中，发现流程中的瓶颈和问题，提出改进建议，最终实现根据数据和目标自动调整流程步骤与参数，对流程设计和规划进行重塑。

1）确定需求和目标。明确希望 RPA 机器人通过大语言模型实现什么功能，达到什么目标。确定需求和目标可以指导后续的操作与技术选择。

2）选择合适的大语言模型。根据需求和目标选择合适的大语言模型。例如，GPT-3、BERT 等模型在不同的文本处理任务中表现优异，选择与具体应用场景相匹配的模型。

3）获取访问权限。如果使用的大语言模型需要访问权限或 API 密钥，确保已经获取了相应的权限。有些模型可能需要注册并获取 API 访问凭证。

4）编程和集成。将大语言模型的 API 集成到 RPA 机器人的编程环境中。这可能涉及使用编程语言（如 Python、Java）编写代码，以便通过 API 调用模型。

5）数据准备。为 RPA 机器人准备需要处理的文本数据。这可以是需要分析和处理的报表、文档、消息等。

6）API 调用。使用代码调用大语言模型的 API，将文本数据传递给模型进行处理。API 调用可能涉及参数设置、请求和响应处理等步骤。

7）解析和处理响应。接收大语言模型的响应后，解析响应并处理返回的文本数据。根据模型的输出，提取所需信息或执行相应的操作。

8）验证和调试。对接入大语言模型的功能进行验证和调试，确保其按预期工作。测试不同情况下的输入和输出，确保结果的准确性。

9）优化和性能调整。根据实际运行中的情况，优化代码和流程，提高性能和效率。这可能包括调整 API 调用频率、处理异常情况等。

10）文档和培训。为团队成员提供使用和维护大语言模型的指南与培训材料，确保他们能够熟练操作和维护大语言模型。

CHAPTER 4

第 4 章

AIGC 提升金融业外部服务效率

前一章中，我们了解了 AIGC 在提升金融业的内部效率方面所能发挥的作用。而所有内部效率的提升，目的都是更好地进行外部服务，即提升对客户的服务效率。因此，本章将从 AIGC 如何帮助金融机构更好地提升外部服务效率着手，重点围绕 AIGC 最为擅长的能力，分别从数字人、智能营销、风险信用评估、智能投顾这 4 个最有可能率先使用 AIGC 技术的业务领域（见图 4-1）进行详细介绍。

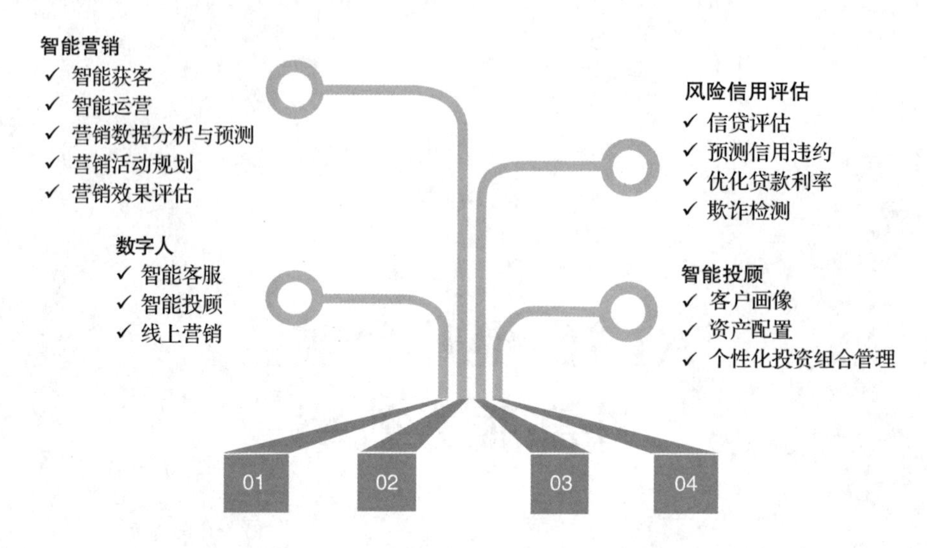

图 4-1 AIGC 提升金融业外部服务效率

4.1 数字人

在第 3 章中，我们已经简单介绍过了数字员工开始广泛走进金融业，在金融机构内部协助自然人员工提升工作效率。但本节所指的数字人与金融机构的数字员工在使用的技术、数字化形象以及主要的作用方面有着显著的差异。本节中，我们将详细介绍数字人在为客户提供智能客服、智能投顾、贷款审批等实际金融业务时，如何借助 AIGC 变得更加智慧化。

4.1.1 数字人在金融领域的应用现状

目前金融机构所使用的数字人是一种结合了人工智能、自然语言处理和语音识别等技术，并具有虚拟人的形象的数字技术。在与客户进行自然而流畅的对话和交互时，数字人更像金融机构真实的工作人员，为客户在业务咨询或办理过程中提供“陪伴”服务。

数字人可以提供自然流畅的交互体验，可以模拟人类的语言和行为，实现与客户的自然对话和交互。相比传统的机器人或自动化系统，数字人能够更好地理解客户的意图、情感和语境，从而提供更智能、更人性化的服务体验。

数字人的上述优势，使得其与金融机构为客户提供服务的需求十分匹配，数字柜员、虚拟人直播、虚拟客服等不同岗位的数字人与金融机构业务具有深度融合的现实意义。因此，虚拟数字人技术在金融机构中有着非常丰富的落地场景。

1. 智能客服领域的数字人

智能客服是被应用最广的数字人“岗位”。虚拟的数字客服能够提供 24h 不间断的服务，并带给客户无差别的体验。数字客服能够处理常见的业务办理需求，如余额查询、转账等，同时通过自然语言处理技术和人工智能算法，回应客户所需的信息和服务，帮助客户快速解决问题，减少客户等待时间并降低人力成本。

以平安银行为例，该行 2022 年 7 月正式推出了虚拟数字人“苏小妹”。据了解，到 2022 年末，该行虚拟数字人已上线理财到期、投顾场景，提供客户到期提醒、财富诊断、产品推荐等专业导购服务。截至 2022 年末，AI 客户经理累计上线超 1 790 个场景，全年月均服务客户较 2021 年月均水平增长 49.9%。客服一次性问题解决率、非人工服务占比均超 90%。[㊀]

近年来，生成式人工智能技术快速发展，已经开始有银行试水将大语言模型应用于智能客服领域。江苏银行在 2022 年年报中披露，其自行研发的拥有最大 1 760 亿参数的“智慧小苏”大语言模型平台，已经实现了在客户服务领域的试点应用。

江苏银行信息科技部相关负责人在接受媒体采访时坦言：“‘智慧小苏’平台赋能的智能客服能够充分理解客户提问，实时抽取和分析知识库信息，精准定位关键知识点并形成系统性回复，从而大幅提升对话体验。”

2. 智能投顾领域的数字人

智能投顾是数字人正在适应的“岗位”之一。国泰君安证券 2022 年 8 月上线了数字人“小安”，可以通过对话式页面实时解答客户投资理财类问题。据了解，“小安”采用了 2D 数字人建模技术，利用深度学习等 AI 技术，对数字人模型进行持续训练迭代，创造出形象、动作、语音和表情高度逼真、趋近于真人的虚拟形象。此外，“小安”以君弘灵犀智能化引擎为基础，通过

㊀ 资料来源：《平安银行股份有限公司 2022 年年度报告》。

ASR（语音识别）、自然语言处理、TTS（语音合成）、知识图谱、机器学习等人工智能技术，智能识别客户意图，如同真人般给出即时反馈，并根据客户当前意图决定后续的语音和动作，实现 7×24h 全天候在线服务。

依托灵犀智能化引擎构建专业的知识能力，“小安”可为客户解答大盘解读、股票诊断、股票筛选、市场热点等投资问题。强大的知识能力让“小安”可以胜任更多任务，在投资、理财、业务办理等不同场景提供专业的服务。同时，“小安”具备多模态交互能力，感知认知能力优异，能够精准识别客户的意图并给予对应的反馈。此外，“小安”还可以进行闲聊对话，提供有温度的交互服务和先进的人机操作体验。

“小安”也将被应用于理财产品讲解场景。“小安”可以从业绩表现、持仓情况等多个维度解读基金情况，同时在产品讲解中可随时进行客户问题实时答疑，为客户提供拟人化、数字化、智能化、视频化、有温度、可交互的智能理财服务。[⊖]

3. 线上营销的数字分身

与前述两种数字人不同，真人的数字分身正在成为金融领域的新生事物。所谓数字分身，是指通过深度神经网络对真人的形象进行图像合成，具备高度还原的真人相貌、表情、行为和声音的虚拟数字人。它能够同时出现在多个线上场景中，代替真人完成内容输出的工作。

2023 年 5 月，招商证券传媒首席分析师顾佳的 AI 数字分身正式亮相，成为证券行业首位卖方分析师 AI 分身。这一数字分身可以同时出现在路演现场、新闻发布会、研报解读会、分析师电话会，以及任何客户需要的地方。

尽管证券分析师的 AI 分身的合规性及必要性受到了一些的质疑，但显然数字分身的优势对于金融机构充满了吸引力：一方面，金融机构可以利用自己金牌理财顾问、分析师的数字分身批量产出内容，获取公域流量，持续获取、沉淀私域用户；另一方面，由于数字分身的存在，人员的时间协调、拍摄、后期剪辑等复杂的工作不再是问题，内容的产出效率将大幅提升，有利于持续保持品牌的影响力。

⊖ 资料来源：国泰君安证券银川营业部订阅号文章《国泰君安数字员工“小安”正式入职开工啦！多场景可交互数字人亮相 818 理财节》。

4.1.2 AIGC 令数字人更具“服务力”

数字人的出现，无疑解决了金融机构在提供服务过程中的部分痛点，但金融业务的复杂性和变化性，使得现有的数字人在提供服务的过程中仍然存在不少问题。例如：对客户的提问语义理解不精准、不全面；回应内容无法差异化，缺乏个性化服务；智能客服系统的交互能力通常受到技术的限制；智能客服通常缺乏对用户行为的深入了解，因而难以预测用户的问题；智能客服通常只能处理简单和标准化的问题，对于复杂的业务问题可能无法提供有效的解决方案。

数字人在 AIGC 技术的加持下，将一定程度上提升服务的精度与智慧化能力。

1. AIGC 技术提升智能客服服务能力

1）AIGC 具备强大的语言理解能力，通过预训练语言模型（如 ChatGPT）和大规模语料库的学习，它能够理解用户的自然语言输入并准确解读其意图。相比传统的基于规则的自然语言处理方法，AIGC 可以更好地应对复杂的语义结构和多样化的表达方式，从而提高智能客服对用户问题的准确理解。比如，通过情感分析，升级版的智能客服能够更准确地理解客户的情感和情绪，提供更加人性化的回应，令客户与智能客服的对话体验更加“有温度”。

2）AIGC 的大语言模型在训练过程中能够注重上下文的学习和处理，能够理解对话的语境和之前的交互内容。这使智能客服能够更好地理解用户的连续对话，并提供连贯性的回答和建议。通过综合考虑历史对话和上下文信息，智能客服可以更准确地理解用户需求，并提供更个性化的服务。

3）AIGC 技术并不限于处理文本数据，还可以处理多种形式的输入数据，如图像、语音、视频等。这使智能客服在搭载了 AIGC 技术后，能够通过多模态交互与用户进行沟通和交流。例如，通过图像识别和语义理解，智能客服可以解析用户发送的图片，并针对图片内容提供相应的服务和建议。这样的多模态支持提高了服务的全面性和交互的灵活性。

4）AIGC 的生成技术优势使智能客服能够生成自然流畅的回复和建议。预训练的语言模型可以生成高质量的文本，并且具备一定的创造性和逻辑性。这能够提升智能客服回答问题的质量，并根据用户问题和上下文生成准确且具有可读性的回答，甚至能够提供深入、细致的解释和建议。这种生成能力将大幅提升智能客服的个性化和专业化水平。

2. AIGC 技术提升智能投顾水平

未来，AIGC 在数字人技术中的应用将进一步提升数字人在智能投顾方面的水平。

1）AIGC 可以在现有基础上帮助数字人理解和分析客户的提问，管理和优化对话流程，提高对话的效率和质量，使数字人能够更好地与客户进行沟通，并根据客户的反馈来调整对话策略，从而提供更加精准的服务。此外，还可以帮助数字人分析客户的语气、情感等非语言信息，从而更好地了解客户的情感状态和需求，使得服务更人性化。

2）AIGC 还可以帮助数字人构建和维护一个庞大的知识图谱，包括各种金融知识和行业动态。这将使数字人能够更好地了解市场情况和趋势，为客户提供更合理的投资建议。

3. AIGC 技术提升数字分身的交互能力

目前市场中的数字分身主要分为播报型和交互型两类，其中，大部分数字分身属于播报型。只需要输入简单的文字或音频，就能够快速生成具备精准口型、丰富表情和动作的虚拟人播报视频。

不过，对于金融机构来说，用数字分身代替真人出席活动仍然存在一些合规风险。以证券分析师为例，顾佳的数字分身在亮相后随即引发了业内的热议，其中最主要的担心就是其数字分身发言内容的合规性问题。如果证券分析师的数字分身只是一个播报型数字分身，其发言内容是根据文本生成的，则只要在前端把控好文本的合规性即可。但如果参与路演或电话会议，仅有播报功能显然是不够的，这时候更需要的是交互型数字分身。当面对提问环节时，其发言的内容就很难保证准确与合规，如果让其极为严格地按照事先设定的内容回答提问，则会失去交流的价值和意义。

AIGC 在内容生成方面的优势或许能够提升交互型数字分身在与听众交流过程中的发言质量。AIGC 作为一种生成式人工智能技术，具备更高级别的语义理解和创造性表达能力，能够在一定程度上弥补交互型数字分身受限于预先设定的回答模式或缺乏对真实语境的理解的不足。

1）AIGC 具备深度学习和自然语言处理技术，能够更好地理解人类语言的含义、语境和情感。在交互中，数字分身可以通过理解提问的语境，从多个角度解析问题，从而提供更准确和更有逻辑的回答。这能够让数字人更像真人，增强与听众的连接和共鸣。

2）AIGC 可以模仿不同的语言风格、个性特点及情感表达，使数字分身更具人性化和个性化。这种个性化表达可以帮助数字分身建立更紧密的情感联系，增强与听众的亲和力。

3）AIGC 具备实时数据分析和处理能力，可以在交互过程中根据听众的提问、反馈和情感状态进行动态调整。通过对话中的数据分析，数字分身能够实时调整回答策略，提供更有针对性和个性化的回复。

4）AIGC 能够学习合规性规则和相关法规，并将作答内容控制在合规范围内，以预防数字分身出现违规言论和信息误导。

4.2　智能营销

近年来，金融机构对线上获客、智能营销等业务的重视程度提到了前所未有的高度。金融机构的产品营销也从过去的“卖产品给客户”逐步向“以客户需求为中心”转变。在这一过程中，“客户洞察”成为金融机构营销工作的核心。而智能营销系统，也在此背景下迎来了新的机遇。

所谓智能营销，是指通过人工智能、大数据等技术，对营销工作进行全流程的智能化改造，为客户提供从智能获客到个性化营销，再到营销效果评估全流程的智能化服务，从而推动金融机构更好地洞察客户需求，为客户提供能够覆盖其全生命周期的金融产品。其中，对客户的相关数据进行采集、挖掘、整理、分析，根据分析结果，为客户定制千人千面的服务方案，是智能营销工作的核心。

本节将主要围绕智能营销所涉及的智能获客、智能运营、营销数据分析与预测、营销活动规划、营销效果评估几个最重要的业务模块，深入分析 AIGC 能够为其带来的改变。

4.2.1　智能获客

无论银行、保险还是证券行业，拉新和促活都是其营销工作的两大永恒主题。在拉新的同时，对大量的长尾和睡眠账户的促活与管理也是一大工作重点。不过，无论是线下获客还是线上引流，成本正变得越来越高，转化率也不尽如人意。以银行为例，在一些产品的线下营销或手机银行的促活等场景中，存在着人工投入高、转化效率低、转化后的管理工作难度大、数据难以实时监控等问题。因此，不少金融机构选择采用技术手段，如上线基于智能获客行业漏斗（见图 4-2）的智能获客系统，以达到降低成本、提升营销转化率的目标，从而解决营销工作中的痛点。

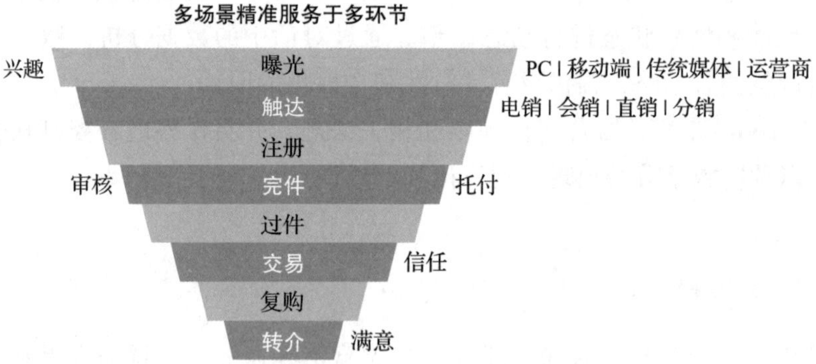

图 4-2　智能获客行业漏斗

1. 以欧拉智能获客平台为例，剖析智能获客流程

对金融机构来说，新客户的主要来源仍然是互联网。但不熟悉互联网流量生态，缺乏精准触达目标客群的手段，缺少可嵌入金融服务的场景，不具备支撑通过互联网形式进行纯线上获客的预算机制、组织机制、人才和技术，是金融机构互联网获客的一大痛点。因此，金融机构普遍采用向第三方机构采购智能获客系统的方式来提升其获客能力。智能获客系统能够覆盖营销获客全流程，涵盖精准营销、客户挖掘、流量渠道管理、客户画像描绘等各环节，使金融机构能够方便地参与互联网流量生态，轻易触达线上亿万客户，将金融服务嵌入日常生活消费场景。

以萨摩耶云的欧拉精准营销云平台为例。欧拉是一套全渠道互联网线上获客管理系统，用于帮助金融机构实现线上精准获客。其主要模块如图 4-3 所示，通过营销获客全流程的决策智能化赋能，能够为金融机构接入移动互联生态体系，使其具备通过智能设备终端手段触达目标客群的条件，自主选择广告投放渠道，实现向目标客群的精准推送和营销。

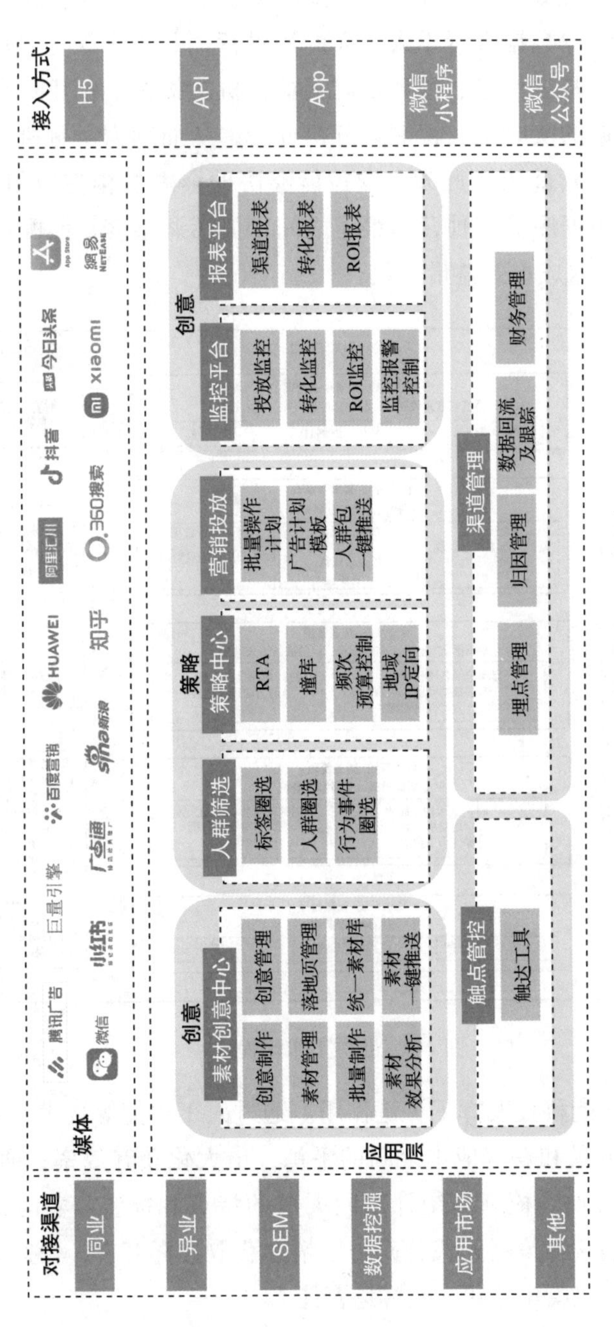

图 4-3 欧拉系统的主要模块

欧拉的工作流程如图 4-4 所示。欧拉连接着主流互联网社交渠道和应用场景，基于用户画像数据进行千人千面的场景营销和用户触达，辅助金融机构实现对小微客户基本信息、验证信息、征信机构提供的信用信息、行为信息以及其他大数据的实时化、智能化分析处理，从而助力金融机构降低获客成本，提升客户运营能力。此外，欧拉能够协助金融机构在应用程序商店、搜索引擎及微信小程序等多种营销渠道之间，灵活调整客户匹配策略和资源配置，实现客户获取成本效益最大化。

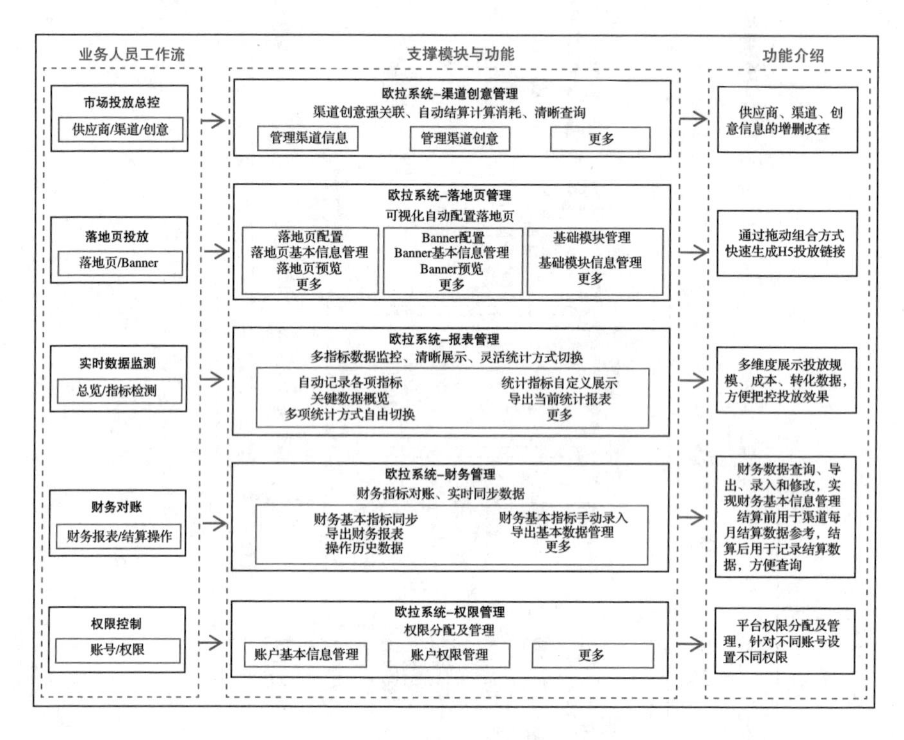

图 4-4　欧拉工作流程

其中，决策智能科技发挥了关键作用。通过人工智能等技术，欧拉可以：动态优化在获客数量和获客成本之间的平衡，最大化获客效率；通过自动跟踪用户的行为、表现，梳理与统计不同渠道的特点和标签，实时监控报盘，实时自动调优前端获客策略；代替广告主精准获取目标客户，快速拓展规模，有效提升精细化与规模化兼顾的获客运营能力。

2. AIGC 技术如何提升智能获客能力

AIGC 利用自然语言处理、图像识别等技术，可以深入分析客户的多模态数据，从而提升金融机构在获客过程中的精细化分析能力。通过更准确地了解客户需求和偏好，AIGC 为金融机构提供更精准的客户画像，帮助它们优化产品设计，提升客户满意度。

通过使用自然语言处理技术，AIGC 可以分析客户的文字信息，包括社交媒体上的帖子、评论和留言等（这些信息可以揭示客户的喜好、态度和情感状态），帮助金融机构更好地了解客户的个性特点和需求。此外，AIGC 还可以通过对客户的文字信息进行情感分析，判断客户的情绪状态。除了文字信息，AIGC 还可以利用图像识别技术对客户的图片信息进行分析。例如，通过分析客户的社交媒体照片，AIGC 可以判断客户的年龄、性别、职业等基本信息。同时，AIGC 还可以识别客户所处的环境、场景和物品等细节信息，进一步了解客户的生活方式和消费习惯。此外，AIGC 还可以利用视频分析技术对客户的视频信息进行分析。通过分析客户的视频内容，AIGC 可以了解客户的娱乐爱好、旅游偏好等信息，从而为金融机构提供更加精准的获客服务。

以欧拉为例，我们试着探讨 AIGC 如何与欧拉的能力进行融合，帮助其实现能力提升。

1）创意模块是欧拉的素材创意中心，它担负着创意制作、素材管理、素材效果分析等功能。通过引入 AIGC 技术，如 ChatGPT，辅助广告投放人员进行营销获客。比如，基于客户输入的各类关键词，生成广告创意中的文案、营销内容、催收内容等；同时维护关键词库、附加属性库、文案库，以使后续生成的内容更加丰富、有效。AIGC 在帮助提升创意模块能力方面的流程如图 4-5 所示。

2）欧拉的现有报表分析是通过分析人员手动执行 SQL 或建设各类查询分析系统完成的。前者对分析人员有较高的技术要求，后者会耗费较多的人力资源。通过本地化部署 AIGC 工具，如 ChatGPT，可以协助分析人员快速灵活地对私有数据进行分析，以此来辅助决策。AIGC 在帮助提升报表分析能力方面的流程如图 4-6 所示。

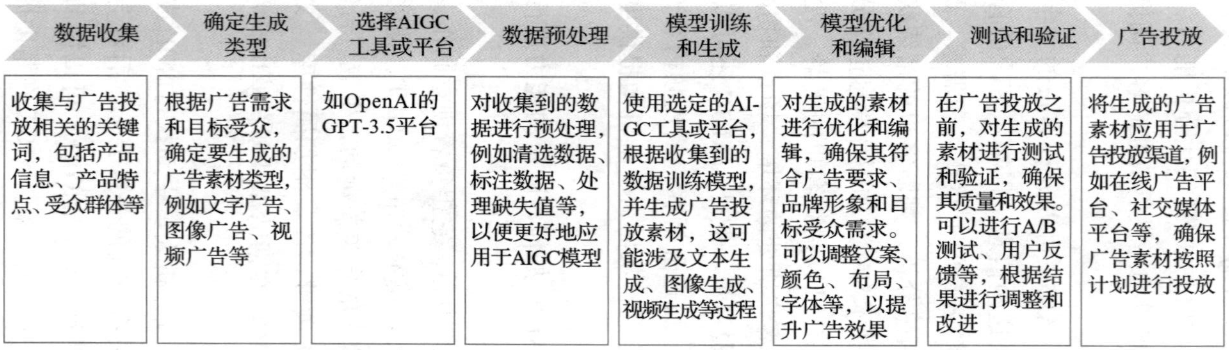
数据收集
确定生成类型
选择AIGC工具或平台
数据预处理
模型训练和生成
模型优化和编辑
测试和验证
广告投放
收集与广告投放相关的关键词，包括产品信息、产品特点、受众群体等
根据广告需求和目标受众，确定要生成的广告素材类型，例如文字广告、图像广告、视频广告等
如OpenAI的GPT-3.5平台
对收集到的数据进行预处理，例如清选数据、标注数据、处理缺失值等，以便更好地应用于AIGC模型
使用选定的AIGC工具或平台，根据收集到的数据训练模型，并生成广告投放素材，这可能涉及文本生成、图像生成、视频生成等过程
对生成的素材进行优化和编辑，确保其符合广告要求、品牌形象和目标受众需求。可以调整文案、颜色、布局、字体等，以提升广告效果
在广告投放之前，对生成的素材进行测试和验证，确保其质量和效果。可以进行A/B测试、用户反馈等，根据结果进行调整和改进
将生成的广告素材应用于广告投放渠道，例如在线广告平台、社交媒体平台等，确保广告素材按照计划进行投放

图 4-5　AIGC 帮助提升创意模块能力的工作流程

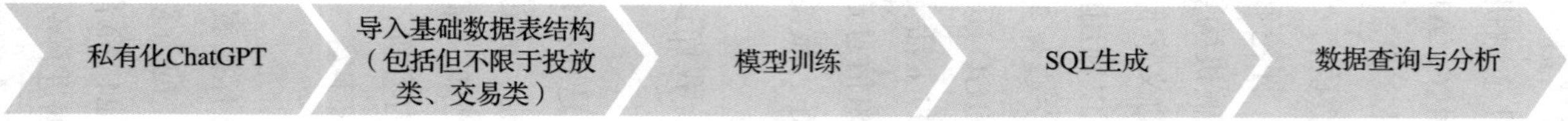
私有化ChatGPT
导入基础数据表结构（包括但不限于投放类、交易类）
模型训练
SQL生成
数据查询与分析

图 4-6　AIGC 帮助提升报表分析能力的工作流程

3）欧拉的营销投放系统目前具有批量操作、可选广告模板、人群包一键推送等主要功能，其智能化程度仍有进一步提升的空间。通过 AI 机器人对接 Marketing API，打通投放全流程，可以实现机器人自动化投放运营。AIGC 在帮助提升自动化投放运营能力方面的工作流程如图 4-7 所示。

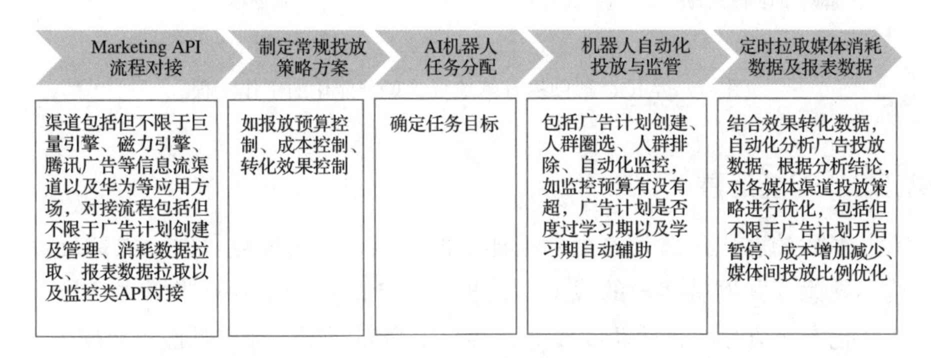

图 4-7　AIGC 帮助提升自动化投放运营能力的工作流程

4）触点管控是欧拉对触达工具进行管理的重要模块。AI 机器人与短信通道的结合，可以实现短信智能路由，降低成本，提升短信发送成功率；同时还可以优化触发模板，提升触达效果。AIGC 在帮助提升欧拉的触点管控能力方面的工作流程如图 4-8 所示。

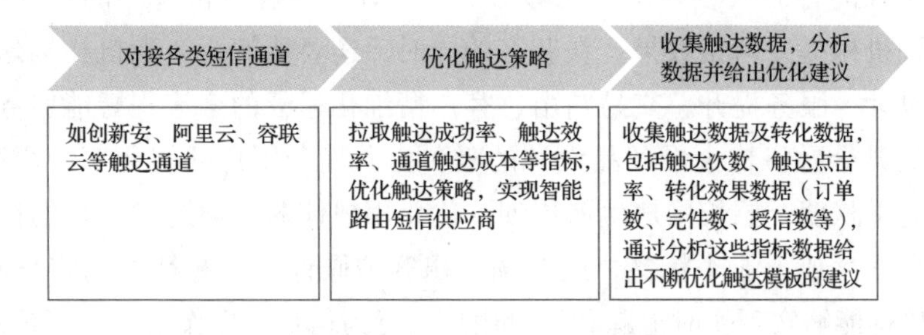

图 4-8　AIGC 帮助提升触点管控能力的工作流程

5）落地页管理是欧拉的重要功能模块。该模块主要支持可视化自定义配置落地页，包括落地页配置、Banner 配置、基础模块管理等功能。利用 AIGC 技术，可实现落地页代码自动生成、图片自动生成、文字文案优化等，从而提升落地页管理的智能化。AIGC 在帮助提升落地页管理智能化方面的工作流程如图 4-9 所示。

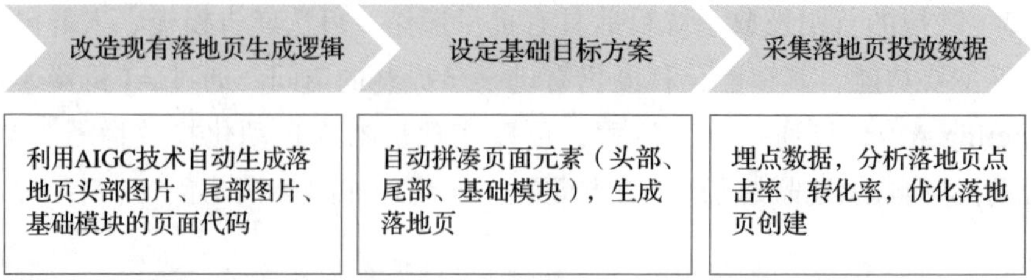

改造现有落地页生成逻辑	设定基础目标方案	采集落地页投放数据
利用AIGC技术自动生成落地页头部图片、尾部图片、基础模块的页面代码	自动拼凑页面元素（头部、尾部、基础模块），生成落地页	埋点数据，分析落地页点击率、转化率，优化落地页创建

图 4-9　AIGC 帮助提升落地页管理智能化的工作流程

4.2.2　智能运营

获客后的客户运营是整个营销体系的重点，也是痛点。由于大部分金融机构不熟悉互联网端客户的线上运营模式，产品设计不具有吸引力，导致用户的转化率、留存率、活跃度偏低，客户生命周期短，客户黏性差等问题。

能否提供差异化服务成为衡量客户满意度的重要维度。其中，个性化推荐成为差异化服务能力的评判指标。传统的金融机构通常采用较为初级的人工智能技术，只能简单地根据客户的基本信息和历史交易数据进行产品与服务推荐，缺乏个性化、差异化和定制化能力，无法真正满足客户多样化的需求，也无法准确把握客户的兴趣、偏好和风险承受能力。

一个好的智能获客系统，能够形成“获客—活客—留客”的良性循环，助力金融机构提升营销效果。在获客的同时，还要能够为金融机构构建互联网产品设计、服务提升、交易路由、客户精细化运营的全流程智能服务；能够有效提升金融机构金融产品设计的吸引力，提升用户的转化率、留存率、活跃度、贡献度，拉长用户生命周期，优化用户体验；通过对客户的持续追踪，以算法生成上千个标签，组合描绘出客户画像。这些精准的客户画像，让金融机构能够实现实时追踪和记录用户的行为信息、操作记录、兴趣爱好，并实时计算、更新，做到“千人千面”，为用户带来最佳体验。金融机构还可以据此更有效地设计广告素材、营销路径、产品策略、运营策略，对用户做全生命周期的精细化运营，解决“客户怎么留下来，怎么持续产出价值”的问题，有效提升终端用户的黏性、依存度、价值贡献度、生命周期长度。

在存量客户的精细化运营方面，以萨摩耶云为例，通过人工智能和云计算等核心技术的赋能，可根据金融机构存量特征，综合多维画像开发定制化用户分层模型，经过营销意向模型筛选出高意向小微客户，匹配场景灵活调整运营手段，将用户与符合的金融产品进行精准匹配。

AIGC 在提升智能运营与个性化营销能力方面有着明显的优势。

（1）数据分析与洞察

利用预训练方法和模型来分析大量的结构化和非结构化数据，包括用户行为数据、市场趋势数据、社交媒体数据等，以获取深入的洞察和理解用户需求、偏好和行为模式。基于 AIGC 的生成技术，如生成对抗网络（GAN），可以生成虚拟数据样本，用于填补数据缺失或扩充数据集，提高数据分析的准确性和全面性。

（2）个性化推荐与定制

基于 AIGC 的技术，如自然语言处理和文本生成模型，可以分析用户的文本数据，如评论、评级和社交媒体帖子，从中提取用户的兴趣和偏好。采用协同过滤、内容推荐、深度学习、图卷积神经网络（GCN）等多种算法。通过分析客户的历史购买记录、喜好标签、与类似客户的相似性等数据，金融机构可以识别出与客户兴趣相关度较高的产品和服务。通过对用户和产品的交互关系进行建模，能够构建出用户与产品间的多维度关系和网状结构，从而提升客户与产品之间匹配的精准度。通过不断提升模型的泛化性，分析产品的销量与供给之间的关系，不断优化产品的设计。进行个性化推荐和定制，提供精准的产品或服务建议，能够显著提高营销效果。

AIGC 不仅可以帮助金融机构提高营销效果，还可以优化客户体验和服务质量。在客户面对大量的产品和服务选择时，能够提供与其需求相匹配的推荐，提供更加个性化和满意的购买体验。例如，金融机构可以利用图像识别技术分析客户的面部表情和肢体语言，发现客户可能存在焦虑或担忧情绪，通过分析客户的图片和视觉数据，结合算法的推荐能力，根据客户的风险偏好、投资目标等因素，为客户量身定制符合其需求的投资组合、理财产品、保险方案等产品。

（3）智能决策与优化

基于 AIGC 的技术，如强化学习和决策树，可以模拟用户的决策过程，预测用户的行为和反应，从而进行智能决策优化。利用 AIGC 的生成技术和模型，可以生成虚拟用户或环境状态，用于模拟不同决策路径和策略的影响，帮助优化运营决策。

（4）提升与客户互动的能力

AIGC 具备提高客户参与度的能力，它可以利用自然语言生成、虚拟人等多种技术，为客户提供更加个性化的互动体验，从而显著增强客户的参与度和忠诚度。通过自然语言生成技术，AIGC 能够生成自然流畅的对话内容，与客户进行智能化的交互。无论是通过文字、语音还是图像，AIGC 可以理解客户的意图并提供有针对性的回答和解决方案，为客户提供更加贴近个性需求的服务体验。这种个性化的互动可以在客户与金融机构之间建立更加密切的联系，提高客户对金融机构的参与度和忠诚度。

此外，虚拟人技术是 AIGC 的另一个重要应用，它能够创建虚拟的人物形象，并具备自然的语音、面部表情和身体动作。通过虚拟人技术，AIGC 可以为客户提供与真实人类交互类似的体验，包括虚拟助理、虚拟顾问等角色。这样的互动体验不仅能够提供个性化的服务，还能够引起客户的兴趣和情感共鸣，从而促进客户的积极参与和持续互动。通过提供更加个性化的互动体验，AIGC 能够提高客户参与度和忠诚度。客户在与 AIGC 进行互动时能够感受到更强的个性化关怀和定制化服务，从而增强对金融机构的信任和认同。这种积极的参与度不仅有助于提升客户满意度，还能够促进客户与金融机构的长期合作关系，实现共赢。

4.2.3 营销数据分析与预测

营销数据分析与预测是金融机构在制定营销策略和预算方案时不可或缺的参考指标。通过对营销数据的分析，并对未来的营销趋势做出预测，能够让金融机构更准确地制订产品发行计划和营销方式，确定销售目标，从而提高产品销售收入。

营销分析的方法可以分为定性分析和定量分析两大类。定性分析通常有归纳分析法、演绎分析法、比较分析法、结构分析法、德尔菲法等。在金融机构的营销预测工作中，可以通过对相关人员，如公司的负责人、销售人员、客户、专家小组成员进行询问和调查，从中获取他们对于产品营销的预判和客户的购买意向等，从而对销售情况做出预测。其中，客户的购买意愿通常有较大的权重。通过对客户的深入了解，知悉客户的需求和购买偏好，能够帮助金融机构更好地预判产品销售的结果。

定量分析的方法则更依赖数据，通过统计、分析等数学方法对产品的购买力、销售等数据进行计算，利用数字所呈现的变化关系推测产品的销售情况。定量分析通常包括时间序列分析法、回归分析法、投入产出分析法等。以时间序列分析法为例，将其用于营销数据分析时，需要按照时间顺序将相关的指标（如购买力、销售数据、宏观经济数据、行业数据等）提取出来，利用统计模型来对数据进行分析和预测。时间序列分析法被认为能够较准确地预测未来的销售情况，相关数据量越大，其预测结果准确度也会越高。

无论定量分析还是定性分析，对于数据的挖掘、建模、学习都是提升其预测准确性必不可少的途径。这正是 AIGC 所擅长的。

金融机构能够借助数据分析提升营销活动规划的精准度，并获得更准确的市场洞察。金融机构在进行营销活动时通常会采用多种方式，如广告宣传、促销活动、市场推广等。这些传统方法常常面临投入产出比不高、目标受众不准确等问题。

AIGC 技术在对营销数据做定量分析方面有十分强大的能力。AIGC 的技术和模型可以应用于大规模数据集的处理与分析，通过对数据进行统计和分析，提取关键指标和特征，如销售额、购买频率、用户行为等，以支持精准的定量分析和预测建模。AIGC 的预训练模型和生成技术可以用于自动化数据清洗和标注，处理大量数据并提取有价值的特征，同时通过生成模型生成更多样化和丰富的数据样本，提高模型的预测准确性。此外，AIGC 的预训练方法和模型可以用于时间序列分析、回归分析等统计方法中，通过学习历史数据的模式和趋势，对未来的销售情况进行预测。例如，可以使用时间序列模型来预测产品销售量或市场需求的变化趋势。AIGC 的模型和生成技术还可以结合回归模型、决策树等传统的预测建模方法，提供更准确的预测结果。通过结合 AIGC 生成的多样性数据样本，可以更好地探索特征之间的复杂关系和非线性规律，提高预测的准确性。

在定性分析方面，AIGC 的预训练模型可以应用于大规模文本数据的分析和理解，从市场调研报告、用户反馈、社交媒体评论等海量数据中抽取关键信息，了解用户需求、购买意向、消费偏好等定性特征。AIGC 的生成技术可以用于生成问卷调查、用户调研问答等，以获取用户的定性反馈和意见，从而更好地了解用户心理和市场趋势。此外，AIGC 的情感分析模型和生成技术可以应用于分析用户的情感倾向与态度，了解用户对产品和品牌的态度与反馈。这有助于评估营销活动的效果、进行品牌管理，并及时调整营销策略以提高用户满意度和忠诚度。AIGC 的生成技术还可以应用于品牌管理，生成宣传文案、口碑推荐等，帮助塑造品牌形象，提升用户对品牌的认知和好感度。

4.2.4 营销活动规划

营销活动是金融机构进行产品和服务推广的主要手段。近年来，金融机构的营销活动越来越深入场景，尤其是在一些特殊的时间节点，如“3.15”“3.8”“6.18”“8.18”“春节”等，金融机构会紧紧抓住线上、线下的一切机会，开展营销活动。

对证券公司来说，营销的主要诉求是开户、App 下载、理财产品推荐等；对银行来说，营销的主要诉求是信用卡办理、贷款推荐、拉存款、手机银行引流、贵金属产品销售等；对保险公司来说，营销的主要诉求是推销保险产品。

对于大部分的金融机构来说，无论是采取简单直接的“福利诱惑”，还是采取较为传统的电话营销、社群营销，都尚未实现精准营销的目标，采取的仍然是一种“广撒网”的策略。这种方式的营销效果并不理想，主要表现在推荐的产品和客户的需求不匹配，营销电话常常被客户挂断，转化率低。即便通过“福利诱惑”获得了一批新客户，但是这些客户的后期活跃度低，无法带来更多的价值。

部分金融机构开始借助大数据等技术手段对客户进行深入的分析和画像。相比传统的营销方式，金融机构对客户的认知的确获得了提升，但由于客户的需求始终在变化，营销的匹配度也需要不断调整。越来越多的机构发现，主动营销的效果不如被动营销。所以互联网广告投放成为很多金融机构进行产品营销的选择。在这种方式下，不仅产品推荐能很好地融入客户生活的场景，而且客户会觉得主动权掌握在自己手中。金融机构唯一需要考虑的是，如何让目标客户看到最为匹配的产品推荐。

这时，AIGC 技术恰好能够在营销活动规划方面发挥更大的作用，尤其是 AIGC 的生成技术、大语言模型能够大幅提升营销活动规划的能力。

AIGC 可以利用金融机构收集到的大量数据进行分析和画像，通过对客户数据的挖掘和特征提取，可以深入了解客户的需求、行为和偏好。例如，可以使用预训练的文本分析模型对客户的社交媒体评论、在线问答等进行情感分析，帮助金融机构更准确地了解客户的态度和反馈。基于客户画像和行为数据，应用推荐系统模型，如协同过滤、内容过滤等，提供个性化的产品推荐。通过分析客户的购买历史、兴趣爱好、浏览行为等数据，可以生成针对每个客户的定制化营销内容，例如个性化的广告、推荐信用卡、贷款产品等，从而提高营销活动的匹配度和转化率。

AIGC 的生成技术可以用于创意和广告文案的生成，提供更加多样化、更有创意和吸引力的营销内容。通过对历史广告数据的学习和模仿，以 ChatGPT、Midjourney、Synthesia 为代表的工具，可以帮助金融机构自动生成具有吸引力与独特性的广告文案和海报图像，带来新的创意和营销方案。此外，大语言模型还能够自动生成符合客户需求的营销内容，例如使用 ChatGPT 制作营销电子邮件、营销短信、社交媒体文案等，从而减少营销内容的制作成本和时间，提高营销效率。

此外，通过对历史营销数据的分析和学习，GPT 模型可以捕捉到不同营销活动和策略之间的关联关系，从而帮助金融机构制订更有效的营销策略和预算方案。例如，基于 GPT 模型的文本生成能力，可以通过生成模拟营销活动的结果和用户反馈，辅助金融机构进行活动规划和决策。

4.2.5　营销效果评估

营销效果评估是整个营销闭环的最终环节。营销效果评估会涉及很多可量化的衡量指标。以证券公司的开户营销为例，衡量指标包括 App 下载量、开户数、有效户数等，这些指标是显而易见的，也是非常容易量化和统计的。但是对金融机构来说，这些数据背后的相关信息，比如新客户的年龄、性别、职业、来源等更值得关注。通过对历史营销数据的综合分析，能够帮助金融机构提高营销活动效果评估，从而为下一次的活动积累经验，便于及时调整营销策略。

AIGC 技术可以通过监测客户行为数据和营销效果数据，对营销活动的效果进行实时评估和分析，帮助金融机构调整和优化营销策略，提高营销效果和回报率。尤其在广告营销领域，大模型能够对广告投放的效果进行全面分析，识别关键指标，如点击率、转化率、投资回报率等，从而帮助企业进行投放优化和决策。

首先，通过大模型的分析能力，企业可以深入了解广告投放的效果。大模型可以对广告的展示情况、用户反馈及转化行为等数据进行全面跟踪和分析。通过对这些数据的挖掘，企业可以准确评估广告的表现，了解广告的点击量、浏览时长、转化率等关键指标，从而客观评估广告的效果。例如，金融机构可以通过大模型分析得出某一广告在特定时段或特定受众群体中的表现如何，进而了解广告对不同受众的吸引力，从而针对性地调整投放策略。

其次，大模型能够帮助企业识别广告投放中的优化机会。通过对广告数据的综合分析，大模型可以发现广告投放的潜在问题和改进空间。例如，它可以确定广告在不同受众群体中的表现差异，发现效果较差的广告创意或投放渠道，识别广告展示时机和地点的影响因素等。这样的洞察可以为企业提供有针对性的优化建议，帮助企业调整广告投放策略，提升广告的效果和回报。例如，金融机构可以根据大模型的分析结果优化广告创意，调整投放时间和地点，提高广告的点击率和转化率。

最后，大模型还可以支持企业进行决策和资源分配。基于对广告效果的评估和优化建议，企业可以根据大模型的分析结果调整投放预算、调整广告创意、优化投放策略等。这样的决策和资源分配能够更加精准地满足受众需求，提高广告投放的效果和效率。例如，金融机构可以根据大模型的建议，重新分配广告预算，将更多资源投放到效果较好的渠道和受众群体，从而获得更高的投资回报。

4.3 风险信用评估

随着金融行业的快速发展和信息技术的不断进步，金融机构对于客户的信用评估变得越来越重要。传统的手动评估方式不仅耗时耗力，而且容易出现主观性和不一致性。本节聚焦 AIGC 在提升金融机构的风险信用评估能力方面的应用，从自动化的信贷评估、信用违约预测、贷款利率优化和欺诈检测等功能方面，探索 AIGC 如何提升金融机构在风险信用评估领域的效率、准确性和竞争力。

萨摩耶云在该领域也有着多年的实践经验，我们也将结合自身的探索对AIGC 技术在该领域的应用进行展望。

4.3.1　信贷评估

信贷评估是银行较早引入人工智能技术的业务之一。借助机器学习和人工智能算法，金融机构可以更快、更准确地评估借款人的信用风险，提高评估效率和准确性，缩短审批时间，提高客户体验。

通常，银行在进行信贷评估时，需要考虑个人的年龄、职业、信用记录、收入状况、负债等数据，也会通过第三方获取更多的外部数据作为补充。与过去银行大多基于经验判断相比，引入人工智能技术后，银行可以处理海量数据，并将考察指标的时间轴和外延进一步扩充，从而获得更准确和更全面的评估结果。

1. Alpha S 信贷审核机器人：人工智能帮助金融机构进行信贷评估

数据、模型、策略、流程是风控的四要素，其中：数据既包括原始数据、过程数据，也包括加工后的数据、外部资信数据；模型是机器学习形成的决策能力集；策略是专家经验形成的决策能力集；流程则是实现不同的流量方需求、资方需求、运营需求、人工介入、请求幂等、数据必等、卡件等繁杂的业务需求。风控四要素的相互影响如图 4-10 所示，流程驱动数据的流转和决策的执行，根据每个环节的预置条件与决策结果，决定下一环节的数据和决策，如此循环往复，直到结束并输出最终决策结果。

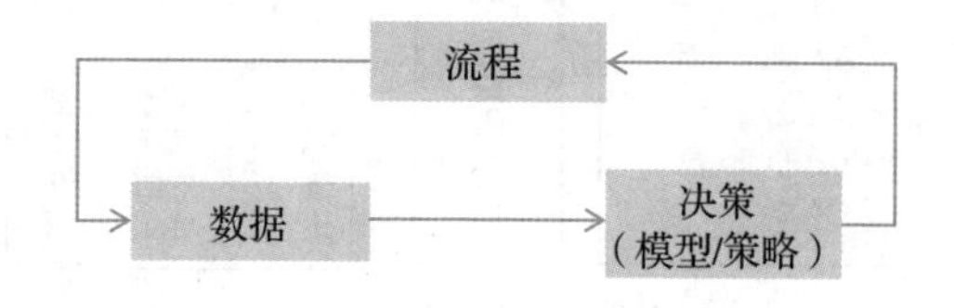

图 4-10　风控四要素的相互影响示意图

萨摩耶云的审贷系统主要分为变量管理系统、资信系统、模型工程平台、决策引擎和审批业务系统 5 个大的运行模块，如图 4-11 所示。其中，变量管理系统和资信系统对应数据要素，模型工程平台对应模型要素，决策引擎对应策略要素，审批业务系统对应流程要素。

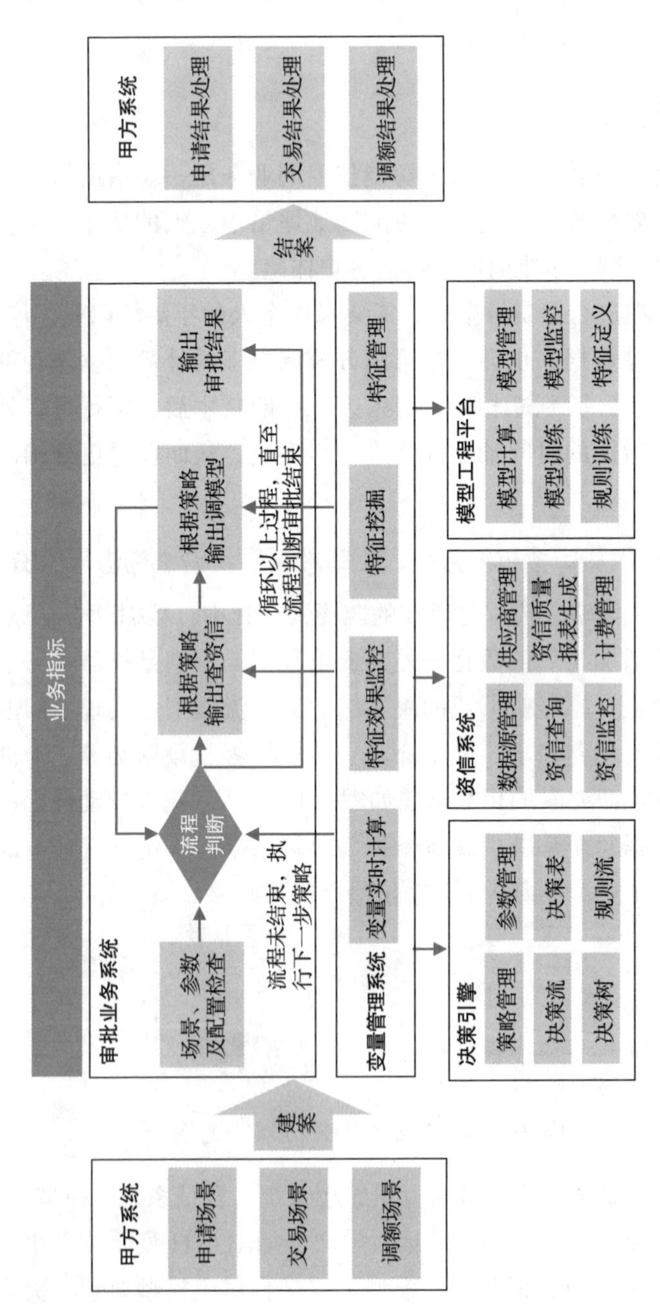

图 4-11　萨摩耶云审贷系统运行示意图

下面分别对这几个主要模块进行介绍。

（1）变量管理系统

变量管理系统是审贷系统的重要模块，能够对变量的全生命周期进行统一管理，包括变量数据字典、变量定义、变量开发、变量测试、变量发布、变量获取、变量实时计算、变量血缘关系、变量变更、变量监控、变量质量分析、特征挖掘和特征提取等。变量管理系统实现变量的统一管理，并做到线下与线上的有效统一，如图 4-12 所示。它支持模型进行变量筛选，使用 AIGC 技术后，能够支持模型自动特征生成；能够对变量进行增删改查维护操作，保证全局统一；能够对变量衍生逻辑进行线下和线上的有效统一，目前支持 Python 和 Drools 自建函数。

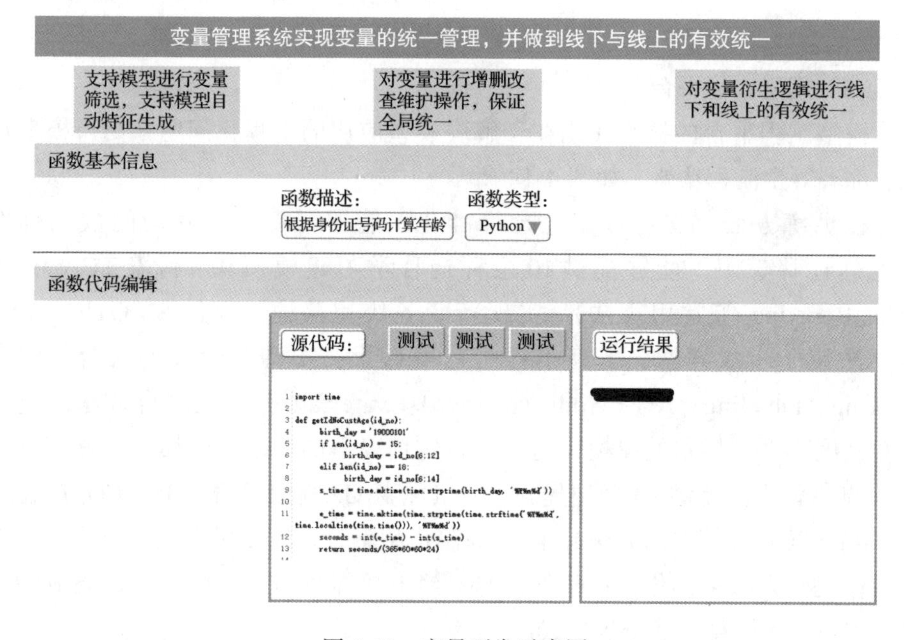

图 4-12　变量开发示意图

（2）资信系统

资信系统是外部数据的主要管理系统，能够进行资信查询、供应商管理、数据源管理、计费管理、资信监控、资信质量报表生成，主要具有资信接入（收）、资信存储（存）、资信管理（管）、资信应用（用）四大功能，如图 4-13 所示。

资信接入

- ✓ 支持500多个主流资信源接口，实现快速联调测试
- ✓ 基础逻辑校验（合法性、格式、空值等）
- ✓ 高级逻辑校验，自定义校验规范和逻辑

资信存储

- ✓ 自定义缓存机制，一定周期内重发查询，优先调用缓存数据
- ✓ 原始报文和解析字段分别同时存储
- ✓ 原始字段可配置复杂加工逻辑，并可存储加工后的数据中间层

资信管理

- ✓ 可配置资信渠道及供应商，渠道调用优先级，重复查询次数等路由策略
- ✓ 可监控资信调用数、查得率、空值率等指标，实时掌握查询状况
- ✓ 自动监控账户余额，管理调用成本
- ✓ 监控资信在策略及模型中的KS、PSI、IV值等各项指标

资信应用

- ✓ 针对不同业务场景，支持同步和异步调用
- ✓ 支持同一资信针对不同的业务场景设置不同的参数配置
- ✓ 完备的资信评估体系（标准化流程和报告）

图 4-13　资信系统四大功能

（3）模型工程平台

模型工程平台的核心作用在于解决模型应用的工程化问题，支持模型训练、部署等全流程功能，如图 4-14 所示。

在训练方面：支持数据处理标准化，能够实现多源异构的数据标准化处理迁移学习，能够提供 10 余种迁移学习建模模块（涵盖 TCA JDA、TrAdaBoosting 等常用算法），实现新业务快速落地；提供 SMOTE、GAN 等算法用于生成样本，提高小样本建模效果；支持高阶模型融合，包含 stacking、blending、AG（Additive Gove）、waterfall 等模型融合方法；能够针对极度不平衡样本的建模，适用于特定情况下的反欺诈建模；能够高阶优化 / 调参算法，提供 10 余种优化算法（涵盖 GA 遗传算法、DE 差分进化算法、PSO 粒子群等常用算法），配合高阶模型融合，可以提高最终模型的各项指标；建模方法多样化，包括评分卡、经典机器学习、深度学习、集成学习等；支持自动模型训练报告生成。

在部署方面：支持多语言的部署文件自动生成；支持模型试运行与结果评价；支持模型上线参数配置、一键生效；支持模型下线一键生效。

（4）决策引擎

决策引擎作为风险策略的实际运行核心，承载着对于生产策略规则的部署、测试、运行、监控等功能，能够支持较大量的并发计算，且能够灵活对接风险、营销、运营等多个业务系统。决策引擎的特点如图 4-15 所示。

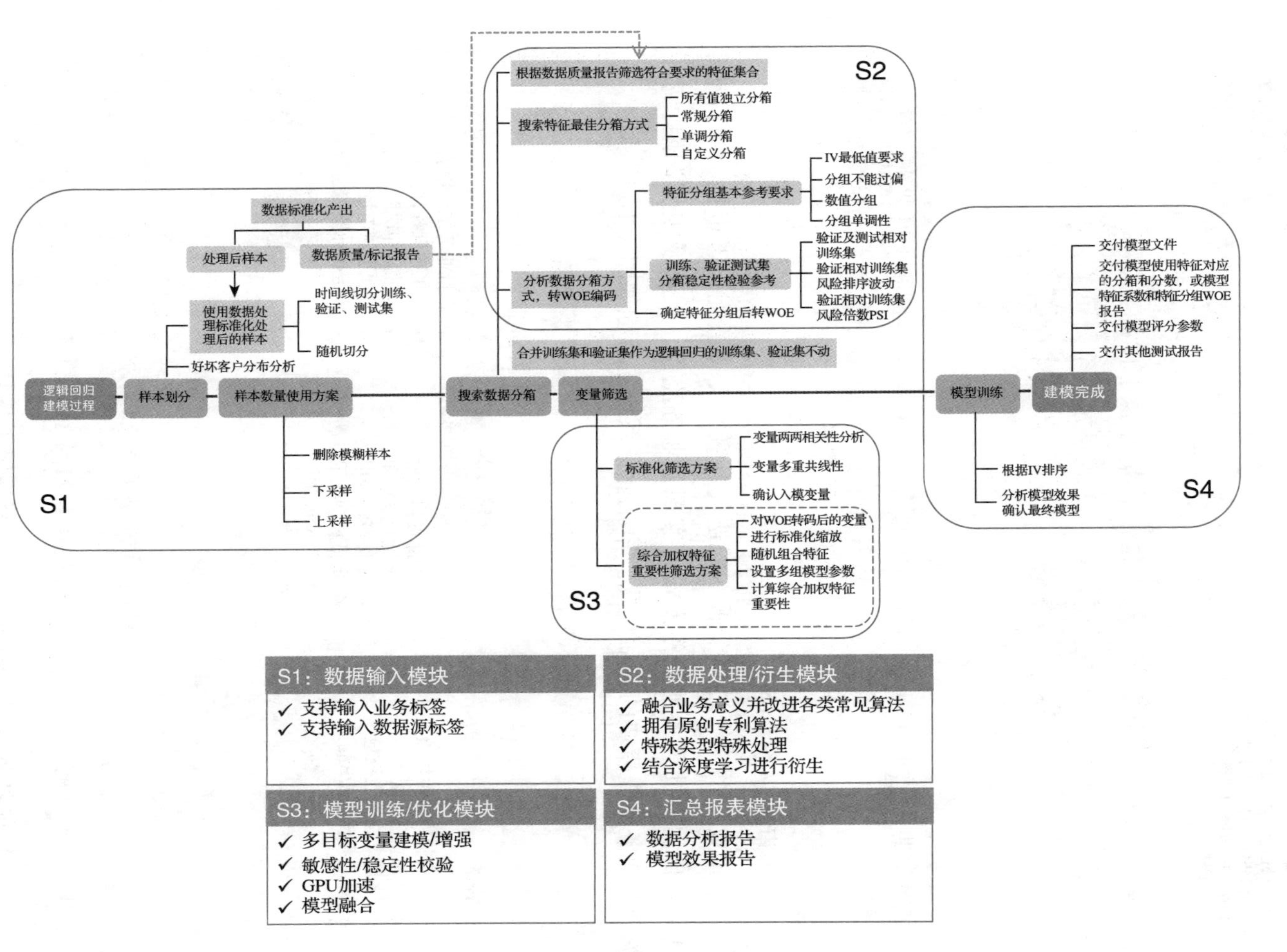
S1
逻辑回归建模过程
样本划分
好坏客户分布分析
使用数据处理标准化处理后的样本
时间线切分训练、验证、测试集
随机切分
处理后样本
数据标准化产出
数据质量/标记报告
样本数量使用方案
删除模糊样本
下采样
上采样
S2
搜索数据分箱
根据数据质量报告筛选符合要求的特征集合
搜索特征最佳分箱方式
所有值独立分箱
常规分箱
单调分箱
自定义分箱
分析数据分箱方式，转WOE编码
特征分组基本参考要求
IV最低值要求
分组不能过偏
数值分组
分组单调性
训练、验证测试集分箱稳定性检验参考
验证及测试相对训练集
验证相对训练集风险排序波动
验证相对训练集风险倍数PSI
确定特征分组后转WOE
合并训练集和验证集作为逻辑回归的训练集、验证集不动
S3
变量筛选
标准化筛选方案
变量两两相关性分析
变量多重共线性
确认入模变量
综合加权特征重要性筛选方案
对WOE转码后的变量
进行标准化缩放
随机组合特征
设置多组模型参数
计算综合加权特征重要性
S4
模型训练
根据IV排序
分析模型效果确认最终模型
建模完成
交付模型文件
交付模型使用特征对应的分箱和分数，或模型特征系数和特征分组WOE报告
交付模型评分参数
交付其他测试报告
S1：数据输入模块
✓ 支持输入业务标签
✓ 支持输入数据源标签
S2：数据处理/衍生模块
✓ 融合业务意义并改进各类常见算法
✓ 拥有原创专利算法
✓ 特殊类型特殊处理
✓ 结合深度学习进行衍生
S3：模型训练/优化模块
✓ 多目标变量建模/增强
✓ 敏感性/稳定性校验
✓ GPU加速
✓ 模型融合
S4：汇总报表模块
✓ 数据分析报告
✓ 模型效果报告

图 4-14　模型工程平台

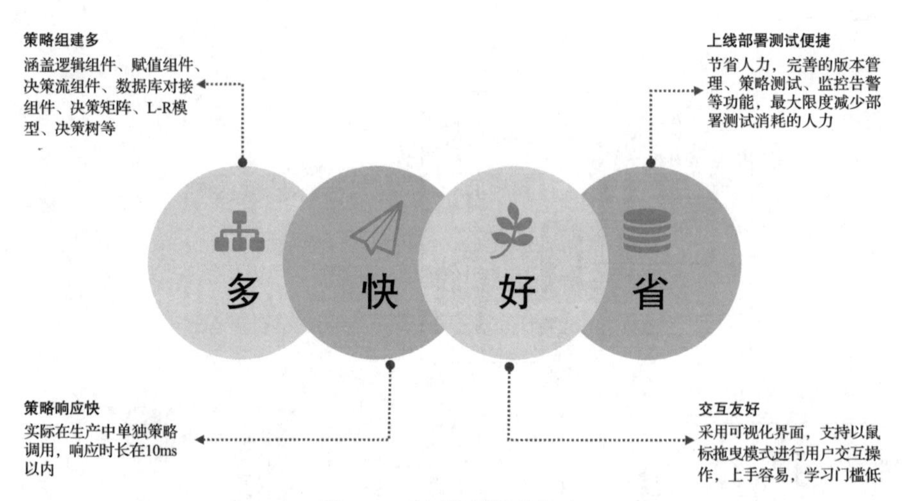

图 4-15 决策引擎的特点

（5）审批业务系统

审批业务系统经过多个版本的迭代升级，支持适配人工审批、半自动审批、全自动审批等多种业务模式，实现了业务流程、策略及模型调用、资信查询等业务流程模块的灵活配置。审批业务系统的流程如图 4-16 所示。

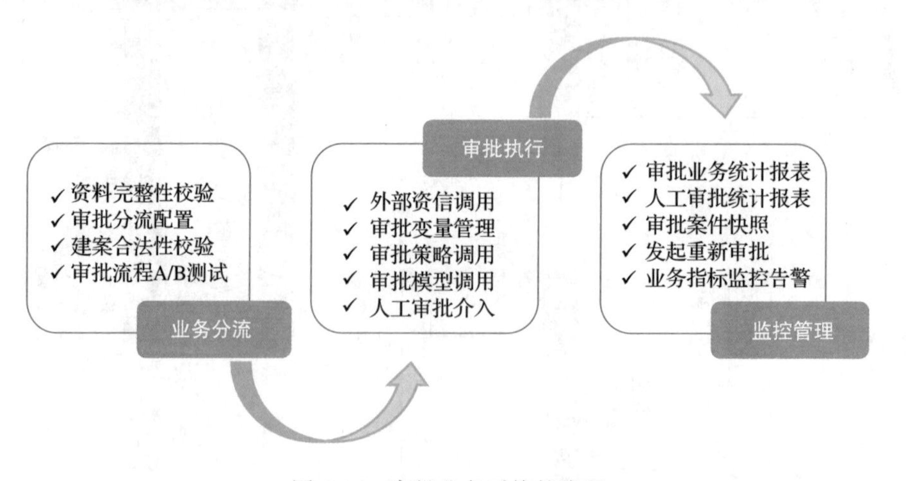

图 4-16 审批业务系统的流程

2. 人工智能技术在信贷评估中面临的挑战

人工智能技术在信贷评估中主要面临以下挑战。

1）人工智能技术需要大量的高质量数据进行训练和学习，但事实上，金融机构获取的数据可能存在偏差和不完整。以个人信息为例，金融机构手中拥有一部分客户的金融数据，但除此之外的数据金融机构很难获得，这使得其在进行数据训练和学习时，难免存在数据不足或偏差的问题，模型的准确性和可靠性可能会受到影响。

2）金融机构在处理信贷业务时，通常会接触到大量敏感的客户数据，如个人身份信息、财务状况等。隐私和数据安全成为重要问题。

3）一些人工智能技术，尤其是深度学习模型，往往是“黑盒”模型，难以解释其决策过程和预测结果的原因，缺乏可解释性也是目前 AI 普遍存在的短板。在信贷评估中，金融机构需要能够理解并解释模型的决策依据，以满足监管要求和建立客户信任。

4）人工智能模型可能受到训练数据中的偏见影响，导致评估结果具有不公平性。例如，如果历史数据中存在年龄、职业、地域偏见，模型就可能会反映这些偏见并对某些群体做出不公平的决策。

AIGC 作为生成式人工智能，在应用于信贷评估业务时，也会面临着如上问题。其中一部分问题 AIGC 能够通过模型解决，或正在尝试通过模型解决。

1）为应对数据偏差和质量的问题，未来的金融大模型可以学习更多的数据，因此数据的开放、共享、交易变得更加重要。AIGC 能够对数据进行自动整合、分析，可以帮助金融机构提升数据分析的效率。

2）AIGC 大语言模型通常在训练和生成文本时不会涉及个人敏感信息，然而在应用过程中，金融机构仍需要进行适当的数据脱敏、加密和访问控制。

3）对于可解释性难题，目前的 AIGC 大语言模型往往是黑盒模型，难以解释其决策过程和生成结果的原因。这可能限制了金融机构理解并解释模型决策的能力。因此，在关键决策和监管要求方面，金融机构可能需要采用其他解释性的模型或方法来支持决策过程。

不过，大语言模型已经开始在可解释性研究方面进行探索，试图解读出神经元（Neuron）所代表的资料特征。OpenAI 于 2023 年 5 月在其官网发布了博文《语言模型可以解释语言模型中的神经元》，显示其在人工智能可解释性研究方面进行了尝试。OpenAI 通过运用 GPT-4 大语言模型，自动生成大语言模型神经元的行为解释，并对这些解释进行评分，以评估解释的品质。不过，这个以 GPT-4 自动生成并评分神经元行为的方法，目前对于较大的模型效果不佳，研究人员猜测可能是因为神经网络较后面的网络层更难解释。虽然许多解释获得分数都很低，但是 OpenAI 相信，随着机器学习技术的提升，解释能力能够再提高，像是利用更大型模型进行解释，或是更改解释模型的结构，都有机会进一步提高解释的品质。

4）AIGC 大语言模型在生成内容时，也会受到训练数据中的偏见影响。为了确保公平性，金融机构需要审查和清理训练数据，并采取措施减少模型中的偏见。在国内，天猫精灵与通义大模型团队联合多领域学者、组织推出大语言模型治理开源中文数据集 100PoisonMpts，通过问题标注，希望解决大模型存在的偏见与歧视问题。相比国外厂商的治理方法，100PoisonMpts 数据集在技术方法上将具备更加完整的标注流程、更隐性的问题领域、更全面的有效性。标注数据对模型在继续训练、微调、强化学习、线上服务等多环节产生效益。

5）尽管 AIGC 大语言模型可以自动化信贷评估并提高信贷评估的效率，但在某些情况下，人类专家的参与仍然是必要的。人类专家可以审查和验证模型的输出，提供专业判断和经验，确保综合考虑各种因素和情境，并做出最终决策。

6）AIGC 能带来效率和准确度的提升是十分明确的。除传统的信贷评估方式外，金融机构可以采用 AIGC 技术融合多种评估方法，包括社交媒体评估、大数据评估、信用评分等，以提高评估的准确性和效率。金融机构可以利用监督学习算法，通过训练机器学习模型，对客户的信用状况进行评估和预测。监督学习算法可以通过对历史数据进行分析和学习，自动识别出客户的信用状况，从而提高评估的准确性和效率。金融机构还可以利用 AIGC 技术建立智能评估模型，该模型可以通过学习大量的历史数据和客户行为，自动预测客户的信用状况。这样可以大大减少评估时间和成本，提高评估的准确性。

4.3.2 信用违约预测

信用违约预测是金融机构进行风险管理的核心。对于银行来说，企业及个人客户的信用违约会造成银行不良贷款余额的增加，从而影响其资产质量。当资产质量严重恶化时，甚至会导致银行的经营出现严重问题。因此，银行会积极采取各种技术手段，用于预测信用违约风险，从而降低违约概率。

1. 银行常见的 7 类信用违约预测模型

1）经验法评分卡模型。经验法评分卡是一种基于专家经验和直觉，通过选取一组关键变量并为其赋予权重，然后将这些权重相加得到一个评分，从而对借款人的信用风险进行评估的方法。总体来说，这是一种相对简单且被广泛应用的信用风险评估方法。其优点在于简单易用，不需要过多的数学和统计学知识；不需要大量的数据处理和模型训练，能够快速响应；且充分利用了专家的经验和领域知识，能够提供对评分结果的合理解释。但它也存在一定的缺陷，比如：权重赋值基本上是基于经验和直觉，存在一定的主观性和不确定性，且无法捕捉到复杂的非线性关系和深层次的特征关系；该模型的调整和更新相对困难，无法跟随借款人行为变化而灵活调整。

2）逻辑回归模型。逻辑回归是一种广泛应用的线性模型，用于预测二分类问题。在信用违约预测中，可以根据借款人的特征变量预测其违约概率。其优点是作为线性模型，当问题相对简单且特征与结果之间呈现线性关系时，预测具有一定的准确性；计算效率较高，适用于大规模数据集。但它在处理复杂的非线性问题、数据不平衡和高度相关特征等方面存在一定的局限性。

3）决策树模型。决策树是一种常见的分类算法，它以树状图的形式展示决策结果和判断条件之间的映射关系，通过一系列的判断和分支来分类数据。可用于识别借款人不同特征的组合，并预测其违约风险。它的优点在于易于理解和解释；能够捕捉非线性特征之间的关系；适用于多类别问题，如将借款人划分为多个不同的风险等级；还可以处理数据中的缺失值。但同时，它容易在训练数据上过拟合，导致在新数据上表现不佳；小幅的数据变化会导致模型结构变化；高度依赖于训练数据的质量和数量；无法捕捉多个特征之间的复杂关系和相互影响。

4）贝叶斯网络模型。贝叶斯网络是一种概率图模型，用于描述变量之间的概率依赖关系。它可以用于建模借款人不同特征之间的关系，从而进行风险预测。其优势在于可以捕捉特征之间的复杂概率依赖关系，能够清晰地展示变量之间的概率依赖关系。但需要注意模型的复杂性、依赖先验知识及计算复杂度等问题。

5）支持向量机模型。支持向量机是一种常用于分类和回归问题的机器学习方法，通过寻找最优超平面来分隔不同类别的数据点。在信用违约预测中，它可以用于构建分类模型，将借款人分为不同的信用风险类别。支持向量机模型在处理高维数据、非线性问题和泛化能力方面具有优势，对于复杂的信用违约预测问题具有较强的适应能力。但需要注意计算复杂度较高，对参数敏感，尤其对噪声数据敏感，以及不适用于数据中包含较多噪声的情况。

6）随机森林模型。随机森林是一种集成学习方法，通过组合多个决策树来提高预测准确性。在信用违约预测中，随机森林在应对复杂的特征关系和噪声方面具有一定的优势。随机森林通过集成多个决策树的预测结果，减少了单一模型的偏差，从而提高了预测的准确性和稳定性，还可以有效抑制噪声数据的影响，提高模型的鲁棒性。但模型的解释性相对较弱，对异常值较敏感，且计算资源需求较大。

7）时间序列分析模型。时间序列分析是一种用于分析时间序列数据的方法，可以用来捕捉数据在时间上的变化趋势和周期性变化。在信用违约预测中，它可以用来捕捉借款人在时间上的变化趋势，从而预测未来的违约风险。该模型在考虑时间趋势和周期性方面具有优势，适用于短期预测，但不适用于复杂关系和特殊事件的处理。

2. 传统信用违约预测模型的不足

上述 7 种常见的信用违约预测模型各有优劣，在选择模型时需要根据待解决的问题和数据特点做出权衡，这可能需要进行多次尝试和调整。传统信用违约预测模型的一些不足之处如下：

1）传统的信用违约预测模型通常是基于静态数据进行建模和分析的，忽视了时间的动态性和借款人行为的变化。但借款人的信用状况和风险水平，如借款人的当前经济状况、未来预期等极有可能随着时间推移而发生变化。静态模型无法及时捕捉到这些变化，这种局限性可能导致模型的预测能力受到限制，从而影响到预测的准确性。

2）一些传统模型（如逻辑回归等）具有较强的解释性，但在处理复杂的非线性关系时可能表现不足。信用违约风险往往涉及复杂的非线性关系，如借款人的行为模式、社交关系等可能对违约风险有较大影响，且这些因素之间可能存在复杂的关联关系。此外，一些模型在非线性关系上具有更强的拟合能力，但却可能牺牲模型的解释性。例如，随机森林在预测性能方面表现优秀，但其预测结果难以解释，无法提供清晰的因果关系。

3）在信用违约预测中，正常还款的样本通常会远远多于违约的样本，这会导致样本不平衡问题。这种失衡可能导致传统模型在预测时出现偏差，更倾向于预测样本为占主导地位的正常还款类别，而忽视了少数类别的违约情况。

4）模型在建立时可能出现过拟合（对训练数据拟合过于细致，泛化能力不足）或欠拟合（模型复杂度不足，无法捕捉数据的关键特征）的问题，影响模型的泛化能力。

3. AIGC 在提升信用违约预测模型方面的作用

1）AIGC 可以处理大规模的数据，对信用违约预测所需的各种数据进行挖掘和处理。它可以自动提取有效的特征，并发现数据中的隐藏模式和关联关系，从而更全面地捕捉借款人的行为和信用状况。通过捕捉时间的动态性和借款人行为的变化，更准确地预测违约风险。通过分析借款人的历史数据、行为模式和其他与时间相关的因素，实时更新模型以反映借款人的最新状态。

2）AIGC 技术可以通过集成学习等方法来综合利用不同模型的优势。采用各种机器学习和深度学习模型来进行信用违约预测，例如决策树、支持向量机、神经网络等。这些模型可以更好地捕捉非线性关系和复杂的信用风险因素，并提高预测的准确性。例如，通过深度学习和神经网络等技术，AIGC 可以学习和理解借款人的行为模式、社交关系以及其他非线性因素，并将其纳入模型进行预测，能够更全面地考虑到非线性因素对违约风险的影响。

3）AIGC 技术中的生成模型（如 GAN）可以用于数据增强和样本生成。通过生成更多的样本数据，可以增加模型的训练数据量，改善模型的泛化能力和预测能力。它可以利用实时数据源、社交媒体信息和其他即时信息来更新模型，并及时调整预测结果。这使得 AIGC 具备更高的灵活性和实时性，可以更好地应对违约风险的变化和市场波动，提供准确的实时预测和决策支持。此外，生成技术还可以用于合成不同信用风险情景下的样本，帮助金融机构更好地理解和预测不同风险情况下的信用违约概率。

4）AIGC 技术中的预训练方法（如 BERT）可以在大规模数据上进行预训练，学习数据的潜在表示和语义关系。预训练模型可以用于信用违约预测任务的微调，提供更好的初始参数和语义理解能力，从而改善预测模型的性能。AIGC 还可以通过自动化的方式从大量的特征中提取关键信息，并选择最具预测能力的特征。这有助于降低模型训练和预测过程中的维度灾难问题，并提高模型的泛化能力和效果。

4.3.3 贷款利率优化

我国商业银行的经营收入结构中，利息收入仍然是绝对的主角。精准控制信贷资金成本与收益的平衡点，是银行增强自身的盈利能力的重要方式。而精准控制信贷资金成本的关键因素是对贷款进行科学合理的定价，这不仅是银行控制信贷业务经营成本的方式，更是服务好客户，尤其是降低中小微企业融资成本的要求。

1）个人信用贷款的差异化定价已经相对成熟，但企业贷款的差异化定价仍有提升空间。

当前，银行、小额贷款公司、消费金融公司的个人信用贷款基本上都采取了差异化定价。当人们在申请信用贷款时，会发现所有的贷款产品说明中几乎都标注着：“具体利率需要根据借款人的信用、贡献度等因素由系统进行差异化定价。”差异化定价的依据是客户画像，而客户画像会包含个人信用状况，如是否有逾期还款记录、负债情况、借款机构、征信查询次数、是否有涉案记录等。除了信用状况，个人的资产状况也是决定贷款额度和利率的重要参考指标，如是否有房产或机动车、薪资情况、社保缴纳情况、存款，以及是否有其他的金融资产等。通过赋予这些指标一定的权重，构建出一个差异化定价的模型，从而对信用贷款申请人快速做出贷款金额和利率价格的建议。

相比个人信用贷款的定价，企业的贷款定价要复杂得多。对大型企业来说，贷款的定价权往往并不掌握在银行手中；对中小微企业来说，贷款的定价又往往让企业觉得难以承受。为了更好地服务中小微企业，中国人民银行 2021 年发布了《关于深入开展中小微企业金融服务能力提升工程的通知》（以下简称《通知》）。《通知》提出：各银行业金融机构要提高精细化定价水平，结合自身资金成本、业务成本、风险成本，综合考虑客户的综合贡献、客户关系等要素，建立定价模型；要适时根据小微市场主体资质、经营状况及贷款方式、期限等因素，及时调整贷款利率水平，形成差异化、精细化利率定价体系，降低市场主体融资成本。《通知》也明确提出，要充分运用科技手段赋能中小微企业金融服务，鼓励银行业金融机构通过大数据、云计算、区块链等金融科技手段，提高贷款效率。

要解决《通知》所提问题，需要从两方面着手：一方面，银行需要建立以客户盈利能力分析为核心的成本收益贷款定价模式，探索适合自身特点的贷款利率动态模型，精准核算每一笔信贷产品的成本和综合收益，实现综合收益定价；另一方面，要积极利用大数据技术，掌握客户的信用水平、经济实力、所处行业及地位、财务状况、工商、税务等数据，并对其既往的评级数据、违约记录等信息进行综合考量，以此测算客户的违约概率、还款能力及意愿，为贷款的差异化定价提供数据支撑，从而对不同客户实行不同的贷款优惠利率。

2）金融机构可以根据借款人的风险特征和市场需求，通过大数据分析、机器学习算法、自动化决策等技术，实现灵活调整贷款利率，提高风险管理的精度和效果，从而实现贷款差异化定价。

其一，通过大数据分析技术，金融机构可以处理大规模的数据集，从中提取有价值的信息，并进行有效的数据挖掘和分析。例如，金融机构可以使用大数据分析技术对借款人的个人信息、财务状况、就业经历等进行深入分析，从而更好地了解借款人的背景、信用状况和风险特征，为定价决策提供依据。通过分析借款人的历史贷款数据、行为数据等，金融机构能够识别出影响贷款利率的关键因素，发现与违约风险相关的特征，并基于这些因素制定差异化定价策略。同时，金融机构还可以利用大数据分析技术对市场供需、经济环境等因素进行分析，以确定整体的定价策略。

其二，机器学习算法可以用于构建预测模型，通过学习历史数据中的模式和规律，预测借款人的违约风险，并根据预测结果进行差异化定价。金融机构可以使用监督学习算法，如逻辑回归、支持向量机、随机森林等，根据借款人的特征和历史数据训练预测模型，预测借款人的违约概率或风险等级。例如，金融机构可以利用机器学习算法构建一个贷款违约预测模型，该模型可以分析借款人的个人信息、信用报告、就业状况等因素，根据这些因素预测借款人的违约概率。根据预测结果，金融机构可以对借款人进行差异化定价，即对违约概率较高的借款人提高贷款利率，对违约概率较低的借款人降低贷款利率，以更准确地反映风险和优势。

其三，自动化决策系统可以将数据分析和机器学习算法应用于实际的贷款定价决策过程中，实现自动化的差异化定价。该系统可以根据预设的规则和模型，对借款人的信息和风险进行评估，并自动给出相应的贷款利率。例如，金融机构可以开发一个自动化贷款定价系统，该系统可以根据借款人的个人信息、信用报告、财务状况等数据，通过数据分析和机器学习算法进行风险评估，并根据预设的定价规则自动确定适合的贷款利率。这样可以提高定价决策的效率和准确性，并确保定价过程的公平性和一致性。

3）AIGC 在贷款差异化定价过程中可以发挥以下作用，利用现有的技术手段进行提升。

其一，AIGC 技术可以处理大规模的数据集，并进行深入的数据分析和挖掘，提高数据处理与特征提取的效率和准确性。AIGC 技术可以帮助金融机构更准确地了解借款人的信用状况和风险水平，为定价决策提供更可靠的依据。比如，在贷款人的授权下，金融机构可以使用 AIGC 技术分析借款人的贷款申请文本、社交媒体内容、房产照片等信息，识别出与贷款利率相关的关键因素和风险特征，更全面地了解借款人的背景和风险特征，从而更准确地评估借款人的信用状况和违约风险。

其二，AIGC 技术可以应用各种机器学习算法构建贷款违约预测模型，并通过学习历史数据中的模式和规律来预测借款人的违约风险。金融机构可以使用 AIGC 技术中的监督学习算法，如逻辑回归、支持向量机、深度神经网络等，根据借款人的特征和历史数据训练预测模型。通过不断优化和更新模型，提高贷款利率预测的准确性和可靠性。传统的线性模型可能无法充分捕捉到信用违约风险的非线性因素，而 AIGC 可以通过训练大规模数据集，学习到更复杂的特征表示和模式。利用深度学习等技术，可以对复杂的非线性关系进行建模和预测。例如，金融机构通过构建基于深度神经网络的违约预测模型，能够自动发现和学习借款人的非线性行为模式和特征，从而更准确地预测借款人的违约风险，为定价决策提供更精确的依据。

此外，AIGC 技术可以处理来自不同渠道的实时数据，及时更新模型和定价策略，以应对市场和借款人行为的变化。例如，金融机构可以利用 AIGC 技术构建一个实时贷款定价系统。该系统可以通过实时监测借款人的行为数据、市场趋势等信息，及时调整贷款利率和定价策略。这样，金融机构可以更迅速地反映市场变化和借款人风险的动态调整，提高定价决策的实时性和灵活性。

其三，AIGC 技术中的生成模型（如 GAN）可以用于数据增强和样本生成。通过生成更多的样本数据，可以增加贷款定价模型的训练数据量，改善模型的泛化能力和预测准确性。生成技术还可以用于合成不同风险情景下的样本，帮助金融机构更好地理解和预测不同风险情况下的贷款利率。

其四，AIGC 技术中的预训练方法（如 BERT）可以在大规模的数据上进行预训练，学习数据的潜在表示和语义关系。预训练的模型可以用于贷款利率定价任务的微调，提供更好的初始参数和语义理解能力，从而改善预测模型的性能。

4.3.4 欺诈检测

随着移动互联网的普及，在金融交易便利性提升的同时，金融欺诈等一些负面问题也在不断滋生。欺诈行为不仅会危及金融机构的安全，更有可能给用户带来无法挽回的经济损失。通过技术手段有效地检测欺诈，成为摆在金融机构面前的一道必答题。

信用卡、贷款、票据欺诈是较为多发的金融欺诈业务领域。常见的欺诈目的包括盗刷信用卡、骗贷、骗保等。以骗贷为例，有冒用他人信息进行贷款申请的，也有贷款后恶意逃避还款义务的，还有用多个用户信息进行骗贷的。

金融欺诈存在一些明显的特点，以团伙欺诈为例，比如同一批申请人的部分申请资料高度相似，申请人多为征信白户或者征信记录满一年且信贷记录不多等。

1. 机器学习和大数据技术能够大幅提升欺诈检测的效率与准确率

识别金融欺诈的关键是从海量的数据中检测到欺诈行为的信息。但欺诈行为具有多变性，任何模型都难以识别出所有欺诈行为，加之欺诈者会研究检测方法，以使得犯罪更具隐蔽性，从而达到规避欺诈检测的目的。应对金融欺诈，机器学习和大数据技术在分析欺诈信息方面有着较强的优势。

通过训练机器学习模型，通过将已知的欺诈行为和正常行为的数据样本进行区分，让模型可以自动预测新的交易是否具有欺诈行为的特征，从而判断其是否属于欺诈行为。而无监督学习甚至不需要样本数据，能够自动从数据中学习出模型。此外，机器学习算法通过对用户交易行为的分析，可以识别出一些异常行为。如同一个账户出现反复的大量小额交易、反复退款等，这些行为都可能是欺诈行为的信号。机器学习算法也可以很好地将异常行为建立起模型，并对交易进行监测。机器学习算法还可以通过识别账户之间的关联性，检测恶意团伙的欺诈行为。

下面以萨摩耶云研发的 Orion（猎户座）反欺诈模型为例，对大数据和机器学习技术如何应用于欺诈检测进行具体说明。Orion 反欺诈模型是一套团伙诈骗和黑中介识别、防范、预警、拦截自动化系统，用于精准防范金融业务中的欺诈作为。通过有关信贷申请人的数据输入，该模型能够分析从信贷申请人授权提供的信息（包括电话号码、设备记录和序列号等）中识别出的数十亿个连接，并使用机器学习能力和图形计算呈现信贷申请人连接产生的风险，以减少欺诈的发生。Orion 反欺诈模型的内置工具可以可视化信贷申请人各层级的联系，并根据信贷申请人与系统内黑名单上的实体与个人之间的关联程度，为信贷决策提供依据，从而构建针对群体欺诈的实时、动态、有效的预警拦截机制。

因为互联网授信审批的需要，金融机构对系统的实时性要求非常高，具体体现在实时更新和查询两个方面。Orion 反欺诈模型开创性地无缝整合了实时流式引擎和图数据库系统，以及大数据生态圈的一系列开源框架。大数据的实时图计算所采用的业务模型在征信领域是独一无二的。

图 4-17 所示为 Orion 反欺诈模型的信贷申请人的可视化树状视图。

从图 4-17 中可以清晰地看出不同客户之间的层级结构和父子关系，其中有 4 层结构，第 1 层是客户本人，第 2 层的 5 个节点是客户的直接联系人或设备，第 3 层有 3 个黄色节点代表有一定的风险，第 4 层有 4 个黑色节点代表是中介，风险较高。

图 4-18 所示是 Orion 反欺诈模型的信贷申请人的可视化力导向视图。

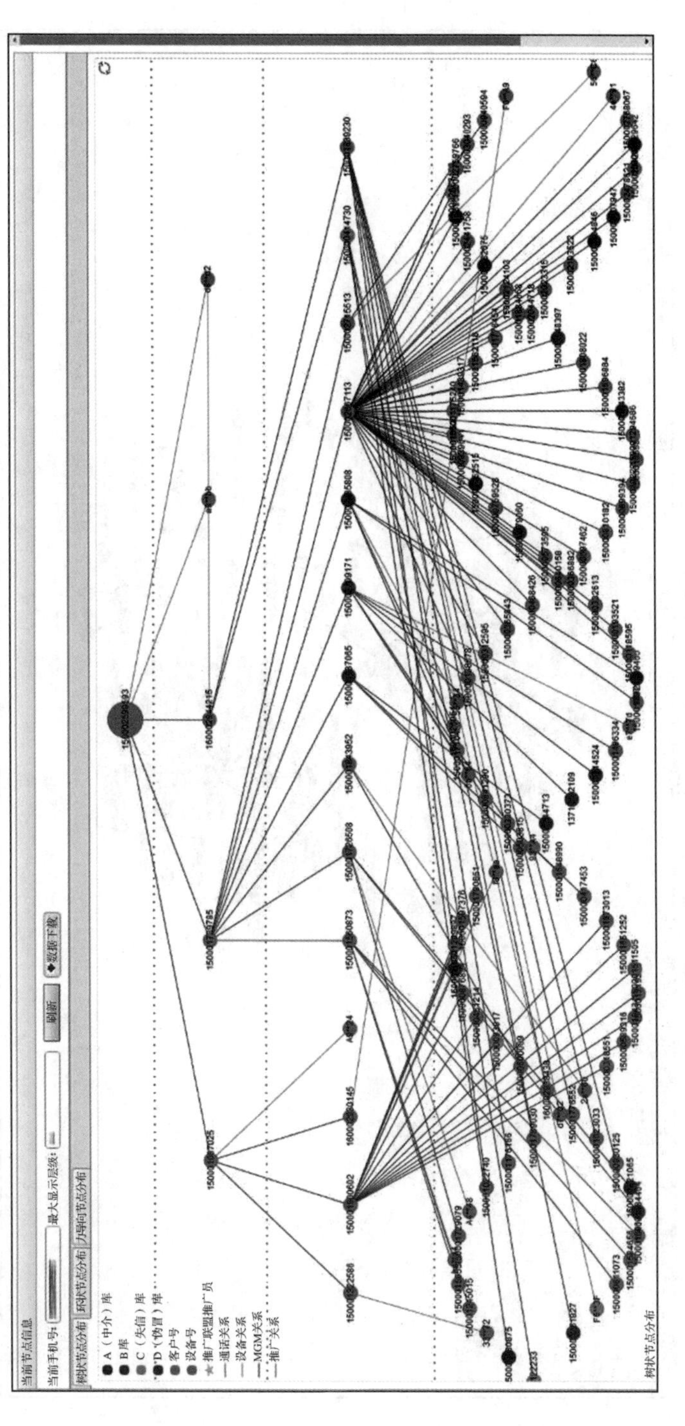

图 4-17　信贷申请人的可视化树状视图

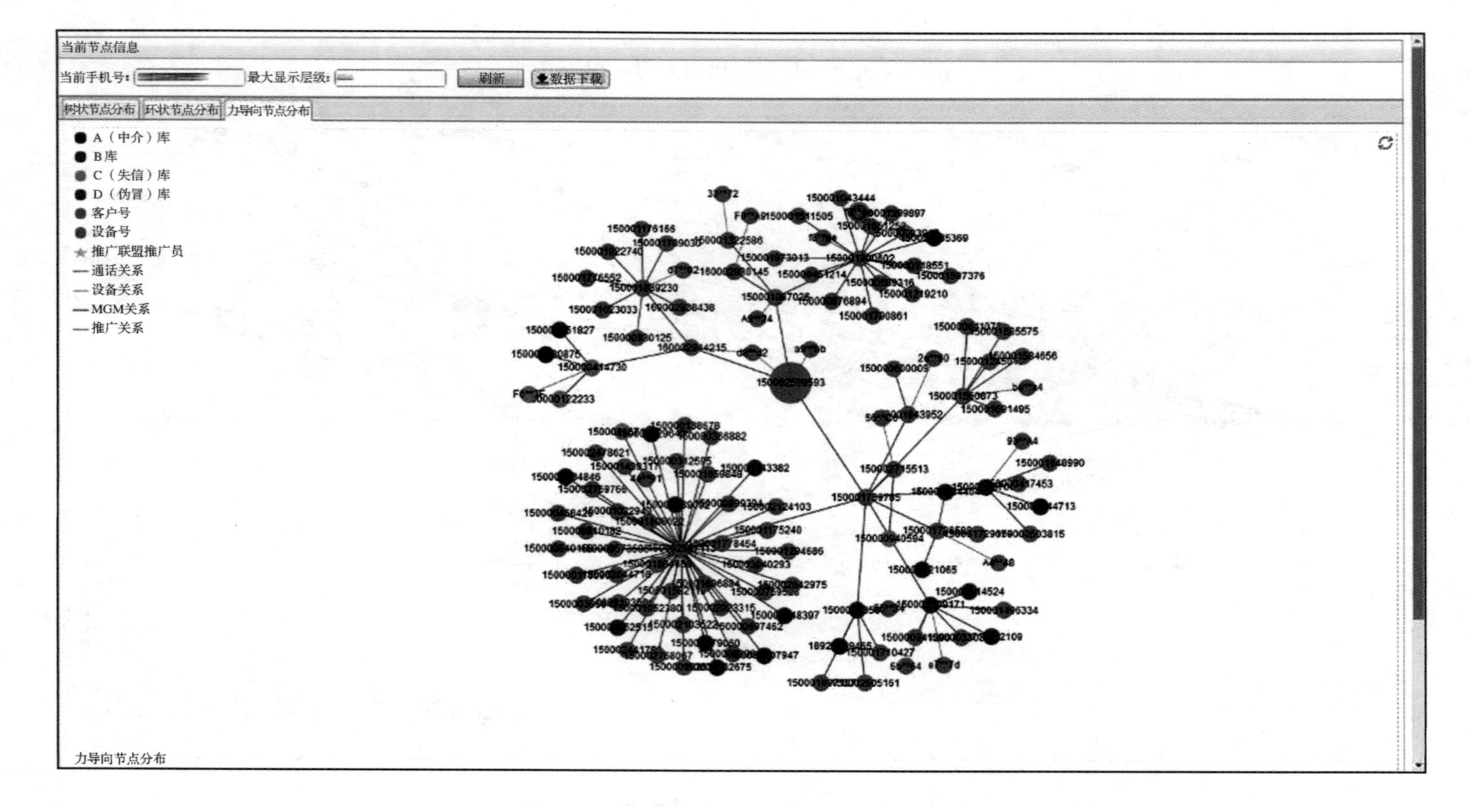

图 4-18 信贷申请人的可视化力导向视图

从该可视化力导向视图中可以看出，左下角是最大的客户群组，有较紧密的利益关系，需要重点关注。其他位置则分散了一些较小的群组，关联程度不高。

上述两类可视化图都能够清晰地展示出信贷申请人的关系网络，对于金融机构判断申请人的风险很有帮助。两类可视化图各有优劣，将二者结合使用能够更全面地反映出信贷申请人的关系网。其中，树状视图的优点是方便展示关系网络层级结构，布局简单，易于理解，但不适合复杂网络的展示。而力导向视图的优点是可以展现网络的整体连接情况，强调网络中的紧密连接区域，适合任何类型的网络，但布局较复杂，不方便理解。

Orion 反欺诈模型能够在信贷风险识别场景下发挥显著作用。该模型能够从信贷申请人授权提供的大数据信息中识别出数十亿个连接，不仅能在短时间内处理海量数据，更能够通过关联网络发掘群体层面的特征和潜在信息，并运用机器学习能力和图形计算呈现信贷申请人的欺诈风险，解决了人工评审时难以识别的团案（团伙作案）欺诈问题。利用大数据和关联分析技术，将每日进件客户信息与底层风险数据库进行比对，依据多维关联逻辑，实时、全面、有效地对诈骗团伙进行风险预警，全过程无人工操作，智能化识别和筛选高风险案件并自动予以拦截，将团案欺诈发案率降至零。利用图计算和可视化技术开发的关系图谱构建与应用系统，通过将社交与通信信息进行关联，形成网络社交图谱，并进行建模分析，形成多关系的复杂网络，再对申请人与黑中介团案相关性进行挖掘计算，具备自动维护更新、自动预警和拦截的能力。

Orion 反欺诈模型亦能应用于拓展商业决策过程中有限信息的外部连接，为决策提供更广泛的有价值信息。

2. 金融机构的欺诈检测智能化程度逐步提高，但是还有提升空间

例如，通过识别出贷款违约的行为模式，可以预测客户未来的还款能力和风险等级。AIGC 在提升欺诈检测质量方面能够发挥一定的积极作用。

1）AIGC 技术可以处理大规模的数据集，对欺诈检测所需的客户数据进行深入分析和挖掘。通过对客户的个人信息、交易历史、行为模式等数据进行分析，可以发现潜在的欺诈模式和异常行为，从而预测潜在的欺诈风险。

大数据分析技术可以识别出与欺诈行为相关的关键特征，帮助金融机构更准确地识别欺诈行为。

2）AIGC 技术可以应用各种机器学习算法构建欺诈检测模型，并通过学习历史数据中的模式和规律来预测潜在的欺诈风险。金融机构可以使用监督学习算法，如逻辑回归、决策树、深度神经网络等，根据客户的特征和历史数据训练欺诈检测模型。通过不断优化和更新模型，AIGC 可以提高欺诈检测的准确性和可靠性。

3）AIGC 技术中的生成模型（如 GAN）可以用于生成欺诈行为的样本数据，从而增加训练数据的多样性和数量。生成技术还可以通过对抗训练的方式，提高欺诈检测模型对欺诈行为的鲁棒性和泛化能力。通过生成更多样本和对抗训练，AIGC 可以更好地识别新型的欺诈行为。

4）AIGC 在欺诈检测中可以提供重要的支持，但除了对数据和模型的分析外，金融机构还需要进行人工审核、风险评估等多维度的分析和评估。通过将 AIGC 的输出与人工审核和风险评估相结合，可以更全面地评估欺诈风险，提高欺诈检测的准确性和可靠性。

4.4 智能投顾

智能投顾的定义出自美国证券交易委员会针对智能投顾的监管指南。所谓智能投顾（robo-adviser）是指运用创新技术，通过在线算法程序为客户提供全权委托的资产管理服务的投资工具。在我国，智能投顾服务包括两种类型：一种是投资建议型智能投顾，即运用人工智能对市场状况和客户个人情况进行分析，根据客户的个人特质和偏好提供个性化的投资建议，但不代客户执行交易；另一种是全权委托型智能投顾，即在提供第一种类型服务的基础上，同时根据客户的全权委托，为客户提供交易代执行和资产再平衡等服务。[㊀]

智能投顾在国内起步较晚，目前在智能投顾业务上相对成熟的是证券公司和基金公司。2016 年初，广发证券推出了智能投顾品牌贝塔牛，这是券商

㊀ 资料来源：钟维，《中国式智能投顾：规制路径与方案选择》，中国人民大学学报。

首次推出的机器人投顾品牌。此后，一些商业银行也陆续上线了智能投顾服务，不过由于相关政策的要求，银行的智能投顾服务于 2022 年下半年开始陆续被按下了停止键。但预计在取得基金投资顾问业务资格牌照后，银行的智能投顾服务将重新上线。

智能投顾服务的关键能力主要体现在以下几个方面：一是精准识别客户真实投资目标和约束；二是投资组合模型开发能力强，充分利用各类市场信息进行多元化投资，获得超额收益和分散型投资收益；三是风险管控效率高，实时自动监测市场状况，识别投资组合风险并预警，及时调整资产组合或进行止损。[㊀]

总体来说，国内金融机构的智能投顾业务仍处于探索期，且以投资建议型的智能投顾为主。目前智能投顾发展的技术基础主要是云计算、大数据和人工智能技术。其中，大数据技术能够精准描绘用户画像，基于机器学习等人工智能技术，能够实现构建资产配置、投资组合的管理目标。本节将从智能投顾包含的主要功能——客户画像、资产配置及个性化投资组合管理三个方面展开，展望 AIGC 技术加持下的智能投顾未来的发展。

4.4.1 客户画像

客户画像是智能投顾的首个服务流程，是智能投顾系统了解客户的第一步。通过客户画像，智能投顾系统会结合不同客户的风险偏好和投资目的，为其生成不同的投资组合建议。

客户画像并没有一个完全统一的方法，投顾机构往往会根据自己所需要的信息对客户进行画像。以蚂蚁财富的智能投顾平台帮你投为例，注册用户仅需要先回答三个问题：“你现在的资产属于哪种状态？”“你期望年均投资回报率是多少？”“你的投资态度是哪一种？”系统会根据用户的选择自动生成一个定制方案。也有智能投顾平台（如理财魔方）需要用户填写风险问卷调查，问卷调查包括家庭收入情况、可供投资的金额、投资经验、风险承受水平、投资收益期待值、投资期限等，然后系统会给出相应的风险等级划分及投资建议。国海证券专门针对女性客户的“她理财”财商测试，则通过设计一些

㊀ 资料来源：《智能金融时代》，赵大伟和李建强著，人民日报出版社出版。

更具体的情境式问题，对用户的风险承受能力进行评估，同时辅以一些心理问题印证其真实的风险承担意愿。

可以看出，客户画像描绘的准确性对于智能投顾系统为客户精准匹配投资组合方案至关重要。但无论是采取问卷调查的方式，还是通过挖掘客户的基本信息，可能仍然无法全面反映客户的投资能力和投资意愿。精准的客户画像只能依靠海量的数据支撑及深度的机器学习能力来实现。

不过，目前来看，金融机构所掌握的客户数据还远远不足以支持其做出完美的客户画像，需要不断充实数据库，尤其对存量客户，要重点分析其以往的投资表现、对板块的偏好、对市场变化的敏感度、交易习惯等因素，才能更有针对性地做好客户画像刻画，更好地盘活存量客户。

AIGC 技术通过数据处理和特征提取、机器学习模型构建和优化、生成技术的应用及预训练方法的使用，可以发挥作用于客户画像。通过准确地描述客户的特征、行为和偏好，金融机构可以更好地理解客户需求，提供个性化的产品和服务，实现精细化管理和提供智能投顾服务。

AIGC 技术可以处理大规模的客户数据，并通过数据清洗、预处理和特征提取等技术，将原始数据转换为可供分析和建模的格式。例如，使用 AIGC 技术可以对客户的个人信息、交易历史、行为数据等进行处理和整合，提取出年龄、性别、收入水平、购买偏好、风险承受能力等关键特征，用于客户画像的刻画。

AIGC 技术还可以应用各种机器学习算法构建客户画像模型，并通过学习历史数据中的模式和规律来预测客户的行为和偏好。金融机构可以使用监督学习算法，根据客户的特征和历史数据训练客户画像模型。通过不断优化和更新模型，提高客户画像的准确性和可靠性。

AIGC 技术中的生成模型（如 GAN）可以用于生成客户画像的样本数据，从而增加数据的多样性和数量。生成技术还可以通过数据增强的方式，生成与现有数据相似但有所差异的样本，用于扩展客户画像的覆盖范围和丰富度。通过生成更多样本和数据增强，可以更全面地描述客户的特征和行为。预训练的模型可以用于客户画像任务的微调，提供更好的初始参数和语义理解能力，从而改善客户画像模型的性能。

4.4.2 资产配置

智能投顾服务出现前，普通投资者很难获得专业的资产配置建议，投资顾问总是会优先服务高净值客户。从这个角度上说，智能投顾服务的出现，一定程度上解决了金融的普惠性问题。智能投顾的公平性也更加明显，自动化的资产配置建议，不会因为客户资产数量的差异而提供差异化的服务。

通过对客户的画像，智能投顾系统会将客户划分到一个具体的类型中，然后会依此提供个性化的资产配置建议，比如建议稳健型资产和进取型资产的比例。在进取型资产中，建议配置国内外市场的股票、另类产品；在稳健型资产中，建议配置固定收益及现金类产品等。

不过，从实际效果看，客户对于智能投顾自动化资产配置功能的满意度并不算太高，其资产配置方案获得的收益也不够理想。笔者尝试购买了某个“全权委托模式”的智能投顾的产品，该产品为一键式购买，不支持用户自己调仓。持仓明细中，有 3 只信用债、1 只利率债产品，还有 24 只股票类基金，其中有 3 只为指数型基金。对于具有一定投资经验的人来说，这种资产配置的方式显然过于分散。相比之下，也有一些智能投顾的平台给出的资产配置方案过于单一，推荐配置的股票基金数量过少。

大部分智能投顾平台所使用的资产配置模型是马科维茨模型，该模型是其他所有量化资产配置模型的基础。在进行资产配置时，通过对各类资产风险和预期收益的评估，得到最佳组合。不过，在传统的量化模型中，使用均值、线性回归等数理统计方法可能在数据有限或存在异常值的情况下产生较大的误差。这是因为这些方法在处理非线性、复杂关系和高维数据方面存在局限性。

在组合资产配置优化中，引入梯度学习的机器学习算法可以显著提高准确性。梯度学习算法（如梯度提升树）和深度学习算法（如神经网络）具有更强的拟合能力和非线性建模能力。这些算法可以通过学习数据中的模式和关联性，捕捉更复杂的资产之间的相互作用和非线性关系，从而更准确地进行资产配置和预测。

AIGC 是一个综合性的概念，它涵盖了各种人工智能技术和算法，包括梯度提升树算法和深度学习算法。

梯度提升树算法是一种集成学习的方法，它通过组合多个决策树来进行预测。梯度提升树算法通过迭代的方式不断优化模型，使其在预测过程中逐步减少残差。这种算法在回归和分类问题上都取得了很好的效果，尤其在处理非线性、高维度数据和复杂关系方面具有优势。梯度提升树算法可以用于解决各种问题，包括组合资产配置优化。

深度学习算法是一类基于人工神经网络的机器学习算法。深度学习算法通过构建多层神经网络来模拟人脑的神经元结构，并通过反向传播算法来训练网络参数。深度学习算法在处理大规模、高维度数据时表现出色，能够自动学习输入数据的特征表示和抽象表示，从而发现数据中的深层次模式和关联性。深度学习算法在图像识别、语音识别、自然语言处理等领域取得了重大突破，也被广泛应用于处理金融领域的各种问题。

AIGC 可以使用梯度提升树算法和深度学习算法来构建预测模型。这些算法可以用于分析历史数据，以便更好地理解市场和预测市场走势。通过使用这些算法，AIGC 可以更准确地预测股票价格、市场波动和其他相关因素。

梯度提升树算法和深度学习算法可以帮助 AIGC 进行特征选择和数据预处理。在训练模型之前，需要对数据进行清洗、转换和归一化等处理。这些算法可以帮助 AIGC 识别出最重要的特征，并将数据转换为适合机器学习模型的格式。

梯度提升树算法和深度学习算法可以用于优化 AIGC 的投资组合。这些算法可以帮助 AIGC 确定最佳的投资组合，以最大化收益并最小化风险。通过使用这些算法，AIGC 可以更好地管理其投资组合，从而实现更好的业绩表现。

4.4.3　个性化投资组合管理

投资组合管理是指投资管理人按照资产选择理论与投资组合理论对资产进行多元化管理，以实现分散风险、提高效率的投资目的。除前文所提到的资产配置外，在主要的资产类型之间进行权重的调整，以及选择不同波动水平的股票，都是投资组合管理中不可缺少的工作。

金融市场天生就充斥着涉及时间和不确定性的问题。不确定性的存在对投资组合选择至关重要，也是建立投资组合的主要原因。

1. 要实现个性化投资组合管理需要重点关注的 4 个方面

1）准确评估用户的风险偏好。可以通过问卷调查结果、历史投资数据、投资目标等来获取用户的风险承受能力和偏好。金融机构可以利用这些信息来了解用户对风险的容忍程度、期望回报和投资目标，选择适合的资产范围，从而为用户提供个性化的投资建议。通过人工智能技术，可以分析用户的历史投资数据、风险偏好和投资目标，以了解用户的投资行为和偏好。这些技术可以用于构建个性化的投资模型，预测用户的风险承受能力和投资需求，并为用户提供相应的投资建议和优化的资产配置方案。

2）根据用户的风险偏好和投资目标，利用大数据技术、优化算法和数学模型进行资产配置优化，帮助投资者计算出各种资产组合的潜在回报率及风险概率。这涉及将用户的投资组合分配到不同的资产类别，如股票、债券、现金等，并确定每个资产类别的权重。通过优化算法可以考虑多种因素，如风险收益平衡、资产相关性、流动性等，以构建最优的投资组合。这些算法可以考虑多个因素，如预期收益、风险敞口、相关性等，以构建出最适合用户的个性化投资组合，满足用户的风险偏好和投资目标。通过数据挖掘和大数据分析技术，可以处理和分析大规模的金融市场数据、用户交易数据和经济指标等。这些数据可以用于评估资产的风险和回报特性，发现市场趋势和投资机会，并基于用户的个性化需求进行资产配置优化。

3）定期监测和调整投资组合，以适应市场变化和用户的需求变化。通过监测市场情况、资产表现和用户投资目标的变化，智能投顾系统可以及时进行调整和再平衡投资组合。在这一过程中，既要考虑安全性也要考虑收益性，因此需要进行动态资产配置，分散投资目标，以追求最大收益。通过自动化的规则和算法，能够使投资组合始终保持在用户的风险偏好和目标范围内。

4）向用户提供个性化的投资建议和交互体验。根据用户的投资偏好和目标，智能投顾系统可以向用户提供定制化的投资建议、市场分析和实时监测。同时，通过使用人工智能技术，如自然语言生成和虚拟人技术，可以增强与用户的个性化互动，提高用户参与度和满意度。自然语言生成可以将数据和模型的结果转化为易于理解和沟通的自然语言描述，向用户提供个性化的投资建议和市场分析。虚拟人技术可以模拟人类的语言和行为，与用户互动，回答问题并提供实时的投资指导。

2. AIGC 如何帮助智能投顾系统更好地执行个性化投资组合管理

1）AIGC 能够处理与分析大规模的金融市场数据和用户交易数据，利用其强大的计算和分析能力，能够从庞大的数据中提取关键信息和趋势。它可以自动识别并清洗数据中的异常值和噪声，提高数据的质量，并运用机器学习技术进行数据挖掘和模式识别，发现隐藏的投资机会和市场趋势。

2）AIGC 可以基于用户的历史投资数据和风险偏好构建个性化的投资模型。通过学习用户的投资行为和偏好，它能够预测用户的风险承受能力和投资需求，并根据个性化的目标进行资产配置优化。AIGC 能够利用其深度学习和推荐算法的能力，实现更准确和精细的个性化建模与预测，提供与用户需求更加匹配的投资建议。

3）AIGC 可以利用自然语言生成技术将复杂的数据分析结果转化为易于理解和沟通的自然语言描述。它能够生成投资报告、市场分析和投资建议等内容，并以个性化的方式向用户呈现。此外，AIGC 还可以应用虚拟人技术，通过与用户的交互和对话，提供实时的投资指导并解答用户的疑问。

4）AIGC 能够实时监测金融市场的变化和用户的投资行为，并根据实时数据对个性化投资组合进行动态调整和优化。它能够利用强化学习和迁移学习等技术，快速适应市场的变化和用户的需求，并提供及时的投资调整建议。

CHAPTER 5

第5章

AIGC 提升金融科技水平

金融业一直以来都是走在科技化前沿的行业。从最早的金融信息化，到当前以智能技术推动的金融业科技转型，银行、保险、证券三大金融领域正在全面推进数据架构治理、业务流程数字化改造、深化数据应用、敏捷化开发等一系列科技工作，从而更好地提升效率，为客户提供优质的金融产品和服务。

随着新技术的发展，金融行业的业务越来越呈现出轻型化、场景化、个性化的特点。金融业的技术在发展过程中也呈现出灵活化、融合化、平台化、智能化等特征。但唯一不变的是，金融行业的科技架构建设必须保证高安全、可扩展、高性能和易维护，这关系到金融业发展的安全与效率问题。

为了推动科技的快速发展，金融机构近年来无论在人力资源的配置上，还是在研发资金的投入方面都在逐年递增。2022 年年报显示，工、农、中、建、招商银行的科技人员数量均较 2021 年有数百甚至上千人的增加，科技投入的资金也有数亿甚至数十亿的增长。证券行业亦是如此，2022 年，华泰证券的金融科技投入达到 27.24 亿元，居券商首位；中金公司 2022 年金融科技投入增幅高达 44.83%。

前沿技术的应用，是推动我国金融行业实现高质量发展的重要力量。AIGC 以其强大的生成能力，对于金融行业的科技能力建设也将起到重要的推动作用。本章将深入探讨 AIGC 如何增强金融业自身的科技能力建设。我们将重点关注 AIGC 在金融数据分析、个性化和多模态内容生成，以及智能开发等领域带来的新变化。

5.1 重塑算力系统

在数字经济时代，算力不仅是一种关键生产力，更是推动技术发展与应用落地的重要支撑。

工业和信息化部的数据显示，我国算力产业规模平均增速超过 30%，算力总规模居全球第二。截至 2022 年底，我国算力总规模达到 180 百亿亿次 / 秒（EFLOPS），数据存储总规模超过 1 000EB，国家枢纽节点间的网络单向时延降低至 20 毫秒以内，算力核心产业规模达到 1.8 万亿元。算力基础设施发展成效显著，梯次优化的算力供给体系初步构建，算力基础设施的综合能力显著提升。

我们认为，AIGC 所具备的优势，能够帮助提高算力效率、加速模型训练和推理、实现高度可扩展性，并优化算力资源管理和成本控制，能够为重塑算力系统提供重要的帮助。本节中，我们将从金融行业的算力需求，以及 AIGC 能够如何帮助提升金融行业的算力的角度尝试进行讨论。

5.1.1 大模型的算力需求

由于大模型通常拥有大量的参数和复杂的结构，需要大量的计算资源才能进行训练和推理，所以其算力需求通常非常高。

大模型通常拥有数十亿甚至数百亿的参数，如 GPT-3 这样的语言模型，有 1.75 万亿个参数。这使得在训练和推理过程中需要处理大量的浮点运算。如图 5-1 所示，大模型通常采用复杂的神经网络结构，包括多层的卷积层、循环层、注意力机制等，这些结构增加了计算的复杂性和算力需求。大模型的训练需要大规模的数据集来确保模型的泛化能力和准确性。处理的数据集规模越大，需要的计算资源越多。而为了加快模型的训练速度，通常会采用并行计算的方式，这要求计算设备具备高并行性能，例如，使用多个 GPU 或者 TPU 来进行训练。训练大模型往往还需要进行多轮的优化和调优过程，这些过程需要较长的训练时间和更多的计算资源。在智能客服或金融交易系统中，计算设备需要能够快速响应并处理大规模的推理任务，这种实时环境的推理，也对算力有着非常高的要求。

为了满足大模型的算力需求，通常需要采用高性能计算设备，如多 GPU 服务器、云计算资源或专用的 AI 加速器（如 Google 的 TPU）。同时，需要优化和并行化模型训练过程，以提高训练效率并节省计算资源。

OpenAI 的创始人之一 Andrej Karpthy，在微软 Build 2023 开发者大会上介绍了 GPT 助手的训练流程。从他的介绍中可以了解到，GPT 的训练分为 4 个主要阶段：预训练、监督式微调模型训练、奖励模型训练、强化学习训练。他同时给出了 4 个阶段的算力需求。其中，预训练需要使用 1 000 多个 GPU，训练时长达一个月；监督式微调模型训练需要使用 1～100 多个 GPU，训练时长为数天；奖励模型训练需要使用 1～100 多个 GPU，训练时间为数天；强化学习训练需要使用 1～100 多个 GPU，训练时长也为数天。

此外，Andrej Karpthy 还列举了 GPT-3 和 LLaMA 来分别说明其在训练过程中所处理的数据量级、参数、训练时间、算力需求等数据，如图 5-2 所示。

通过图 5-2 可以了解到，为了训练 LLaMA-65B 模型，Meta 使用了 2 000 多个 GPU，训练了 21 天，大约花费了 500 万美元。

随着人们对大模型的要求越来越高，用于大模型训练的算力需求也将随之继续增长。图灵奖获得者 Jim Gray 提出的“新摩尔定律”[㊀]正在逐步变为现实。根据 IDC 和浪潮信息的预测，2021 年中国智能算力规模达 155.2 每秒百亿亿次浮点运算（EFLOPS），2022 年智能算力规模将达到 268.0EFLOPS，预计到 2026 年智能算力规模将进入每秒十万亿亿次浮点计算（ZFLOPS）级别，达到 1 271.4EFLOPS。2021 年中国通用算力规模达 47.7EFLOPS，预计到 2026 年通用算力规模将达到 111.3EFLOPS。2021～2026 年期间，预计中国智能算力规模年复合增长率为 52.3%，同期通用算力规模的年复合增长率为 18.5%。[㊁]

㊀ “新摩尔定律”，即人类有史以来的数据总量每过 18 个月翻一番。

㊁ 资料来源：《算力需求爆发式增长 数字经济 ETF（560800）涨超 1%》，证券之星。

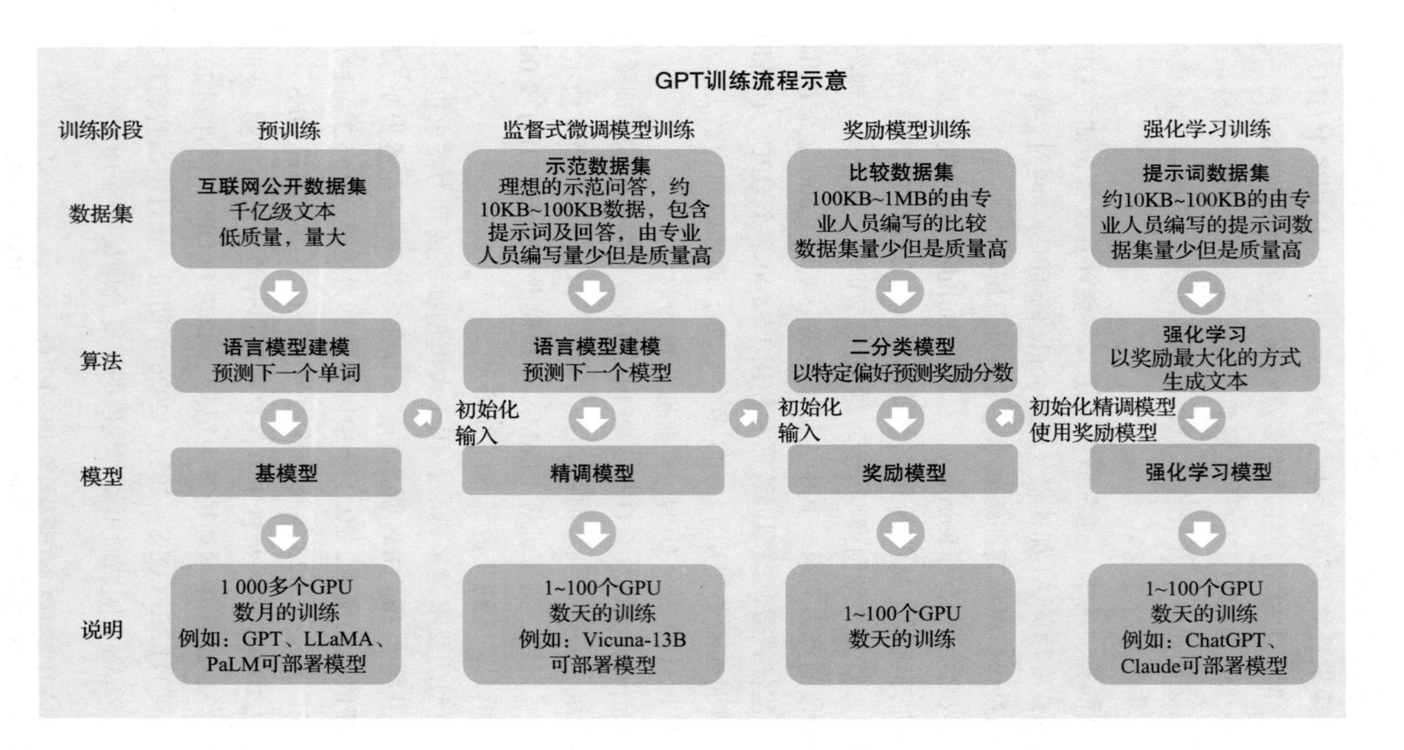

图 5-1　GPT 的训练流程示意图[1]

[1] Andrej Karpthy，“State of GPT”，来自 Build 2023 开发者大会上的专题演讲。

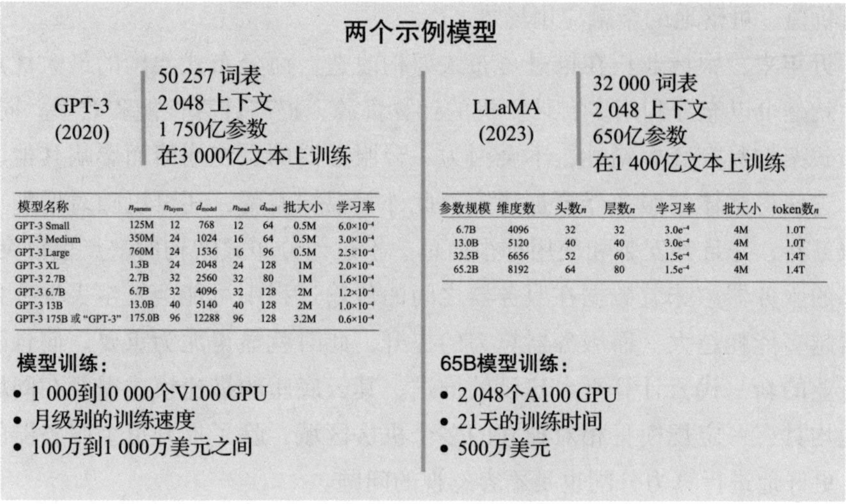

两个示例模型

GPT-3
(2020)

50 257 词表
2 048 上下文
1 750亿参数
在3 000亿文本上训练

模型名称	n_{params}	n_{layers}	d_{model}	n_{head}	d_{head}	批大小	学习率
GPT-3 Small	125M	12	768	12	64	0.5M	6.0×10^{-4}
GPT-3 Medium	350M	24	1024	16	64	0.5M	3.0×10^{-4}
GPT-3 Large	760M	24	1536	16	96	0.5M	2.5×10^{-4}
GPT-3 XL	1.3B	24	2048	24	128	1M	2.0×10^{-4}
GPT-3 2.7B	2.7B	32	2560	32	80	1M	1.6×10^{-4}
GPT-3 6.7B	6.7B	32	4096	32	128	2M	1.2×10^{-4}
GPT-3 13B	13.0B	40	5140	40	128	2M	1.0×10^{-4}
GPT-3 175B 或 “GPT-3”	175.0B	96	12288	96	128	3.2M	0.6×10^{-4}

模型训练：

- 1 000到10 000个V100 GPU
- 月级别的训练速度
- 100万到1 000万美元之间

LLaMA
(2023)

32 000 词表
2 048 上下文
650亿参数
在1 400亿文本上训练

参数规模	维度数	头数n	层数n	学习率	批大小	token数n
6.7B	4096	32	32	$3.0e^{-4}$	4M	1.0T
13.0B	5120	40	40	$3.0e^{-4}$	4M	1.0T
32.5B	6656	52	60	$1.5e^{-4}$	4M	1.4T
65.2B	8192	64	80	$1.5e^{-4}$	4M	1.4T

65B模型训练：

- 2 048个A100 GPU
- 21天的训练时间
- 500万美元

图 5-2 GPT-3 和 LLaMA 训练过程的部分数据[⊖]

5.1.2 金融业的算力需求

随着金融机构从“集中式”技术架构逐步向“分布式”技术架构转型，应用部署模式从集中部署向“双活”及“多活”模式演进，其算力需求也在不断提升。中国人民银行将布局先进高效的算力体系，列为打造新型数字基础设施的任务之一。

《金融科技发展规划（2022—2025 年）》提出，加快云计算技术规范应用，稳妥推进信息系统向多节点并行运行、数据分布存储、动态负载均衡的分布式架构转型，为金融业务提供跨地域数据中心资源高效管理、弹性供给、云网联动、多地多活部署能力，实现敏态与稳态双模并存、分布式与集中式互相融合。围绕高频业务场景开发部署智能边缘计算节点，打造技术先进、规模适度的边缘计算能力，实现金融业务边缘侧数据的筛选、整合与处理，有效释放云端压力、快速响应用户需求，为金融数字化转型提供更为精准、高效的算力支持。探索运用量子技术突破现有算力约束、算法瓶颈，提升金融服务并发处理能力和智能运算效率，节省能源消耗和设备空间，逐步培育一

⊖ Andrej Karpthy，“State of GPT”，来自 Build 2023 开发者大会上的专题演讲。

批有价值、可落地的金融应用场景。[一]

近年来，银行业正在推进分布式架构改造。而分布式架构的最大优点之一，就是可以充分利用多台计算机的计算资源，提高计算性能和效率。同时，分布式架构具有高容错性，不会因为一台服务器的系统崩溃而影响其他服务器，这使得整体的服务器更加稳定。此外，根据需要，还可以随时增加更多的服务器，并且其安装和使用都很简单。不过，分布式架构的缺点也很突出，更多的服务器意味着数据在服务器之间的传输过程中可能会发生丢失，且服务器越多能耗越大。而服务器算力的提升，此时就显得尤为重要。而且随着银行业的新一代云计算平台建设的推进，其云底座的搭建模式需要在同城和异地均具有一定规模且相对独立的多个机房区域，除了提升单个服务器的算力，更好地进行算力分配也是不容忽视的问题。

大数据、人工智能等技术的普及，带动了金融行业算力的提升。越来越多的金融机构开始将机器学习、深度学习、自然语言处理、图像识别等技术应用于日常业务，如进行客户身份识别、评估客户的风险状况、进行精准营销。这些技术离不开计算机的高速运算能力，需要强大的算力支撑。尤其是金融行业，需要处理的数据量庞大，极其依赖高效的计算和分析能力。

随着 AIGC 的爆发，金融行业也开始了对 AIGC 的研究。而 AIGC 对于算力的需求更为惊人。前文中我们介绍过大语言模型，它通常有百亿、千亿级的参数，GPT-4 的参数量甚至达到了 1.7 万亿。参数数量越多，模型对于任务执行的准确度也越高，与此同时，它对计算资源的要求也将同样惊人。在训练模型阶段，需要配备大量高性能的 GPU 计算节点、高速硬盘以及高速网络带宽，以保证计算的速度和稳定性。美国市场研究机构 TrendForce 在报告中测算称，处理 1 800 亿个参数的 GPT-3.5 大模型，需要的 GPU 芯片数量高达 2 万枚，相应的资金投入也高得惊人。

算力显然已经成为制约 AIGC 发展的决定性因素。积极布局数据中心，成为银行业针对其海量计算需求的解决方案。2023 年 2 月，兴业银行公告称，公司拟于贵州省贵安新区建设贵安新区数据中心，项目总体投资预算约 68.8 亿元。而按照此前的规划，该数据中心计划部署约 20 万台服务器。此外，中

[一] 资料来源：中国人民银行，《金融科技发展规划（2022—2025 年）》。

国银行、农业银行、建设银行和交通银行也在内蒙古和林格尔新区进行数据中心建设，其中，农业银行在该数据中心一期的项目建筑面积为 20.9 万平方米，规划建成 10 312 个实用机柜，可提供容纳 IT 设备负载 80 720kW，预计于 2024 年年底完工投入使用。㊀

证券行业的算力需求也在激增，尤其是随着量化交易的数据量呈指数级增长，策略模型的智能化需求越来越高，证券公司亟待提升算力，特别需要相应硬件具备异构算力。为满足更强的算力，证券公司对于 CPU、GPU、FPGA（Field Programmable Gate Arry）、ASIC（Application-Specific Integrated Circuit）等处理器和加速器的需求也在增长，传统的 IT 基础设施环境已经无法满足证券公司的发展需要，基础设施建设有待提升。

为开发和部署大模型，实力雄厚的金融机构能够负担较高的算力中心建设，而对于更多的中小金融机构来说，采取向第三方租用算力的方式更为可行。目前市场上有很多从事算力租赁的公司，主要的服务方式是通过云计算平台为金融机构提供计算资源，具有使用方式灵活、成本低廉、高效的特点。

5.1.3　AIGC 辅助算力提升

AIGC 通过优化算法能够提高算力效率、加速模型训练和推理、实现高度可扩展性，并优化资源管理和成本控制。这些能力可以为金融机构提供更强大的计算能力支持，加快创新速度，提升业务效率，并实现更好的数据处理和决策能力。

AIGC 技术可以通过优化算法和模型，提高计算资源的利用效率。传统的计算方法可能存在冗余或低效的计算过程，而 AIGC 技术可以通过智能化的算法选择和自动化的计算流程优化，实现更高效的算力利用，从而提升计算速度和效率。金融机构经常需要处理大规模的数据，包括交易数据、客户信息、市场数据等。通过优化数据处理算法和利用分布式计算，可以加速数据的处理和分析过程，从而使金融机构能够更快速地获取和分析数据，实现更高效的数据处理能力。

AIGC 技术还可以应用在训练和推理阶段，通过并行计算、分布式计算

㊀ 资料来源：《抓早抓紧复工复产 和林格尔新区中国农业银行总行数据中心项目按下“快进键”》，呼和浩特市人民政府网站。

和加速计算等方法，提高模型的训练速度和推理速度。这对于处理大规模数据集和复杂模型特别重要，可以缩短训练周期、提高实时决策能力，并支持更复杂的应用场景。金融领域的问题常常涉及复杂的非线性关系和大规模的优化问题。金融机构在风险管理、信用评估、欺诈检测等方面常常使用复杂的机器学习和深度学习模型。AIGC 技术可以使用并行计算和加速计算，从而提高金融机构的决策效率和响应速度。AIGC 技术还可以加速模型推理过程，在高频交易和风险管理中，AIGC 技术可以帮助金融机构实时地处理和分析大量数据，做出即时的决策。

AIGC 技术可以通过智能化的资源管理和调度，优化资源的分配和利用，从而降低计算成本。例如，使用 GAN 生成合成的任务样本，以模拟真实的计算任务。这些合成样本可以用于优化资源分配和调度策略，提供更准确的模拟环境和数据样本。通过将资源管理和调度问题建模为强化学习任务，AIGC 可以使用生成模型成为决策者，根据环境状态生成动作，以使预设的奖励信号最大化。这样可以实现智能化的资源管理和调度决策，根据不同的环境和任务情况生成相应的调度策略。预训练语言模型可以对任务需求和资源约束进行理解及解释，并生成相应的资源分配和调度策略。通过对大规模数据的预训练，预训练语言模型可以获得对自然语言进行理解和生成的能力，并通过给定任务描述和约束条件生成相应的资源管理和调度方案。

这些技术和模型能够通过生成合成样本、生成智能调度策略、理解任务需求和生成资源分配方案等能力，从而实现算力智能化的资源管理和调度。

此外，金融机构在横向扩展算力的同时可以考虑多元化发展计算技术，如量子计算等，进一步提升算力。

5.2 提升金融数据处理能力

在金融领域，数据是宝贵的资源。通过对用户行为、客服语音记录、凭证文件识别等结构化和非结构化数据的分析，能够为客户营销、风险控制等业务场景提供更多的数据参考，提升数据分析结果的精准度，帮助金融机构更好地理解市场趋势、做出更明智的投资决策，并提供更优质的客户服务。

当前，金融机构仍需提升数据采集、存储、加工、使用的能力。不断扩充数据采集范围，支持结构和非结构化数据的自动化采集；提升数据处理速度，加强实时数据采集和计算能力；提升数据开发效率，能够根据业务的需求，对数据进行精准的分析与利用。

AIGC 技术的发展将对金融数据分析带来革命性变化，本节中，我们将主要从 AIGC 技术在重构金融数据库及对提升金融数据分析和挖掘能力两方面来进行介绍。

5.2.1 重构金融数据库

随着技术的不断进步和业务的持续发展，传统的数据库在处理大模型的计算和存储时已经无法很好地满足金融机构的需求。

1. 金融行业数据库的演进方向

1）由集中式架构向分布式架构转移。随着金融机构业务系统的调整，大部分机构已经开始从传统的集中式架构向分布式架构转移，底层数据库系统也开始向支持分布式数据库架构的方向迁移。尤其是人工智能技术的应用，对底层数据库的服务并发性和数据处理能力提出了更高的要求。

2）自主可控要求提升。自主可控是金融行业科技发展的主导原则之一。金融机构对数据库的数据保护、访问权限控制、数据隐私保护等方面的要求日益提高，因此数据库系统需要提供可靠的安全机制和技术手段，确保数据的保密性、完整性和可用性。

3）开源数据库升级。随着开源数据库的广泛应用，金融机构对开源数据库的升级和替代需求也在逐渐增加。对于金融行业而言，应选择适用于金融场景的开源数据库，并进行加强备份机制、优化运维管控、加强数据备份和恢复能力等，以提升开源数据库的稳定性和可靠性。

4）存算分离改造。存算分离是指将数据库存储和计算分开进行，将计算任务从数据库服务器中分离出来，利用高性能计算平台进行计算，以提高计算效率和资源利用率。在金融行业，特别是在大规模数据分析和复杂计算场景下，存算分离可以显著提升计算性能和处理能力。金融机构可以采用存算分离的架构，将数据库服务器与计算节点解耦，对计算节点进行优化和调度，从而提高数据库的计算效率和性能。

5）随着灵活性和可扩展性的需求不断增加，数据湖已成为金融机构较为主流的数据存储模式。数据湖可存储结构化和非结构化数据，是一种面向大规模、多来源、高度多样化数据的组织方法。[一]数据湖的出现主要是为了解决存储全域原始数据的问题。除了为数据仓库提供原始数据之外，数据湖也可以直接为上层的数据应用提供服务。数据湖的最主要目标是尽可能保持业务的可还原度。例如，在处理业务交易的时候，数据湖不仅会把 OLTP 业务数据库的交易记录采集到数据湖中的 ODS，还会把产生这笔交易的相关服务器日志采集到数据湖的 HDFS 文件系统中，有时还会把发回给客户的交易凭证作为文档数据存放。这样，在分析与这笔交易相关的信息时，系统能够知道这笔交易产生的渠道（利用服务器分析出来的访问路径），以及给客户的凭证是否有不合理的数据格式（因为凭证的格式很多时候是可以动态变化的）。[二]这一特性，与金融行业的可追踪要求高度匹配。

2. AIGC 给金融数据库带来的可能性

1）传统的金融数据库通常依赖 CPU 和内存模型，而 AIGC 所需要的算力需要基于 GPU 实现。引入基于 GPU 的计算和内存能力，除了能够支持 AIGC 的运算，还可以为金融数据库带来一系列的好处和优化，包括高性能计算能力、大规模模型支持和内存容量扩展。

通过利用 GPU 的并行计算能力，金融机构可以加速数据处理和分析过程，提高数据库的性能和响应速度。金融数据通常包含大量的历史交易记录、市场行情数据等，利用 GPU 的并行计算能力可以更快地进行数据查询、分析和计算，提高数据库的性能和响应速度。同时，基于 GPU 的计算和内存能力还可以支持金融数据库处理大规模模型及大数据量，为金融机构提供更准确和精细的数据分析与预测能力。

金融机构可以更好地利用大模型来挖掘数据中的潜在关联和规律，从而提高决策的准确性和效果。此外，通过利用 GPU 的显存，金融数据库可以扩展内存容量，更好地适应大数据量的处理需求。这将提供更大的灵活性和容量，使数据库能够处理更多的金融交易数据、用户信息和市场行情数据。将

[一] 资料来源：甲骨文中国官网。

[二] 彭锋、宋文欣、孙浩峰，《云原生数据中台：架构、方法论与实践》。

金融数据库的计算模型扩展到基于 GPU 的计算和内存能力上，是提升数据库性能和功能的重要方向之一。

2）在 AIGC 对金融数据库的重构中，一个重要的方向是引入新的数据库查询语言取代传统的 SQL，采用基于自然语言的提示词来进行金融数据的访问。这一变革可以极大地简化数据库查询的过程，提高金融行业从业人员和普通用户对数据库的访问及理解的便捷性。

基于自然语言的提示词可以为金融行业的数据库访问带来显著的改进。传统的 SQL 查询需要具备一定的数据库知识和编程技能，对于非技术背景的金融从业人员和普通用户而言，可能存在一定的学习和使用门槛。而基于自然语言的提示词则更贴近人类语言，用户可以通过自然语言的形式提出查询需求，而不需要了解复杂的查询语法和数据库结构。这使得金融从业人员和用户能够更直观地与数据库进行交互，降低了使用数据库的难度和学习成本。

用户可以用类似于对话的方式提问，如“请给我最近一个月的销售数据”或“告诉我去年某企业的盈利情况”。这样的查询方式更接近人类之间的交流方式，弱化了查询时构造 SQL 语句的复杂性。此外，AIGC 可以通过语义理解和上下文推理来解析及理解用户的查询意图，并从数据库中提取相关数据，进一步提高查询的便捷性和效率。

同时，基于自然语言的提示词可以扩展查询的功能，支持更复杂的关联查询、聚合操作和数据分析功能。如“找到过去一年中销售额最高的十个银行分行”或“计算某产品的年度增长率”。此外，AIGC 还可以利用自然语言处理和机器学习技术，对这些更高级的查询需求进行解析和处理，提供更丰富的数据分析和查询功能，帮助金融从业人员进行更深入的数据分析和决策支持。

3）AIGC 对金融数据库的重构中，一个重要的方向是引入新的基于大模型的金融计算范式，其中向量化处理和向量化搜索在其中扮演着重要角色。这一变革将对金融数据的存储、检索和计算带来显著的改进。

向量化是将数据转换为数学向量的过程，将金融数据转化为向量形式可以实现更高效的计算和处理方式。通过将金融数据映射到向量空间中，可以利用向量化处理技术进行数据的相似性计算、聚类分析、关联规则挖掘等操作。向量化处理可以更好地捕捉金融数据的特征和关联性，提高数据的表达能力和计算效率。在大规模金融数据中进行高效的搜索是金融行业的一个重要需求。传统的基于索引的搜索方式可能无法满足复杂的金融数据查询和分析需求。而向量化搜索可以通过将查询向量与数据向量进行相似性计算，快速地检索出与查询向量相似的金融数据。这种基于向量的搜索方式可以提高搜索效率，支持更复杂的数据查询和分析操作，为金融机构提供更快速和准确的数据访问能力。向量化处理和向量化搜索，可以提高金融数据的表达能力和计算效率，支持更复杂的数据查询和分析需求。

此外，为了支持向量化处理和向量化搜索，向量型数据库将在未来的金融数据库中占有重要地位。向量型数据库以向量作为基本的数据类型，通过优化向量运算和索引结构，实现高效的数据存储和查询。这种数据库可以支持大规模数据的向量化处理和基于向量的高效搜索，为金融行业的数据分析和决策提供强大的计算能力。新的基于大模型的金融计算范式需要处理大量的数据，并利用大规模预训练模型进行金融数据的分析和预测。AIGC 可以结合大规模的金融数据和预训练模型，通过向量化处理和向量化搜索来提高金融计算的效率及准确性。这种基于大模型的计算范式可以提供更深入的数据分析、风险评估和预测能力，帮助金融机构做出更精准和有洞察力的决策。

4）AIGC 在推动数据湖建设方面，可以应用自然语言处理技术和生成模型，帮助解决数据湖中的数据清洗和整合问题。通过分析和理解非结构化数据，AIGC 可以自动识别并提取有用的信息，将其转化为结构化数据，以便更好地支持数据湖的使用和分析。

利用生成模型和监督学习算法，对数据湖中的数据进行质量评估和监控。通过自动检测异常值、数据重复和缺失等问题，提供数据质量的反馈和改进建议，帮助数据湖管理者及时发现和解决数据质量问题。应用机器学习和深度学习模型，对数据湖中的结构化和非结构化数据进行模式识别与关联分析，可以发现隐藏在数据中的规律和趋势，提供洞察和预测，帮助业务决策和战略规划。此外，应用自然语言处理和生成模型，能够实现基于自然语言的智能查询和自助分析，降低使用难度。

5.2.2 萨摩耶云在重构数据库方面的尝试

在使用 AIGC 技术对数据库进行重构方面，萨摩耶云初步进行了一些尝试。其中，最主要的是使用自然语言生成查询 SQL 和报表。

通过利用观远 BI 和 Chat2DB 工具，改变了过去只能使用 SQL 进行数据查询和报表数据准备的方式，使用自然语言即可以实现数据的查询和报表的生成。如图 5-3 所示，我们尝试在一个虚拟的学习成绩数据库中找出每名学生的中文课程分数，只需要直接用中文自然语言给出提示词："计算每个学生的中文课程分数"，即可生成一份成绩单。

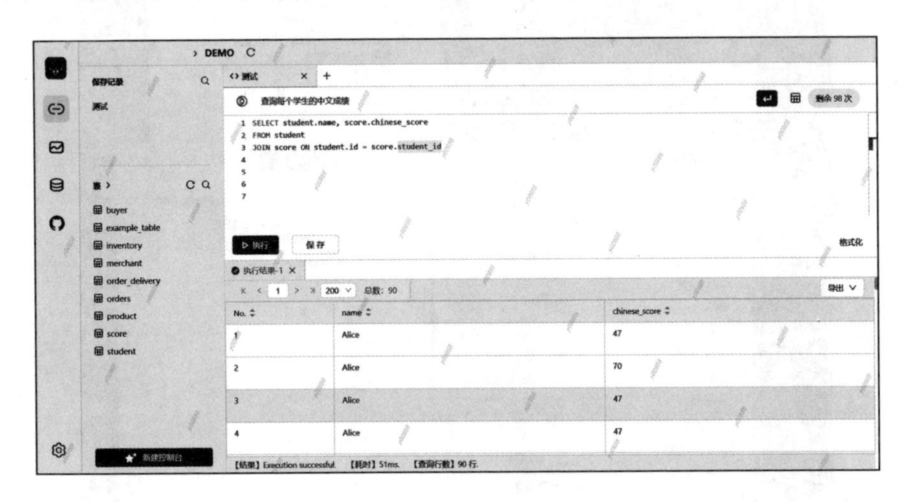

图 5-3　Chat2DB 使用自然语言查询数据库

利用观远 BI 工具，改变了过去只能使用 SQL 进行报表制作的方式。如图 5-4 所示，我们尝试制作一个用来展示近十天报告数量的报表。只需要直接用中文自然语言给出提示词："最近十天的报告数量"，即可在观远 BI 上生成一张报表。

使用自然语言方式查询数据，大大提升了数据开发人员的 SQL 编写速度，业务人员对于一些简单场景甚至不需要数据开发人员，直接通过自然语言查询就可以自助实现查询。

5.2.3　提升金融数据的分析和挖掘能力

随着金融机构业务数据量不断增长，用数需求大幅增加。与此同时，业务部门对数据的加工、流转、治理的响应时间也提出了更高的要求。随着数据量的持续增长，提高海量数据存储和计算资源的利用率、降低用数成本，都成为金融机构必须面对的问题。

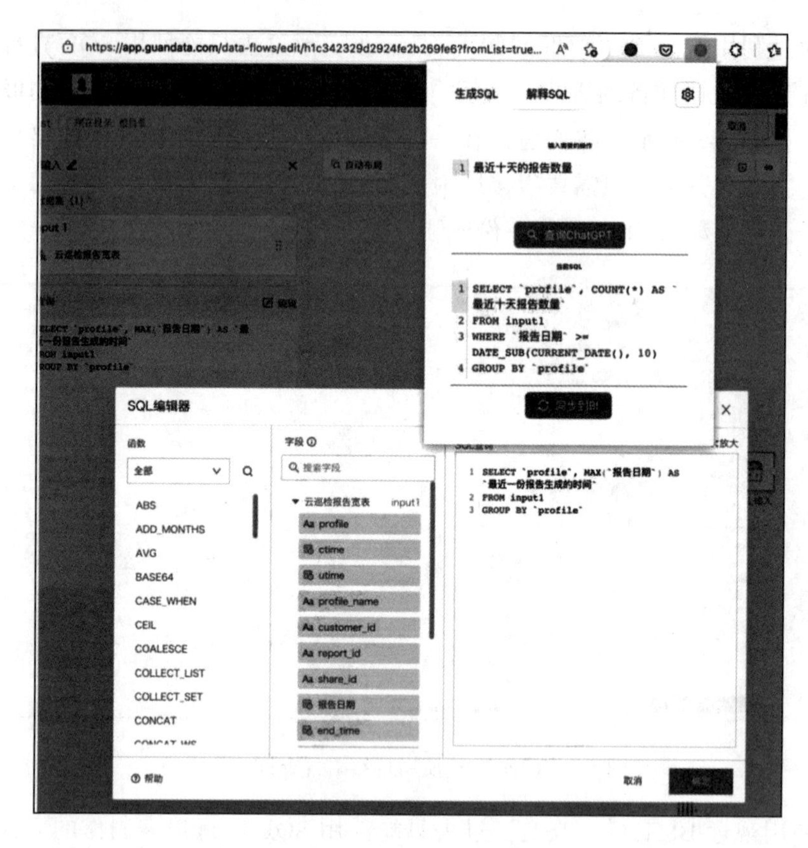

图 5-4 观远 BI 使用自然语言制作报表

数据分析和挖掘能力是金融机构多项业务得以顺利开展的前提。数据分析和挖掘能够帮助金融机构更好地理解及分析市场趋势，识别潜在的投资机会和风险，为客户提供精准的产品和服务。

不过，金融机构也面临着数据质量不高、数据格式不一致、模型过于复杂且可解释差、数据安全威胁等问题。解决这些问题需要金融机构不断加强数据治理、数据集成和安全措施，并提高模型解释能力。

AIGC 可以通过以下 5 种方式增强金融数据的分析和挖掘能力。

1）在数据清洗和预处理阶段，利用生成模型和监督学习算法，自动识别和处理数据中的噪声、缺失值、异常值等问题。此外，也可以使用 GANs 进行对抗训练，生成器通过学习数据分布生成新的样本，判别器评估生成器生成的样本的真实性，进而生成符合金融数据分布的合成样本，用于数据增强、缺失值填充等任务。这些技术可以提高数据质量，并为后续的分析和挖掘工作提供更可靠的基础。

2）在数据挖掘和模式识别任务中，可以将自动编码器用于数据的降维和特征学习。通过训练自动编码器，可以学习金融数据的潜在表示，发现数据中的模式和关联，提高数据挖掘和模式识别的能力。这能够帮助金融机构从大量的金融数据中提取有价值的信息，从而提高发现新的市场机会、优化风险管理和改进决策过程。

3）AIGC 可以应用自然语言处理模型，实现对金融文本数据的自动化分析和理解。例如，词嵌入模型（Word Embedding）和注意力机制（Attention Mechanism）可以用于实现文本分类、情感分析、实体识别等任务，如自动提取金融新闻、报告、社交媒体等文本数据中的关键信息和情感倾向。这些模型能够将文本数据转化为向量表示，以便进行进一步的分析和挖掘，为金融机构提供实时的舆情监测、市场洞察和决策支持。

4）AIGC 可以通过建立预测模型和优化模型，提供更准确的数据预测和模型优化能力。对于金融领域的时间序列数据，可以使用序列生成模型，如循环神经网络（Recurrent Neural Network，RNN）和变换器（Transformer），以预测未来的数据走势、客户行为等。这些模型能够捕捉数据中的时序关系和上下文信息，提供准确的预测能力，预测金融市场的走势、客户行为、违约风险等，并优化风险管理、产品定价和市场营销策略。

5）AIGC 可以通过分析客户的交易数据、行为数据和偏好信息，实现个性化的产品推荐和客户分析。通过推荐系统和用户画像模型，能够根据个体的需求和特征，为客户提供定制化的金融产品和服务，提高客户满意度和交易活跃度。例如，协同过滤（Collaborative Filtering）和深度推荐模型（Deep Recommendation Model）可以通过学习用户的历史行为和偏好信息，为用户提供个性化的推荐和服务。

此外，AIGC 还可以通过预训练语言模型，如 GPT 模型，应用于金融数据的文本处理和文本生成任务，如金融新闻摘要、舆情分析等；使用 BERT 模型，预训练学习金融领域的语义和知识，应用于金融数据的分类、命名实体识别、情感分析等任务；将强化学习用于金融数据的决策问题，通过模拟和优化策略，从环境中学习最优的行为，如在投资组合管理中，使用强化学习算法来自动优化资产配置和交易决策。金融数据中还会经常涉及复杂的关系和网络结构，如交易网络、客户关系网络等。图神经网络（Graph Neural Network，GNN）可以处理这些复杂的图结构数据，从中提取有价值的信息，应用于金融风险评估、欺诈检测等任务。这些技术和模型能够提供更智能化且高效的数据分析和挖掘能力，帮助金融机构更好地理解和利用金融数据，做出更准确的决策和预测。

5.2.4 萨摩耶云在使用 AIGC 提升数据分析和挖掘能力方面的尝试

在提升数据分析和挖掘能力方面，萨摩耶云也使用 OpenAI 工具进行了一些尝试。基于向量数据库，我们尝试搭建了一个上市公司年报问答的流程，具体的操作步骤如图 5-5 所示。

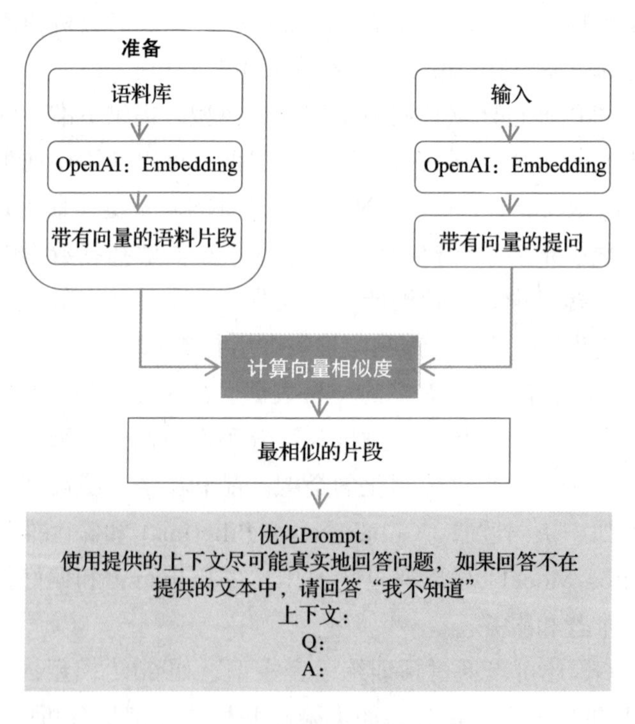

图 5-5　向量数据库增强问答流程

图 5-5 主要展示了基于向量数据库搭建领域特定知识问答的流程，主要的步骤如下。

1）语料库准备：将与行业相关的大量知识或语料上传至向量数据库，储存为向量化文本，在年报问答例子中我们可以从深交所或者上交所获取上市公司年报的问答 .pdf 文件，并将它们转换为向量化的文本。

2）问题输入：输入的问题被 Embedding 引擎变成带有向量的提问。

3）向量搜索：向量化问题进入提前准备好的向量数据库中，通过向量搜索引擎计算向量相似度，匹配出 Top *N* 条语义最相关的事实（Fact）（向量数据库是模糊匹配，输出的是概率上最近似的答案）。

4）Prompt 优化：输出的 Top *N* 条 Fact 与用户的问题一起作为 Prompt 输入给模型。比如，将问题“某某食品股份有限公司在 2019 年的营业利润率是多少，结果请保留至小数点后两位”转化如下。

上下文：某某食品 2019 年营业利润为 49 072 627.15 元，2019 年营业收入为 421 296 738.60 元。营业利润率的计算公式为

营业利润率 = 营业利润 / 营业收入

问题：某某食品股份有限公司在 2019 年的营业利润率是多少，结果请保留至小数点后两位？

5）结果返回：经过记忆交互得到的生成内容更精准且缓解了幻觉问题。

在使用 OpenAI 工具之前，如果要进行某个领域特定的数据分析问答，则需要做大量的数据预处理，进行多个 NLP 模型训练等工作，现在只需要将数据向量化处理后就可以完成之前繁杂的工作。

5.3 加速智能开发

智能开发技术是利用人工智能、机器学习等技术，对软件的开发与维护进行自动化和智能化处理。它可以帮助开发者提高开发效率、降低错误率、优化软件性能，为软件开发与维护带来更多的便利和效率。智能开发技术的应用范围非常广泛，包括软件开发、测试、运维、安全等领域。

AIGC 技术的广泛使用，将推动 AI 开发从“作坊式”走向“工业化”新时代。[⊖]本节中，我们将全面探索 AIGC 在提升智能开发能力方面的潜力，探

⊖ 资料来源：王春，《 AI 开发从“作坊式”走向“工业化”——“大模型”成为 2023 世界人工智能大会焦点》，科技日报。

讨其如何为金融行业的科技能力建设提供有益的帮助和解决方案。

5.3.1 自动编写代码

在软件开发过程中，AIGC 技术能够协助开发人员创建和重构代码，将程序员从基础性编码工作中解放出来，大幅提升开发工作效率。

2023 年 3 月，微软旗下代码托管平台 GitHub 发布了编程辅助工具 Copilot 的全新版本 Copilot X。新版本接入 GPT-4，并新增了聊天和语音功能，开发人员使用自然语言与 AI 对话并下达指令，即可完成特定的程序编码。Copilot X 的功能包括：GitHub Copilot Chat，可实现与 AI 对话完成编码；Copilot for Pull Requests，由 AI 协助程序员实现请求；Copilot for Docs，智能文档编写工具；Copilot for CLI，命令工具；Copilot Voice，语音扩展功能。㊀

AIGC 通过自动化的代码生成、审查、评估和缺陷修复，可以大大提高代码的质量，减少错误和漏洞，并帮助开发人员提高开发效率和代码可维护性。

（1）自动代码生成

AIGC 可以使用生成模型，如 GAN 或 VAE，学习大量的代码库和编程范例，生成符合特定需求的代码片段或整个程序。通过自动生成代码，AIGC 可以减少开发人员编写重复代码的工作量，确保生成的代码符合最佳实践和编码规范。

（2）代码自动审查

AIGC 可以利用静态代码分析技术和自然语言处理模型，对代码进行自动审查。它可以检测潜在的 bug、代码质量问题、安全漏洞等，并给出相应的建议和修复方案。通过自动审查代码，AIGC 可以帮助开发人员提高代码质量和可维护性。

（3）代码质量评估

AIGC 可以使用机器学习模型，如决策树或支持向量机，根据预先定义的代码质量标准和指标，对代码进行评估和分析。它可以识别低效、冗余、复杂度高的代码，并提供优化建议。通过代码质量评估，AIGC 可以帮助开发

㊀ 资料来源：GitHub 官网。

人员改善代码的可读性、可维护性和性能。

（4）缺陷预测和修复

AIGC 可以使用生成模型或序列模型，如 RNN 或变换器，通过学习历史的代码变更记录和缺陷数据库，预测代码中潜在的缺陷和问题，并提供修复建议。通过缺陷预测和修复，AIGC 可以帮助开发人员在编写代码时避免常见的错误，并及时修复已有的缺陷，提高代码的稳定性和可靠性。

5.3.2　撰写代码注释

代码注释是编程过程中一项复杂又不可或缺的工作。注释，即对代码进行解释和说明，让代码更容易被其他的程序员理解。比如，针对程序中的某个函数，用简单的语言加以注解，能够让其他人更容易理解此段代码的功能和逻辑，同时对后续的代码维护和升级提供便利，避免重复劳动。但对于不少程序员来说，添加代码注释也是一项烦琐的工作，需要额外耗费不少的时间和精力。

AIGC 能够自动撰写代码注释，通过自动生成注释、提供注释建议和模板、自动生成代码文档、评估注释质量、支持多种编程语言等，大大减轻程序员的工作量，帮助其将主要的精力放在代码编写过程中。

（1）自动生成注释

AIGC 可以通过学习代码库中的模式和结构来自动生成代码的注释。自然语言处理技术和生成模型，如 RNN 或变换器，通过学习大量的代码库和注释样本，能够自动生成代码的注释。它们可以分析代码的功能和逻辑，并生成相应的注释，描述代码的用途、输入输出等信息，帮助其他开发人员更好地理解代码。

（2）提供注释建议和模板

AIGC 可以分析代码的上下文和语义，为开发人员提供注释建议和模板。它可以识别代码中的关键部分，包括函数、变量、类等，并根据最佳实践和编码规范，提供相应的注释模板，让开发人员更快速地撰写注释。

（3）自动生成代码文档

AIGC 可以自动从代码中提取信息，并生成代码文档。它可以识别代码中的函数、参数、返回值等元素，生成相应的文档，并将其与代码关联起来。

这样，其他开发人员可以通过文档了解代码的功能和使用方法。

（4）评估注释质量

AIGC 还可以评估代码注释的质量，并提供改进建议。利用机器学习模型，如分类器或评估器，对已有的代码注释进行质量评估。它可以判断注释的准确性、完整性和可读性，并给出改进建议。它可以分析注释的完整性、准确性、一致性等，并根据最佳实践和编码规范，评估注释的质量，帮助开发人员改进注释的准确性和可读性。通过注释质量评估，可以帮助开发人员编写规范、易于理解的注释，提高代码的可读性和可维护性。

（5）支持多种编程语言

AIGC 可以支持多种编程语言的代码注释生成。它可以学习不同编程语言的语法和约定，生成与编程语言相适应的注释内容。无论是 Java、Python、C++ 等常见的编程语言，还是领域特定语言（DSL），AIGC 都可以根据语言的语法和规范生成相应的注释，满足不同编程团队和项目的需求。

5.3.3 低代码开发

低代码（Low Code）是一种可视化的应用开发方法。它能够让用户以最少的编码创建自定义应用程序，如基于图形化拖拽预编码块、参数化配置等更为高效的方式构建业务支持系统。由于不需要编写复杂的代码也能构建应用程序，且能实现速度大幅提升，因此，低代码已成为各行业实现数字化转型场景应用创新的得力工具。在金融行业中，敏捷性的需求更为强烈，且前台业务人员往往对系统的需求理解更为准确，低代码使得非专业开发人员能够更好地参与，甚至能够实现自主的系统开发，且以更快的速度实现应用程序构建，因而其在金融行业的应用前景十分广阔。

AIGC 能够帮助开发人员更便捷地使用低代码工具进行开发，它能够自动生成代码片段、自动生成可视化界面、自动生成数据库集成和查询、自动化错误检测和修复等，加速开发过程、提高开发效率。

（1）自动生成代码片段

AIGC 可以分析开发人员的需求和意图，根据给定的输入生成相应的代码片段。通过使用生成模型，并学习大量的代码库和编程范例后，它可以识别常见的代码模式和结构，并分析开发人员的输入、需求和上下文信息，自动生成适用于特定场景的代码片段，从而加快开发速度。

（2）可视化界面生成

AIGC 可以根据开发人员的设计及布局要求，自动生成可视化界面的代码。利用机器学习模型，如分类器或回归模型，通过识别和分析开发人员的设计及布局要求，以生成可视化界面的代码，包括界面布局、组件的创建和配置等，使开发人员能够快速构建用户界面。通过学习大量的界面设计和交互样本，AIGC 能够自动创建符合要求的界面布局和组件配置代码。

（3）数据库集成和查询生成

AIGC 可以与低代码工具集成，提供数据库集成和查询生成的功能。它可以根据数据模型和查询需求自动生成与数据库交互的代码，包括数据库连接、查询语句的生成和执行等，简化数据库操作的开发过程。

（4）自动化错误检测和修复

利用静态代码分析技术，如静态分析器或规则引擎，AIGC 可以通过分析代码的语法和语义，自动检测潜在的错误和问题，并提供修复建议。通过学习常见的编程错误和最佳实践，它可以识别常见的编程错误，如语法错误、变量未定义、类型不匹配等，并生成相应的修复代码，帮助开发人员快速解决问题。

（5）扩展和定制功能

AIGC 可以为低代码工具提供扩展和定制功能，以满足不同项目和业务的需求。它可以根据开发人员的特定需求生成定制化的代码和功能模块，使低代码工具更具灵活性和适应性。

5.3.4　智能调试和故障排查

在程序的开发过程中，调试和故障排除是开发人员必须掌握的技能，也是开发流程中不可或缺的过程。通常，开发人员会使用调试器或分步调试的方法来及时发现程序中的错误。尽管如 GDB（GNU 调试器）和 LLDB（LLVM 调试器）等常见的调试器功能已经十分强大，能够逐行执行和检查代码，但 AIGC 能够更好地帮助开发人员识别代码中的错误和潜在问题，并提供智能化的调试和故障排查支持。它可以分析代码执行过程中的变量、逻辑和调用关系，帮助开发人员快速定位和修复问题，从而加快开发周期。

（1）自动异常检测

AIGC 可以使用生成模型或异常检测算法，对代码运行过程中的异常情况进行监测和检测。它可以分析代码执行时的数据流、变量状态和异常行为，自动识别潜在的错误和异常，并给出相应的警告或建议。

（2）异常诊断和排查

AIGC 可以利用生成模型或机器学习模型，根据代码和运行时数据，进行异常诊断和排查。它可以分析异常的根本原因、影响范围和解决方案，并提供相应的修复代码或建议，帮助开发人员快速定位和解决问题。

（3）自动日志分析

AIGC 可以使用生成模型或自然语言处理模型，对大量的日志数据进行分析和处理。它可以自动提取日志中的关键信息、错误提示和异常堆栈信息，帮助开发人员快速定位问题，减少故障排查的时间和精力消耗。

（4）自动化故障模拟和测试

AIGC 可以利用生成模型或仿真模型来模拟和测试代码在各种异常情况下的行为及性能。它可以自动创建故障场景，如网络故障、资源耗尽等，评估代码的健壮性和容错性，并提供改进建议。

（5）自动化错误修复

AIGC 可以根据代码和异常信息，使用生成模型或规则引擎，自动生成可能的错误修复代码。它可以分析异常的类型和上下文，生成与问题相关的修复代码片段或建议，帮助开发人员快速修复错误。

在实现上述功能时，AIGC 可以使用生成模型，如 GAN 或 VAE，进行生成异常模式、修复代码片段或模拟故障场景。此外，AIGC 还可以利用机器学习模型，如分类器或回归模型，进行异常检测、日志分析和异常诊断。通过学习大量的异常数据和日志样本，AIGC 能够自动学习和识别不同类型的异常情况，并提供相应的解决方案。

5.3.5 智能化项目管理和协作

智能化项目管理和协作的必要性在于提高工作效率、提升项目质量、实时数据分析和决策支持、促进团队协作和沟通，以及进行项目文档管理和知识管理。通过应用 AIGC 技术，可以实现智能化的项目管理和协作，从而更好地满足日益复杂和变化的项目需求。AIGC 可以提供自动化任务分配和调度、项目进度预测和风险评估、自动化团队协作和沟通、自动化决策支持，以及自动化项目文档管理等帮助。通过使用生成模型、优化算法、自然语言处理模型和机器学习模型，AIGC 能够提高项目管理效率、降低风险并促进团队协作。

（1）自动化任务分配和调度

AIGC 可以利用生成模型或优化算法，根据项目需求、资源情况和团队成员的能力，自动分配任务并进行合理的调度。它可以根据任务的优先级、工作量和依赖关系，制定最优的任务分配和调度方案，提高团队的工作效率和项目进度。

（2）项目进度预测和风险评估

AIGC 可以使用生成模型或回归模型，根据历史的项目数据和团队成员的绩效，预测项目的进度和完成时间，并评估项目的风险和潜在问题。它可以识别潜在的延迟因素、资源瓶颈和冲突，提供相应的预警和建议，帮助项目经理制定合理的调整和风险应对策略。

（3）自动化团队协作和沟通

AIGC 可以利用自然语言处理模型或生成模型，分析团队成员的沟通记录、任务分配和协作情况，提供自动化的团队协作和沟通支持。它可以识别任务状态、进展更新和问题讨论，自动生成协作建议、会议纪要或项目报告，促进团队之间的信息共享和协作效率。

（4）自动化决策支持

AIGC 可以基于生成模型或决策树模型，根据项目的关键指标、风险评估和团队反馈，提供自动化的决策支持。它可以分析项目数据、团队绩效和市场动态，生成决策建议、方案比较和优化策略，帮助项目经理和团队成员做出明智的决策和行动。

（5）自动化项目文档管理

AIGC 可以使用生成模型或文本处理技术，分析和管理项目相关的文档和资料。它可以自动识别和归档项目文档、合同、报告和会议记录，建立索引和关联，提供智能化的文档搜索和检索功能，方便团队成员快速获取所需的项目资料。

在实现上述功能时，AIGC 可以利用生成模型、优化算法、自然语言处理模型和机器学习模型。通过学习大量的项目数据、团队协作记录和项目管理经验，AIGC 能够自动学习和识别项目管理中的模式、规律和最佳实践，提供相应的智能化支持和决策建议。

5.3.6 萨摩耶云在加速智能开发方面的经验

萨摩耶云业务在 AI 模型的深入应用过程中，也逐渐发现了模型管理上的一些问题，比如建模流程烦琐、算法设计周期长、用人成本高、部署及维护难等。为了解决这些痛点，萨摩耶云自主研发了 AI 模型管理平台，规范化管理建模全流程，提供一站式 MLOps 服务。

AI 模型管理平台覆盖了建模全流程，具有高度的灵活性、扩展性、兼容性和安全性等特点，支持多种建模方式，兼容主流开源框架，并针对金融场景做了大量定制优化。相对于国内外的主流竞品，萨摩耶云 AI 平台在金融垂直领域的技术深度与专业性上具有领先优势。

1. 萨摩耶云 AI 平台的特点

- 信创产品国产化适配。适配多种国产 CPU、操作系统等国产软硬件。
- 覆盖建模全流程，一站式 MLOps 平台。包括数据预处理、特征工程、统计分析、算法开发、模型训练、模型调参、模型评估、在线部署、离线跑批、监控告警等。
- 支持所有主流算法。抽象出一套标准的模型封装格式，几乎适配所有算法，无缝集成到平台的各个模块中。支持的算法包括分类、聚类、图像识别、自然语言处理、自动机器学习、联邦学习等。
- 高度灵活性、扩展性和兼容性。支持可视化、Notebook、向导式 3 种建模方式，自定义组件、自定义推理逻辑、自定义监控指标和告警，支持主流开源框架和存储格式。
- 针对金融场景的订制优化。支持金融行业算法模板、模型日报、专业级的工作流调度引擎，集成联邦学习，一键切换联邦与非联邦，与特征平台和策略引擎打通，实现端到端全流程线上化。
- 灵活的资源管理。按租户分配资源，实现物理隔离，支持高可用、负载均衡、动态扩容等。

- 海量业务经验。不同于做产品不做业务的市场竞品，打造真正脱胎于自身业务实践的可用产品。

2. 萨摩耶云 AI 平台的技术架构

萨摩耶云 AI 平台的技术架构如图 5-6 所示，包含物理层、容器层、存储层、算法层、服务层、网关层以及客户端。

（1）容器层

容器层服务于 AI 平台的各个模块，包括可视化建模、Notebook 建模、模型跑批、模型部署上线、监控告警、图表服务、日志监控等。

通过将各个模块打包成 Docker 镜像，使用 Kubernetes 进行容器编排，实现“一次打包，到处运行”。整个 AI 平台将实现插件化管理，统一插拔式管理各个服务模块，实现模块间解耦，可以打造强大的生态系统以及开源社区。

（2）存储层

基于云原生的分布式存储层，用来支持模型文件、数据集、运行结果、日志等数据的保存，对 AI 平台各个模块的稳定性和性能起着关键作用。

文件系统使用 Parquet 的格式，便于数据的压缩和元数据的存储；基于 Arrow 实现跨语言、跨平台的高性能数据传输和读写，支持高性能的列式读写操作。

模型文件基于开源框架 MLflow 的格式进行存储，避免了模型格式转换带来的失真风险，同时利于模型的分享传播。

该层引入了统一的接口层以实现跟底层存储服务的解耦，支持公有云对象的存储，同时支持 HDFS、Ceph、MinIO 等私有化对象的存储。

（3）算法层

作为平台的基石，我们将模型算法统一抽象为组件，可任意组合生成建模流水线，具备高度的灵活性与可扩展性，支持所有主流开源框架和模型类型。

平台提供了多种建模方式，包括可视化建模、Notebook 建模、向导式建模等，能同时满足专业用户和入门用户的良好使用体验。

（4）服务层

服务层主要包括如下服务。

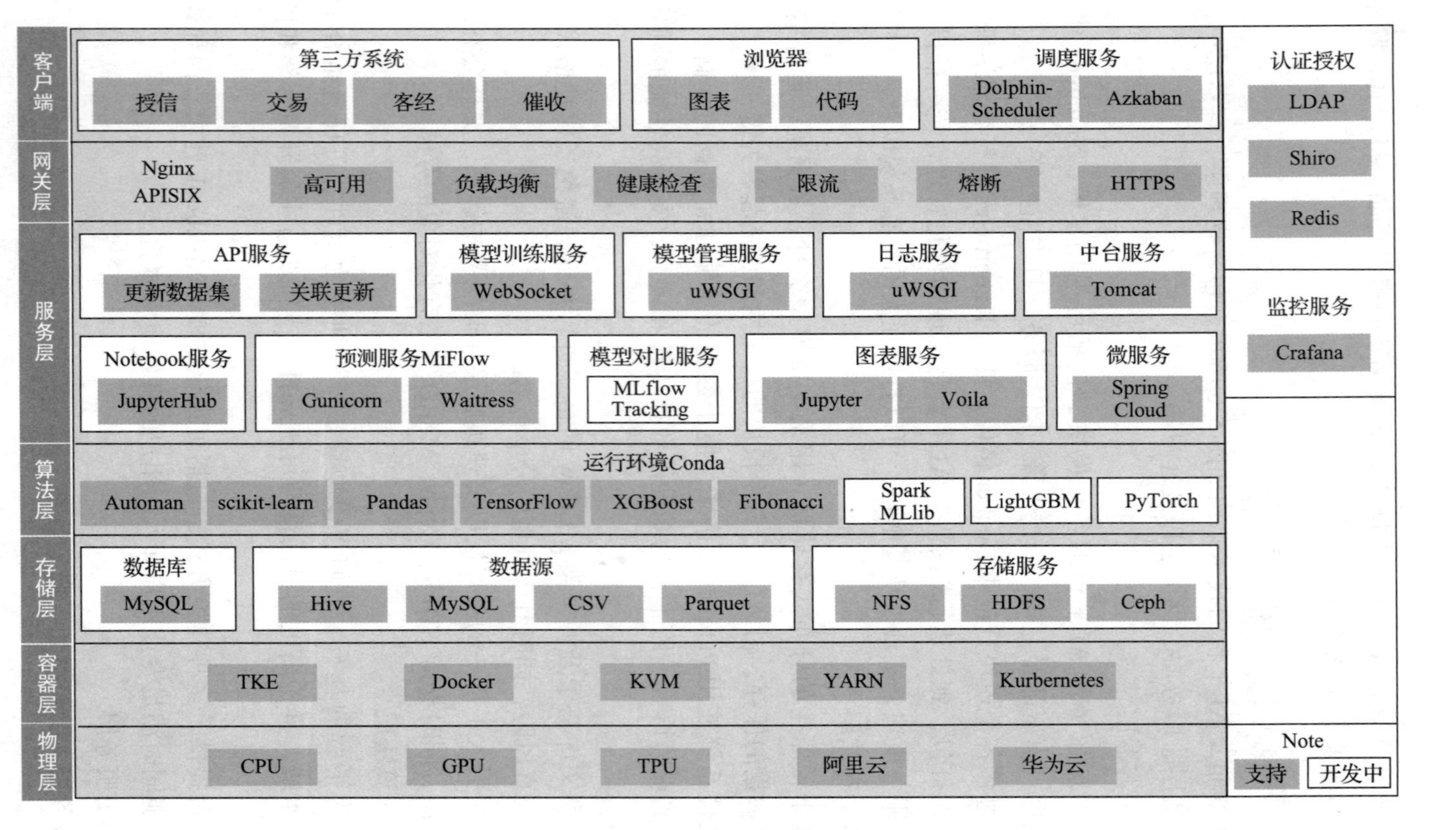

图 5-6 萨摩耶云 AI 平台的技术架构图

- 中台服务：Web 中台，功能包括组件管理、项目管理、数据源管理、数据集管理、实验管理等。
- 模型管理服务：支持模型发布、回滚、启停等功能。
- 建模服务：支持拖拽式建模、向导式、Notebook 建模。
- 模型训练服务：支持模型源码运行、运行结果保存等功能，支持分布式训练。
- 在线预测服务：高性能实时预测服务，支持自定义预测逻辑，兼容主流框架。
- 图表服务：交互式图表服务，支持模型评估、统计分析、监控等图表的生成和展示等。
- 监控服务：用于监控数据的保存和计算，监控指标有评分分布、调用量、成功率、耗时等。
- 代码生成服务：生成可执行代码，包括模型训练和预测代码等。
- 模型对比服务：支持模型训练参数和结果的对比、跟踪等。

（5）网关层

通过 Nginx 实现平台服务的高可用、负载均衡、HTTPS 代理、反向代理、请求地址转发、限流、熔断、健康检查等功能。

（6）客户端

平台提供多种形式的 API，适配于不同外部系统的调用需求，比如各种微服务、离线调度、浏览器访问、Python 开发、图表生成、邮件发送等。

（7）应用效果

- 内部应用：萨摩耶云内部 200 多个模型均部署在模型工程平台上，保证所有模型的正常平稳运行，支持对超过 4 000 万交易量的业务的风控审核。
- 外部应用：为持牌金融机构进行“建模咨询＋模型平台”搭建服务，将搭载 50 多套风控模型的模型平台整体部署，完成“模型＋平台”的整体解决方案。

5.4 重塑研发团队人员构成

前面提到了金融机构近两年在科技团队的建设方面的投入巨大，与此同时，科技团队的构成也在随着技术和业务需求的变化而不断调整。从工商银行公布的数据看，其科技团队中，数据分析师的数量已经占到了整个团队的近 21.4%[⊖]，科技团队人员构成较数年前发生了较大的变化。

AIGC 技术的广泛使用，无疑将对金融机构的研发团队人员结构带来冲击，团队成员的分工和角色可能因此发生较大的调整。这主要是因为 AIGC 的新技术将重塑很多开发工作流程，传统研发团队中的开发人员、测试人员、项目经理和其他支持性角色，也将随之在分工方面发生调整。

首先，由于 AIGC 可以自动生成代码片段或者整个程序，部分开发任务可以实现自动化，减少了对开发人员的依赖。这意味着在团队中可能会减少一部分传统的开发人员，特别是过去从事一些重复性、烦琐的任务的人员。更多的开发人员将转变角色，参与到更多具有创新性的工作中，例如，算法优化、模型训练，以及其他复杂问题的解决等。他们会将更多的时间和精力投入于为项目带来创新和核心价值。

其次，随着 AIGC 的引入，科技团队可能增加一些新的岗位角色，以更好地满足新技术的使用要求。其中一个新角色将会是 Prompt 工程师，他们将专注于设计和开发基于自然语言 Prompt 的代码生成模型及算法。Prompt 工程师需要具备深入理解业务需求和编程语言的能力，以确保生成的代码符合预期且高效可靠。此外，还会增加模型算法工程师、数据科学家或机器学习专家，以支持 AIGC 模型的开发和优化，确保模型在金融领域的适应性和准确性。

在团队人员能力方面，引入 AIGC 后，对数据清洗、预训练、深度学习、模型微调等领域的专业知识和技能的需求增加。开发人员需要具备对 AIGC 技术和模型的理解和应用能力，以及对金融领域业务知识的了解。此外，团队成员还需要具备协作和沟通能力，以便与 AIGC 进行有效的交互和协作，提供准确的输入和反馈，不断优化和改进生成的代码质量。

总之，引入 AIGC 技术将重塑金融机构的研发团队架构，减少重复性的开发任务，使开发人员能够更专注于创新和复杂问题的解决。新的角色（如 Prompt 工程师）可能会加入团队，而传统的开发人员比例可能会有所降低。团队成员需要具备关于 AIGC 技术和金融领域的专业知识，以适应新的工作

⊖ 资料来源：《中国工商银行股份有限公司 2022 年度报告》。

流程和技术要求。合理的角色分工和团队协作，有助于充分发挥 AIGC 在提升研发团队效能和创新能力方面的潜力。

当然，根据 AIGC 技术自身当前的发展程度，该技术目前在金融领域的应用尚处在观望阶段，因此，预计 AIGC 对现有金融机构科技团队人员结构的影响，将会以由点及线再及面的方式出现，且进展将十分缓慢。短期内，以目前的大型金融机构来看，这类机构最有可能在其开发中心内的二级部门，甚至是以创新小组的形式展开 AIGC 应用工具化的探索。随着 AIGC 技术的发展，相应的工具、产品逐渐丰富后，AIGC 才有可能真正带来科技团队人员构成的大调整。

5.5　重塑基础设施架构

传统的基础设施架构通常包括 3 个层次，即基础设施层（IaaS 层）、平台层（PaaS 层）和应用层（SaaS 层），如图 5-7 所示。其中，IaaS 层提供计算、存储、网络和数据库等基础设施资源；PaaS 层则提供开发环境、应用程序框架和运行时环境等支持软件开发的平台；SaaS 层则基于云计算技术提供面向用户的软件服务。

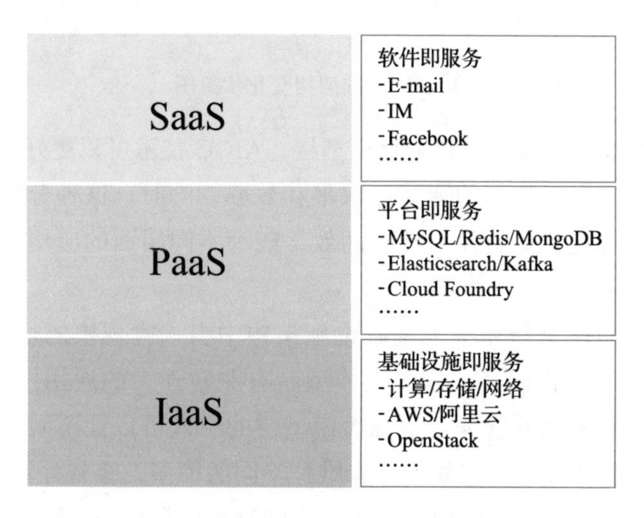

图 5-7　基础设施架构的 3 个层次

随着人工智能技术的快速发展，AIGC 成为一种重要的技术设施架构。与传统的 AI 技术不同，AIGC 通过使用大规模的数据集和深度学习模型来生成新的数据和内容，从而实现对数据的自动化处理和分析。

在基础设施方面，AIGC 可能带来以下几个方面的改变。

1. 基础架构将发生变化

如图 5-8 所示，随着 AIGC 应用的不断深入，基础架构将发生变化，从原有的三层式结构增加为四层或五层式结构，主要是增加基础大模型层和垂直模型层。

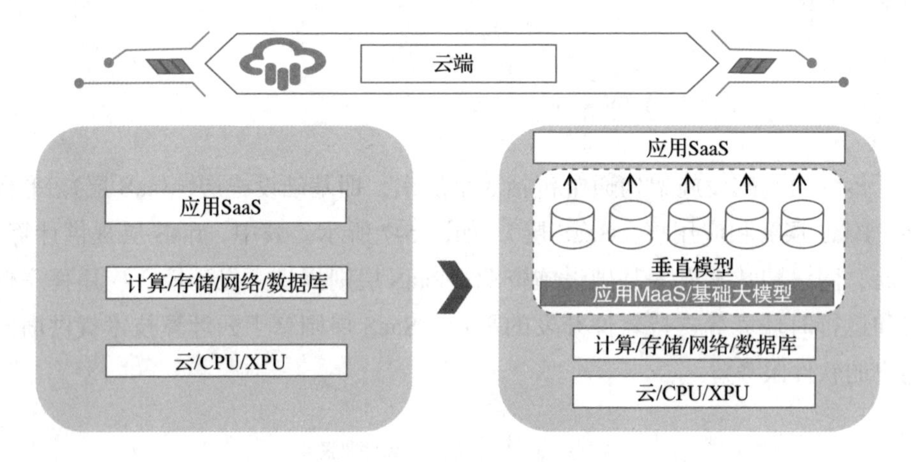

图 5-8　基础架构变化示意图

通过增加基础大模型层和垂直模型层，AIGC 技术可以更好地支持各个层面的应用需求，提高整体的智能化水平和效率。同时，这种分层架构也使得资源的共享与管理变得更加灵活和高效，能为不同层面的应用提供更全面的支持和服务。

基础大模型层是指在整个基础设施架构中引入大规模的通用性大模型，像 GPT-3 这样的语言模型。这些大模型具有非常强大的通用性和泛化能力，可以应用于各种领域的任务。基础大模型层的引入可以让不同的应用和服务共享同一个大模型，避免重复训练和维护不同的模型，节省计算资源和成本。基础大模型层能够为上层应用提供更强大的自然语言理解、图像识别等能力，让应用更智能、更具人性化。在基础大模型层中，可以对通用模型进行持续优化和更新，以保持模型最新且具有高性能，同时可以应对新的业务需求和场景。

垂直模型层是指在特定领域或垂直行业中引入针对性的定制模型。这些模型针对具体业务场景进行了优化和训练，能够更好地适应特定领域的需求。垂直模型层的引入可以提高模型在特定行业或领域的应用效果和精度，满足特定任务的个性化需求。在垂直模型层中，可以根据具体业务场景进行模型的定制化开发和优化，从而提高模型的准确性和实用性。垂直模型层能够解决特定行业中的痛点问题，如金融领域的风险评估、医疗领域的影像诊断等，带来更高的价值和效益。

新增加的基础大模型层和垂直模型层可以与原有的基础设施层、平台层和应用层进行有效的衔接与配合，能够实现更高效的应用和服务。

在融合基础大模型层和垂直模型层时，可以通过设计标准的接口来与基础设施层和平台层进行通信。这样可以保证模型层与其他层之间的数据传递和调用的顺畅性。此外，应确保不同层之间的数据格式和数据结构是统一的，这样可以避免数据转换的复杂性和潜在的数据丢失风险。

在融合过程中，需要统一管理计算资源、存储资源和网络资源等，确保基础大模型层和垂直模型层能够充分利用及共享这些资源。基础大模型层和垂直模型层通常需要访问敏感的数据与业务信息，因此在衔接和配合时需要进行权限限制及安全控制，确保只有合法的应用和服务能够访问相关模型。建立完善的数据流程管理制度，确保数据在不同层之间的传递和处理都能够高效、准确地进行。这包括对数据预处理、特征提取、模型训练、推理等环节的管理。通过自动化部署和扩展，可以实现基础大模型层和垂直模型层的快速部署与灵活扩展，以便根据实际需求调整资源分配。融合后的系统需要进行持续的优化和迭代，不断提升整体性能和效率，以适应业务的变化和发展。

但 AIGC 的使用并不会直接打破 IaaS 层、PaaS 层和 SaaS 层的架构，其各自不同的功能和应用场景将继续保留。

在 IaaS 层中，云厂商可以提供更加智能化的基础设施资源管理服务，包括计算、存储、网络、数据库等，以满足用户对于高性能计算和数据处理的需求，其中，在计算上可能会更加依赖 GPU 等基础设施。

在 PaaS 层中，则会出现基于基础大模型的各种行业模型，如自动驾驶模型、生物医疗模型、金融领域专属模型等。大模型将取代原有的开发工具和框架，以支持用户进行更加高效和智能的应用开发。

在 SaaS 层中，会产生更多在垂直模型上的应用。云厂商可以提供更加智能化的软件服务，以满足用户对于高质量、高可用性和高安全性的需求。

1）更加灵活的计算资源分配。传统的基础设施架构通常是基于虚拟机的，需要为每个应用程序或用户单独分配计算资源。而 AIGC 可以通过动态调整模型参数和优化算法来实现更高效的计算资源利用率，从而提高计算效率和降低成本。

2）更加智能的数据处理与分析。AIGC 可以利用大规模的数据集和深度学习模型来进行自动化的数据处理与分析，从而减少人工干预的需求，提高数据处理的准确性和效率。

3）更加智能化的应用开发。AIGC 可以通过提供更加智能化的开发工具和框架来支持应用的开发与部署，从而加速应用的开发速度和上线时间。

2. IT 基础设施将面临全面升级挑战

AIGC 不仅会对基础设施架构带来重大改变，为确保 AIGC 的使用能够支持数据处理、分析和模型应用，切实有效地增强业务价值，提升技术能力、安全性和性能，IT 基础设施面临着全面升级的挑战。

（1）资源需求推动 IT 基础设施升级

引入 AIGC 会增加计算、存储和网络资源的需求。大模型和深度学习算法通常需要更高的算力，特别是在模型训练阶段。这需要对现有的 IT 基础设施进行扩展和优化，以满足 AIGC 所需的资源要求。需要升级的银行 IT 基础设施包括但不限于一系列软/硬件设施，如机房、电力系统、计算机、网络通信设备，以及各种操作系统、数据库、中间件等。

（2）数据处理和存储策略升级

AIGC 在数据分析、挖掘以及模型训练中需要大量的数据。因此，随着 AIGC 的深度介入，需要重新考虑数据处理和存储策略，以确保数据的高效处理、存储和访问。例如，需要采用更快速、可扩展的数据存储技术，以应对 AIGC 对于数据的需求。

（3）提升网络通信状况，降低延迟

在涉及分布式模型训练或跨模态数据处理时，网络通信的状况会成为重要的制约因素。接入 AIGC 后，基础设施架构可能需要考虑优化网络通信，以降低模型训练和数据处理的延迟，确保系统的高性能。

（4）加强安全性和隐私保护

AIGC 引入了更多的数据和分析过程，这可能增加了在安全性和隐私保护上的挑战。新的架构需要加强数据存储和传输的安全性，确保敏感信息不会泄露，同时需要遵循相关法规和标准。

（5）提升算法和模型管理能力

AIGC 涉及多种算法和模型的使用，需要有效的管理和部署机制。接入 AIGC 后，可能需要考虑基础设施在模型版本控制、自动化部署、模型监控和更新等方面的性能及状态，以确保模型的有效运行和管理。

（6）保持技术栈和工具支持更新

引入 AIGC 可能需要更新或引入新的技术栈和工具，以支持模型训练、数据分析、模型部署等环节。这可能涉及新的开发、部署和管理工具，以适应 AIGC 的特定需求。

CHAPTER 6

第6章

AIGC 推动监管科技发展

随着科技与金融业务的深度融合，金融科技已成为推动金融行业创新发展的新动力，引领着未来金融业的发展方向。不过，科技使金融业务愈加便利的同时，也带来了新的合规风险与监管压力。为此，监管科技应运而生。

近年来，我国监管科技研发提速，中国人民银行、原银保监会、证监会等金融监管部门不断探索利用大数据、人工智能等技术完善监管工具，提升监管效率，防范金融风险。但与金融机构的创新速度越来越快相比，监管技术的发展仍然滞后，这对金融监管提出了一系列挑战。

本章中，我们将主要围绕金融监管科技的发展及主要技术的应用展开讨论，并重点展望 AIGC 如何提升金融领域的监管科技水平。

6.1 监管科技服务的两个主体

中国人民银行在2017年5月设立了金融科技（FinTech）委员会，旨在加强金融科技工作的研究规划和统筹协调，强调央行应强化监管科技（RegTech）应用实践，积极利用大数据、人工智能、云计算等技术丰富金融监管手段，提升跨行业和跨市场交叉性金融风险的甄别、防范、化解能力。

中国人民银行金融科技委员会对监管科技的定义是：为解决监管挑战和促进机构合规生产，利用科技手段优化金融监管模式，提升金融监管效率，降低机构合规成本。从中不难发现，监管科技的参与主体既包括金融监管机构又包括金融机构，此外还有一类是为监管科技提供技术和服务的第三方科技公司。

国际清算银行监管科技工作分类如图 6-1 所示。监管科技应对的主要监管问题包括：针对操纵市场、内幕交易的市场监管；针对洗钱 / 恐怖主义融资、欺诈、违规销售等不端行为的监管；针对信用风险、流动性风险的微观审慎监管；针对风险预测、紧急风险识别、金融稳定、政策评估的宏观审慎监管。

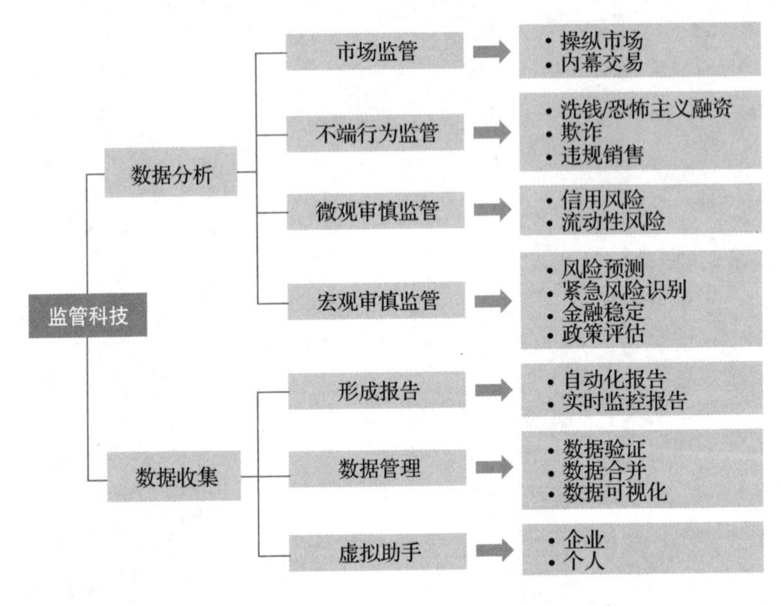

图 6-1 国际清算银行监管科技工作分类[㊀]

㊀ 资料来源：中国人民银行党校 2021 春季学期局处级干部进修班第六调研组，《坚持新发展理念，推动监管科技高质量发展》。

本节中，我们将分别从监管机构端和金融机构端介绍监管科技发展的现状。

6.1.1　监管机构端

尽管起步较晚，但从金融科技委员会成立之初，我国对于监管科技的发展规划就迈入了体系化、制度化发展的阶段。对于监管机构而言，利用信息技术提升风险监测识别效率、提高监管工作效率、降低金融风险是监管科技应用的主要目的。

《金融科技（FinTech）发展规划（2019—2021 年）》确立了监管科技发展的方向和路径。该规划明确了金融监管的方向是由事后监管向事前、事中监管转变。由此，确立了监管科技的主要发展方向是建立健全数字化监管规则库，研究制定风险管理模型，完善监管数据采集机制，通过系统嵌入、API 等手段，实时获取风险信息、自动抓取业务特征数据，保证监管信息的真实性和时效性，提升“主动”监管的效果。

近年来，以中国人民银行、原银保监会、证监会、外汇管理局为代表的金融监管部门，不断探索通过大数据、人工智能等技术建立与金融监管相匹配的监管科技工具，逐步构建了中国金融监管科技生态体系。

6.1.2　金融机构端

监管科技工具对于金融机构而言，是帮助其实现业务合规的利器。

伴随着监管科技的不断升级，从金融机构角度看，监管部门数据需求呈现如下几个特点：一是数据范围持续扩充；二是数据粒度方面更重视使用明细数据进行监管检查；三是报送渠道由部分线上化转向全面线上化；四是报送时效性和监管检查频度不断提升；五是逐步加强指标与明细间、明细与明细间的交叉校验；六是实行穿透式监管，将监管检查穿透到每一笔交易明细和每一个客户；七是不断加强数据校验，对监管报送数据的质量要求越来越高。[㊀]

对金融机构来说，通过使用监管科技工具，能够更好地对接监管系统，将自身业务数据与监管部门的数据进行对接和交互，实现数据的实时共享和

㊀ 资料来源：薛羽，《监管驱动下的数据治理敏捷实践》，金融电子化。

传输，从而提高监管检查的效率和准确性。同时，对接监管系统还可以帮助金融机构建立完善的数据治理机制，规范数据的采集、存储、处理和使用流程，确保数据质量和安全性。运用监管科技工具帮助金融机构实现业务合规，也是金融机构自身实现高质量发展的需要。比如，银行业常用的风险管理系统，既属于监管科技工具，也是银行自身必不可少的数字化风险防控手段。通过对客户信息、交易行为等数据的分析和建模，银行能够及时发现潜在的风险，并提供相应的预警和控制措施。此外，反洗钱系统、反欺诈系统也有着双重作用，既满足监管要求，又是日常经营必不可少的工具。金融机构需要根据自身的实际发展状况，通过自研或向第三方采购的方式来选择监管科技工具。

6.2 监管科技的发展现状

相关技术的创新和研发是推进我国监管科技发展的重要力量。制定科学的数据标准，确保数据的准确性和有效性，以及进行信息安全保护也是至关重要的。

按照各类技术对监管科技工具发挥的不同作用，可以将其分为基础设施、主要技术和前端应用场景，如图 6-2 所示。

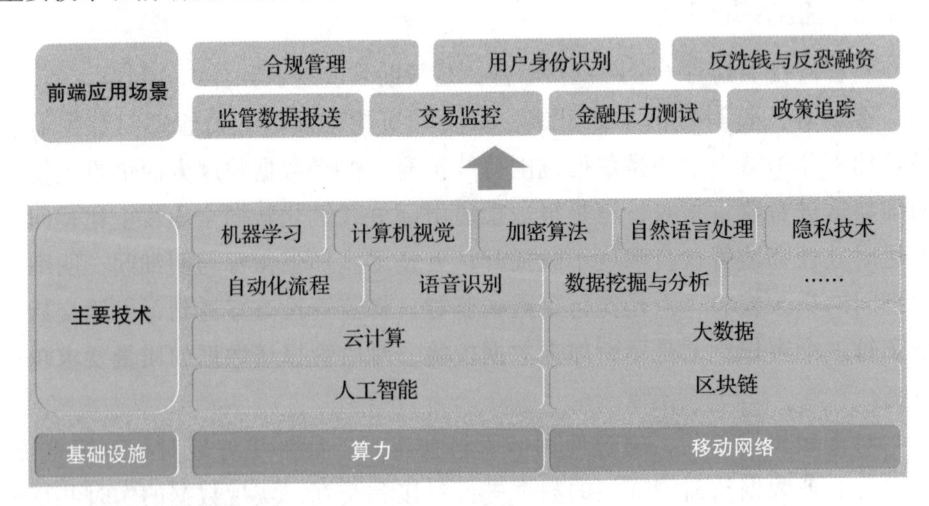

图 6-2 监管科技的技术体系

在这一技术体系框架图中，基础设施是支撑监管科技发展的基本条件。提供足够算力的芯片、畅通的移动网络，能够保证监管科技工具的研发快速迭代，更加适应监管要求。主要技术是指监管科技常用的技术，包括云计算、大数据、人工智能、区块链、语音识别等，能够有针对性地解决各种监管需求。前端应用场景则是指监管科技的实际应用领域。

一方面，云计算、大数据、人工智能和区块链等技术之间的融合与创新，为监管科技提供了丰富的应用场景和解决方案。例如，结合大数据和人工智能技术，监管部门构建的智能监测系统能够实时识别异常交易模式；结合区块链和隐私保护技术，监管机构可以建立安全的数据共享平台，促进跨机构的合作和信息共享。另一方面，技术的发展会提升监管科技的自动化和智能化水平，倒逼金融机构从数据治理的角度重构自身的数据资产体系，以提升数据的质量，从而实现更好的数字化改革。

监管科技在金融监管部门和金融机构有许多应用场景。其中，合规管理是监管科技的首要应用场景。香港交易及结算所有限公司（下称港交所）是全球主要的交易所集团之一。截至 2022 年 11 月，港交所的上市公司超过 2 500 家。作为前线监管机构，港交所每年都要对上市公司的年报进行审核，检查是否符合信息披露规则，工作量庞大。在此背景下，港交所联合内地某科技企业开发了 Jura 系统，运用文档智能技术，评估“上市公司年报的合规性”。[⊖]

此外，反洗钱与反恐融资是金融行业的重要风险防控领域，其背后的网络复杂、资金的流转隐秘性高，所以也是监管科技重点攻克的监管难题。通过知识图谱的关联分析等技术，监管机构能够较大程度地还原资金往来的路线以及真实的金融业务场景，提前发现潜在的洗钱及恐怖主义融资风险，提升监管的精准度，有效打击犯罪。

监管数据报送也是监管科技的重要应用方向。金融机构需要按照相关监管要求，向中国人民银行、金融监督管理总局、证监会等部门进行反洗钱、征信、EAST、1104 等多类监管数据的填报与提交。以原银保监会的 EAST（Examination and Analysis System Technology）系统为例，最新的 EAST 5.0

⊖ 资料来源：罗平，《文档智能：技术框架及在监管科技的应用》，金融电子化。

版本对报送的主题域、数据表结构等内容进行了全面的调整和升级，金融机构每个月需要提交的报表数量约 70 个。[一]如此庞大的数据量，必然面临着数据统计的维度和口径不一致的瓶颈，漏报、数据存在偏差、错报等更成为常见的问题。因此，原银保监会也要求银行业金融机构和理财公司搭建数据检核平台，在数据报送前参照检核规则对当期报送的数据质量进行评估。[二]这一举措反向推动了金融机构的数据质量建设。

交易监控是金融机构为实现合规而采取的一项必要措施。以证券市场为例，随着投资者数量与交易规模的不断增长，非法场外配资、违规交易等行为愈加隐秘化，程序化交易、高频交易的速度越来越快，这些现象给证券市场交易秩序带来了挑战。针对证券市场投资者的异常交易行为建立监测信息系统，通过监管科技实现对经纪、自营、资管等业务的交易监测，是证券监管部门和证券公司都极为关注的问题。

金融压力测试是银行业进行风险管理和监管分析的工具，用于分析假定的、极端但可能发生的不利情景对银行整体或资产组合的冲击程度，进而评估这些情景对银行资产质量、盈利能力、资本水平和流动性的负面影响。按照要求，商业银行需要定期开展压力测试，监管部门也会定期组织商业银行按照统一要求开展压力测试，以评估单个银行和银行体系的稳健水平。传统的压力测试通常有简单统计分析法、联立方程模型法、向量自回归模型和向量误差修正模型等。[三]而随着技术的发展，人工智能、机器学习技术也更多地被应用于压力测试中。

6.3 AIGC 在监管科技中的应用方向

在监管科技的应用场景中，监管机构可以利用 AIGC 的技术优势，快速处理大规模的监管数据，加快风险识别和决策过程，进一步提高风险预测的准确性和精度，提高监管效率和反应速度，增强监管的智能化和针对性。

本节中，我们将分别从身份识别、数据采集、监管数据报送、风险监

㊀ 资料来源：《中国银保监会银行业金融机构监管数据标准化规范（2021 版）》。

㊁ 资料来源：《监管标准化数据检核规则（2021 版）》。

㊂ 资料来源：刘斌、赵云德，《金融科技：人工智能与机器学习卷》。

测及预警等 4 个场景出发，展望 AIGC 在监管科技中的应用前景，如图 6-3 所示。

身份识别

- ✓ 提升身份验证系统的性能
- ✓ 提升客户身份识别的准确度
- ✓ 优化用户身份识别系统的决策过程

数据采集

- ✓ 具有高效处理大规模数据的能力
- ✓ 提高数据的准确性和完整性
- ✓ 填充数据中的缺失值
- ✓ 自动识别和纠正数据中的错误
- ✓ 校验数据的一致性和正确性

监管数据报送

- ✓ 提升数据的一致性和准确性
- ✓ 提高数据报送的质量
- ✓ 应对数据报送的复杂性

风险监测及预警

- ✓ 快速适应新的监管要求与政策变化
- ✓ 处理大规模的结构化和非结构化数据
- ✓ 通过多模态数据分析提高监测效果
- ✓ 具备强大的模式识别能力
- ✓ 自动生成风险监测及预警的报告

图 6-3　AIGC 在监管科技中的应用方向

6.3.1　身份识别

前面我们提到过，客户身份识别是监管科技应用最多、发展最成熟的场景。尽管如此，当前通过科技手段进行客户的身份识别时仍然存在难点。例如，身份信息数据核验来源不完整，包括无法通过护照、驾驶证等证件有效地核验身份信息等问题。此外，尽管金融机构采用了各种身份验证技术，但仍存在身份欺诈的风险。例如，使用盗取的生物特征数据或伪造的证件进行欺诈活动。金融机构在进行客户身份验证时还需要处理大量敏感的个人信息，所以确保客户数据的隐私和安全性也是一项重要任务。

AIGC 技术可以在一定程度上改善客户身份识别过程中的问题。

在提升身份验证系统的性能时，通过使用 AIGC 技术中的生成模型，如

GAN、VAE 和自回归模型等，可以生成具有用户身份特征的合成数据，生成大量的虚拟人物或建立虚拟身份。这些虚拟人物能够模拟不同身份的特征和行为，具有与真实客户高度相似的特点，能够代替真实的客户资料，测试身份验证系统的鲁棒性和准确性，降低使用客户的真实资料进行测试的风险。

此外，尽管生物识别技术的验证成功率很高，但生物特征数据也容易被复制、盗用。AIGC 可以结合多种数据源，包括图像、声音和文本等，进行多模态身份验证，从而提升客户身份识别的准确度。例如，语言预训练模型（如 GPT 模型）可以通过大规模文本数据的预训练来学习语言模式和语义理解，可用于用户身份文本信息的处理和分析，监管部门和金融机构因此可以更准确地提取和理解用户身份相关的文本信息。而基于多模态的交叉验证，能够综合判断该用户的身份是否一致。

AIGC 技术中的增强学习模型则可以用于优化用户身份识别系统的决策过程。监管部门和金融机构可以利用增强学习算法，通过与环境的交互来优化身份识别系统的决策策略，使其在不断学习和优化中逐渐提升身份识别的准确性与效率。

通过以上应用，AIGC 可以帮助监管部门和金融机构提高身份验证和识别的准确性、效率及自动化程度。它能够辅助监管部门和金融机构在面对大量身份验证需求时，更快速地进行验证和识别，减少人为错误，降低欺诈风险。

6.3.2 数据采集

数据采集既是监管科技的一个应用场景，也是绝大部分应用场景中不可或缺的步骤。

在强监管驱动下，金融机构监管数据治理项目具有如下几个特点：一是问题导向，数据治理需求的来源为数据问题，数据问题由监管检查和自查自纠产出，而监管检查的时间、频次、标准的不确定性导致数据治理项目需求的范围和交付时间具有不确定性；二是快速交付，为了能够尽快地使用合格数据，监管数据治理需求通常要求立查立改，交付时效性要求很高；三是数据复杂，监管报送数据通常为跨系统整合数据，数据整合规则复杂，且存在历史业务数据问题、过渡账务、打包账务、交易对手追溯流程复杂等数据加

工难点，需反复进行数据治理需求的研制和验证，需求验证迭代次数较多。[㊀]

尽管使用流程自动化、数据挖掘等技术能够提升数据采集的效率与质量，但面对日益强化的监管要求，金融机构仍需在优化数据采集流程、改进数据质量控制和清洗方法、加强数据安全和隐私保护、提升大数据处理能力等方面继续努力。

AIGC 能够在一定程度上对金融机构现有的数据采集能力进行优化。

例如，金融机构需要从各种不同的数据源采集数据，这些数据源具有不同的数据格式、接口和安全要求等，导致数据采集过程复杂、难度大。AIGC 的多模态数据处理能力不仅支持文本数据生成，还包括图像、音频和视频等多模态数据的生成。它能够处理不同数据源的数据，包括处理不同的数据格式和接口，并根据数据的特征和模式进行自适应学习与处理，从而降低数据采集的复杂性。AIGC 技术可以用于自动标注和增强数据集。通过训练，AIGC 模型可以用于数据标注任务，能够自动识别和标记金融数据中的关键信息。由此，金融机构可以节省大量的人力和时间，同时提高数据标注的效率和准确性。

AIGC 技术具有高效处理大规模数据的能力。由于 AIGC 模型的并行化和分布式计算优势，金融机构可以利用 AIGC 技术快速处理和分析海量的数据，从而加快数据采集和处理的速度，并实时更新相关的数据指标和报告。

在解决数据质量的问题上，AIGC 模型可以通过学习数据的正常模式和分布特征来检测及纠正异常值。通过训练模型，它可以识别数据中与正常模式显著不符的数据点，并将其标记为异常。这有助于发现和纠正数据中的异常或离群值，从而提高数据的准确性和完整性。

AIGC 模型还可以用于填充数据中的缺失值。通过训练模型，它可以学习数据的内在结构和模式，并根据已有的数据推断缺失值的可能取值。这可以帮助补全缺失的数据，提高数据的完整性和可用性。

AIGC 模型可以通过学习数据的模式与规律，自动识别和纠正数据中的错误。当数据中存在错误时，模型可以检测到不符合预期模式的数据点，并提出可能的修正建议。

㊀ 资料来源：薛羽，《监管驱动下的数据治理敏捷实践》，金融电子化。

AIGC 模型可以校验数据的一致性和正确性。通过训练模型，它可以学习数据的预期模式和关联规则，并检查数据是否符合这些规则。如果数据与预期模式不一致，模型可以发现并指出问题所在，以帮助改善数据的质量。

上述技术和方法可以结合 AIGC 的生成模型、VAE、神经网络和监督学习等来实现。通过大规模的数据训练和模型优化，AIGC 可以学习并提取数据的特征、模式和规律，从而实现自动的数据清洗、校验和纠错等功能，提高数据的质量和可靠性。但数据质量的改进不仅依赖 AIGC 技术本身，还需要结合合适的数据预处理、特征工程和领域知识等。此外，模型的训练数据质量也会对结果产生重要影响，因此需要确保训练数据的准确性和一致性，以避免错误的模型学习和推断。

6.3.3 监管数据报送

深圳索信达数据技术有限公司的相关人士认为，金融机构的传统监管报送系统存在系统壁垒、数据孤岛、取数升级难、数据管控难等情况。并且，金融机构还存在以下问题：缺乏监管数据的管理体系，数据治理偏泛化，没有长期的运营效果；缺乏统一的指标口径；缺乏系统的支撑，时效性不强；质量更高的监管数据没有被很好地应用或对外提供一些服务；很多系统无法提供合适的明细业务数据，需要手工台账补录，以及补录数据存在质量问题等。[㊀]

AIGC 技术的使用可以在一定程度上帮助金融机构优化监管数据报送的过程。

在提升数据的一致性和准确性方面，可以利用 AIGC 的生成技术自动化生成符合监管要求的数据报送内容。监管部门通常有特定的数据格式和要求，使用 AIGC 可以训练模型生成符合这些要求的数据报送内容，减少手工编制报表的工作量并降低人为错误的风险。生成的数据报送内容可以高度准确、规范化，并且符合监管部门的需求。

AIGC 的模型和生成技术可以通过预训练方法与大规模数据训练来提高数据的质量。它可以自动识别和纠正数据中的错误、缺失或异常值，确保报送数据的准确性和完整性。通过使用 AIGC 技术，监管部门和金融机构可以

㊀ 资料来源：《应对 EAST 5.0 新挑战！索信达推出灵矩全景式监管合规平台》，索信达官网。

提高数据报送的质量，防范数据质量问题引发的风险。

在应对数据报送的复杂性方面，通过学习及应用监管部门的数据规范和标准，AIGC 可以自动识别数据中的特征、模式和规律，并将数据转化为符合监管要求的标准格式，确保报送数据的一致性和规范化。这将有助于提高数据的可比性、一致性和可解释性，简化监管部门对数据的处理和分析。

AIGC 技术可以对数据进行自动提取和摘要。监管数据通常包含大量的信息，但监管部门和金融机构可能只对其中的关键信息感兴趣。AIGC 可以训练模型来自动提取和摘要数据中的重要信息，减少人工筛选和处理的工作量，提高数据报送的效率和精确性。

6.3.4　风险监测及预警

金融风险是影响金融行业健康发展的首要因素。金融风险的监测及预警无疑成为金融监管的核心，也是监管科技最重要的应用场景。在监管部门和金融机构进行风险监测及预警工作时，技术手段虽然发挥了重要作用，但仍存在一些不足之处。传统的风险监测及预警往往是基于历史数据和规则定义的，对于快速变化的市场和风险环境，传统方法可能无法及时捕捉新的风险信号，从而降低了监测及预警的效果。此外，风险模型是风险监测及预警的基础，但模型的准确性仍然是一个关键问题。

AIGC 技术在风险监测及预警场景中的应用，证明该技术有潜力帮助金融机构克服上述挑战。

AIGC 的预训练和迁移学习方法可以使模型快速适应新的监管要求与政策变化。监管部门经常更新和调整监管规定，使用 AIGC 技术，可以通过微调预训练模型或在新数据上进行训练来适应新的要求，减少系统升级和调整的时间与成本。

AIGC 能够处理大规模的数据，包括结构化和非结构化数据。在风险监测及预警中，监管部门和金融机构需要处理大量的数据源，如市场数据、交易记录、新闻报道等。AIGC 技术能够高效分析和处理这些数据，从中提取有用的信息，加速风险识别和预警的过程。

多模态数据分析是 AIGC 的重要优势。它可以处理多模态数据，包括文本、图像、语音等。在风险监测及预警中，不同类型的数据都可能包含风险信号，如新闻报道中的关键词、图像中的可疑行为等。AIGC 可以结合不同模态的数据进行分析，发现更全面、更准确的风险指标，提高监测的效果。

AIGC 的模型和生成技术具备强大的模式识别能力，可以学习和识别数据中的复杂模式和关联关系。在风险监测及预警中，AIGC 可以训练模型来自动识别潜在的风险信号和异常模式，帮助监管部门和金融机构更准确地预测及识别风险事件。同时，AIGC 模型可以与实时数据流集成，快速分析和识别风险信号，并生成相应的预警信息。AIGC 能够帮助监管部门和金融机构及时采取行动，降低风险和损失。

AIGC 的生成技术可以用于自动生成风险监测及预警的报告。监管部门和金融机构通常需要定期生成风险报告，通过训练模型，能够生成符合要求的报告内容，减少人工编制报告的工作量，提高报告的撰写效率。

6.4 AIGC 对防范系统性金融风险的作用

不产生系统性金融风险是金融行业进行风险管理的底线。所谓系统性金融风险，是指可能对正常开展金融服务产生重大影响，进而对实体经济造成巨大负面冲击的金融风险。中国人民银行认为，系统性金融风险主要来源于时间和结构两个维度。时间维度上，系统性金融风险一般由金融活动的一致行为所引发并会随时间累积，主要表现为金融杠杆的过度扩张或收缩，并由此导致风险顺周期的自我强化、自我放大。结构维度上，系统性金融风险一般由特定机构或市场的不稳定引发，通过金融机构、金融市场、金融基础设施间的相互关联等途径扩散，表现为风险跨机构、跨部门、跨市场、跨境传染。[1]

监管科技的使用能够帮助监管部门和金融机构识别潜在风险并为其提供早期预警，从而使整个金融体系的韧性得到强化。而 AIGC 通过发挥特有的优势，能够提升监管科技在预防系统性金融风险中的作用。

从时间维度看，AIGC 通过学习海量的时间序列数据，能够进行预测建模，从中识别金融活动的风险顺周期及逆周期行为，通过对比周期间的金融

[1] 资料来源：中国人民银行，《宏观审慎政策指引（试行）》。

杠杆的扩张或收缩特征，预测系统性风险的累积趋势，帮助监管部门和金融机构及时采取措施，以避免风险的自我强化和自我放大。

基于 AIGC 的模型开发和预训练，监管部门和金融机构可以搭建系统性风险预警系统。该系统能够通过监控金融市场数据和相关指标，对异常模式进行自动识别，同时关联风险事件，进行风险等级的判断，并发出预警信号，方便监管部门和金融机构及时了解风险状况，采取相应的监管和风险管理措施，降低系统性风险的影响。

从结构维度看，AIGC 的技术和模型具备强大的数据分析与预测能力。通过预训练方法，AIGC 可以学习大量金融数据的特征和模式，从而提高对系统性金融风险的识别和预测能力。它可以横向分析各类市场、要素、机构的健康状况等多维数据，并将其与金融机构、金融市场和金融基础设施之间的表现进行关联，分析与系统性风险相关的经济指标和事件。通过纵向的时间维度上的海量数据学习，AIGC 可以识别出特定机构或市场的不稳定因素，并找到风险的每一条扩散路径，以及判断其破坏力。监管部门和金融机构通过对风险的扩散路径进行建模，生成系统性风险预测模型，帮助监管部门和金融机构预测风险的累积趋势，及时发现可能引发系统性风险的因素，以便及时采取遏制措施，防止风险的跨机构、跨部门、跨市场、跨境传染。

AIGC 凭借其强大的学习能力，能够在短时间内掌握包括金融、经济、法律在内的各领域的海量信息。通过对不同领域知识的融合，AIGC 可以更好地理解系统性金融风险的结构性特征和传导机制，有助于监管部门和金融机构制定综合性的监管政策与风险管理措施，减少因不当的政策或业务操作而引发系统性风险的概率。

CHAPTER 7

第 7 章

金融业如何安全地使用 AIGC

在金融业中安全地使用 AIGC 技术至关重要。本章将探讨多个关键领域，包括数据隐私保护、模型可解释性、对抗攻击和欺诈行为、人工干预机制以及合规和监管要求。我们还将深入研究用可信 AIGC 应对科技治理挑战的对策，涵盖知识产权、算法歧视、安全挑战以及伦理和环境风险。同时，本章将解析 AI 治理的欧美实践和国际经验，并提出适用于中国的 AIGC 合规发展与治理建议。

7.1 数据隐私保护

数字经济时代，数据已成为关键的生产要素，它通过跨领域、跨行业的流通来释放其要素价值。当前，各金融机构正积极应用 AIGC 的大模型等先进技术提升业务数字化水平，而各项法规政策对信息安全、隐私保护给出了重要的指引，也对新技术在各个场景中的应用提出了新的挑战。那么，金融业如何处理好数据价值挖掘和数据安全保护之间的平衡关系呢？

1. 大模型训练数据的主要来源和风险

大模型的训练数据主要来源于互联网公开文本数据，如维基百科、书籍、期刊、社交媒体等，同时包括特定领域的数据，如医疗、法律、金融等领域，以及用户生成的内容。然而，这些数据的使用也伴随着一些风险和问题。

首先，数据质量可能存在问题，包括不准确、不全面或带有错误的信息。此外，数据中可能存在偏见和刻板印象，这可能会被模型学习并在生成的内容中体现出来。如果数据源的内容本身就存在偏见，那么模型的输出也可能反映这些偏见，进而影响用户体验和应用的公正性。

其次，隐私和数据泄露是重大风险。大模型使用的数据可能包含个人身份信息，若不加以妥善处理，则可能会导致隐私泄露和滥用。

另外，数据合规性也是一个挑战。若大模型使用的数据未经授权获取，则可能违反法律、伦理或数据使用协议，从而产生法律风险。特定领域的数据可能涉及敏感信息，需要遵守特定的法规和规则。

确保大模型训练数据的质量、隐私保护和合规性是必不可少的步骤。在数据收集和使用过程中，需采取适当的措施，减少偏见性内容、提高数据质量，同时遵循相关法律和道德准则，以确保大模型的应用安全可靠。

2. 隐私计算驱动数据可信流通和价值挖掘

作为数据最密集的行业之一，金融业对数据的安全有着极为严苛的要求。金融机构要处理大量敏感数据，包括个人身份信息、财务数据、交易记录等，这些数据的泄露可能导致金融欺诈、身份盗窃、信用卡欺诈等严重后果。因此，金融机构需要采取一系列措施来保护数据隐私，确保在使用 AIGC 技术时数据安全得到充分保障。

从金融行业的趋势来看，未来数字金融的发展将以开放融合的态势持续推进。在以数智驱动的数字化业务协作和日渐趋强的监管要求下，金融机构对于多方数据间的交互与流通需求较大，各方高度关注如何安全、合规地实现数据采集、流通与使用，使数据在金融内外部生态系统中发挥更大的价值。

在对数据安全要求较高的金融场景下，密态数据流通无疑是更好的选择，能够更好地控制数据的使用和流通范围，并保障数据安全。以隐私计算为代表的密态数据流通技术，使得密态数据流通成为重要的数据流通形式，有效地促进了数据融通，为发挥数据价值提供了可行之路。

隐私计算的核心优势是分离数据所有权、控制权和使用权，并开创“数据特定用途使用权流通”新范式。隐私计算涉及密码学、智能科学、硬件技术的交叉融合技术。当前主流的隐私计算技术有三大方向：一是以安全多方计算为代表的基于加密算法的发展方向；二是人工智能与隐私保护融合的联邦学习技术；三是基于可信硬件的可信执行环境（TEE）技术。而隐私计算刚刚兴起，未来其数据规模、技术复杂度、应用场景都将远远超过现在的水平。

在此模式下，数据流通主体可以不再是明文数据本身，而是数据特定的使用价值，甚至可通过计算合约精确限制数据的具体用途和使用次数，实现数据使用的“可控可计量”。可以预见，隐私计算将成为构建开放金融生态的重要底层技术。目前，在金融领域隐私计算主要应用于反欺诈、风控和营销等环节。

3. 筑牢数据安全屏障：金融机构的责任与举措

金融业如何在保障安全的前提下，使用 AIGC 充分释放数据潜能？

1）金融机构要认真学习并落实《中华人民共和国数据安全法》《中华人民共和国个人信息保护法》等相关的法律和规定，以及相关的金融标准规则，建立覆盖全生命周期的数据安全管理体系，确保在收集、存储、使用及分享数据的过程中遵守相关的法律法规和监管要求，同时建立健全数据管理政策和流程，并进行定期的合规性审查和风险评估。

2）数据安全治理是金融科技创新的重要内容，要形成端到端的综合治理体系。对此，主要有三方面治理举措。一是可识别，增强对原始数据中高敏感隐私信息的辨别和传播限制。二是可分析，即分析出所识别的数据安全问题的源头。三是可控制，既要有常态化的控制机制和技术手段，也要有应急机制，把安全问题控制在最小影响范围内。

3）对大模型训练数据来源、数据处理方的处理结果以及数据使用方的数据流向和训练结果进行监测，确保大模型训练数据来源可靠，在数据标准、数据质量、数据安全、隐私保护等方面依法合规，以保障大模型输出结果的高质量并符合监管要求。

4）在数据传输和存储过程中对敏感数据进行加密脱敏，包括匿名化、去标识化及数据聚合等手段，以减轻敏感信息的泄露风险。在模型训练过程中使用安全多方计算、同态加密以及联邦学习、区块链、隐私计算等技术进行数据隐私和安全保护，形成体系化的技术解决方案。在产品落地阶段，采用灰度测试和 A/B 测试，通过小范围、渐进式的测试来优化产品的数据安全保护机制。

5）对安全与隐私信息检测模型进行训练。一方面，通过反复进行数据收集、标注、特征提取、模型训练、评估和优化等工作，让不同的模型适用于不同国家的法律条款；另一方面，针对各种对抗攻击进行防御性训练，以增强模型的鲁棒性和安全性。

7.2 模型可解释性

随着机器学习和人工智能技术在各个领域中的迅速发展及应用，向用户解释算法输出的结果变得至关重要。人工智能的可解释性是指人能够理解人工智能模型在其决策过程中所做出的选择，包括做出决策的原因、方法，以及决策的内容[1]。简单地说，可解释性就是使人工智能的决策过程从黑盒变成了白盒。可解释性人工智能主要应用于金融、医疗、信息安全等领域，比如，在医学领域，它能够帮助医生更好地了解模型对疾病的诊断和治疗决策是如何得出的。

[1] Confalonieri R, Coba L, Wagner B, et al. A historical perspective of explainable Artificial Intelligence[J]. Wiley Interdisciplinary Reviews: Data Mining and Knowledge Discovery, 2021, 11(1): e1391.

1. 模型的可解释性对金融机构的重要性

AIGC 技术通常基于机器学习和深度学习算法而实现，这些算法的模型往往是黑盒的，难以解释为什么会得出某个预测结果。可解释性人工智能可以更好地帮助研究人员有效理解模型做出的决策，从而发现模型做出的决策偏差并且针对性地纠正其错误，提升模型的性能。可解释性算法可以使研究人员找出算法的薄弱点，并针对性地加入噪声来促进算法的鲁棒性，如对抗性学习。并且，可解释性可以确保只有输入有意义的变量才能推断出输出，这使得决策过程中的因果关系更加真实。

可解释性人工智能强调算法的透明性。不透明的算法会让人难以理解其内部运行机制，无法对其做出解释，从而难以识别和纠正其错误或不当行为。若监管机构和专业人士难以识别算法的行为，就难以监管和规范其行为。黑客和攻击者可能会利用不透明的算法中的漏洞，制造严重的安全问题，包括数据泄露、恶意攻击等。

对于金融机构而言，模型的可解释性是非常重要的。人工智能做出的投资决策需要有很强的可解释性，并能够将其决策逻辑解释给监管机构、客户或其他利益相关方。重视模型的可解释性可以帮助金融机构满足合规要求，有效管理风险，提高决策透明度，并为模型改进和优化奠定基础，从而增强金融业务的可信度和竞争力。

2. 寻找平衡点：5 项措施提高模型的可解释性

金融机构在使用 AIGC 技术时，需要寻找一种平衡点，即在提高模型预测的准确性和效率的同时，尽可能提高模型的可解释性。目前可解释性人工智能的实现方法主要分为两种：一种是可解释模型，即设计出来的机器学习模型本来就具备可解释的能力；另一种是模型可解释技术，利用模型可解释技术来解释本来不具备可解释性的机器学习模型。

可解释模型的可解释性可以分为 3 个层次：可模拟性、可分解性和算法透明。可模拟性是指整体模型可以直接被人类进行模拟以及评估；可分解性表示模型的各个部分（输入、参数和计算）都可以被解释；而算法透明则表示用户能够理解模型从任意输入数据中产生任何特定输出结果的过程，通常需要借助数学分析来实现算法透明。

当机器学习模型本身不属于可解释模型时，就需要使用模型可解释技术来解释其决策。模型可解释技术的目的是表示已有的模型如何通过给定的输入数据生成预测的可理解信息。现在比较常用的模型可解释技术主要有特征重要性方法和基于实例的方法。

金融机构可以采取如下一系列措施来提高模型的可解释性，使得模型的决策过程与预测结果更加透明和可理解，以满足监管和合规要求。

- 选择可解释性模型。优先选用具有较高可解释性的模型，如决策树、线性回归等。加强对可解释性推荐算法的研究，规避算法歧视和偏见，合作建立通用的推荐算法框架来提高算法的可解释性。
- 选择最具相关性的特征。选择正确的特征也是提高模型可解释性的一种方法。提取出最相关和具有解释性的特征，能使得模型决策更容易被理解。
- 模型可解释性技术的应用。使用模型可解释性技术来解释模型的预测结果。例如，局部可解释性方法（如 LIME、SHAP）可以解释单个样本的预测结果，特征重要性分析方法可以识别关键特征的影响，规则提取方法可以将模型转换为易于理解的规则集。
- 可视化展示。利用可视化技术将模型的预测结果和决策过程以图表、图像或交互式界面的形式展示出来。例如，决策树模型可以在可视化图像中显示树形结构，并且用户可以通过交互式方法来检查每个路径的决策规则，以了解决策树是如何执行参数并推断结果的。
- 人工干预。建立人工干预机制来提高推荐结果的质量，并对模型的预测结果进行审核，确保模型的决策过程合理及可解释，以及时发现潜在的问题和偏差。

7.3 对抗攻击和欺诈行为

大模型红利接踵而至，安全风险却如影随形。银行业作为反电信网络诈骗的责任主体之一，在线上金融服务模式不断深入应用的当下，也面临着更加组织化、专业化的欺诈风险。不法分子利用 ChatGPT 等生 AIGC 技术快速生成钓鱼邮件、编写恶意软件与代码、针对漏洞生成攻击脚本等，相关违法行为时有发生。

根据英国网络安全公司 Darktrace 的数据，在 2023 年的前两个月，ChatGPT 等 AIGC 工具导致网络钓鱼邮件攻击增长 135%。[㊀]同时，AIGC 还带来了数据非法获取、数据泄露及恶意滥用等数据安全问题。例如，ChatGPT 在对话交互过程中能够获取用户数据或输出训练数据，这可能涉及个人隐私数据、业务数据等敏感信息，从而增加了数据泄露的风险。

另外，AI 算法的鲁棒性较差，其运行容易受到数据、模型、训练方法等因素干扰，所以算法本身存在被攻击、修改、窃取的安全风险。攻击者可通过对抗样本、数据投毒、模型窃取等多种方式对 AI 算法进行攻击，使其产生错误的预测或决策。同时，算法黑箱和算法漏洞的存在使得相关攻击往往难以检测和防范，导致 AI 在自动驾驶等场景难以实现大规模落地应用，强化 AI 监管防护成为大势所趋。

技术从来都是双刃剑，AI 如今也被广泛应用于网络攻防对抗。目前，对抗性攻击已经成为 AI 技术应用领域中一个非常重要的研究方向。在对抗性攻击中，攻击者会用多种方法生成对抗样本，如快速梯度符号方法（FGSM）、基于梯度的优化方法（BIM）、投影算法攻击（PGD）等。这些方法都是通过对原始数据进行扰动，从而欺骗 AI 模型的。根据威胁分子攻击模型的不同方式，我们可以将 AI 对抗性攻击分为以下两类。

（1）白盒攻击

在白盒攻击中，威胁分子已经充分了解了 AI 模型的内部工作原理，知道其规格、训练数据、处理技术和详细参数，能够设计专门针对该模型的对抗性攻击。白盒攻击的第一步是改变原始训练数据，修改后的数据仍与原始数据非常相似，但足以导致 AI 模型生成不准确的结果。在攻击之后，威胁分子还会通过对模型反馈对抗性示例（此类示例为旨在导致模型出错的失真输入）来评估模型的有效性，并分析输出。结果越不准确，攻击就越成功。

（2）黑盒攻击

如果攻击者只能获取 AI 模型的输入和输出，无法获取其内部结构和参数，就会使用黑盒攻击方法。在这种攻击场景下，攻击者需要使用一些基于

㊀ 资料来源：《AI 驱动网络安全市场爆发 相关安全厂商竞赛提速》，央广网。

元模型或迁移学习的技术来生成对抗性样本。黑盒攻击的第一步是选择 AI 模型的输入目标。然后，攻击者通过为数据添加精心设计的干扰信号来生成恶意输入，这些干扰信号是人眼看不见的，却能导致 AI 模型功能失灵。模型生成的结果可以帮助攻击者不断修改版本，直到模型反馈他们所希望实现的对抗性结果。

随着技术不断发展，欺诈行为也变得越来越复杂和隐蔽，反欺诈工作的开展难度越来越大。这倒逼银行不断地更新和完善数字风控体系，以应对快速变化的风险形态。同时，银行的数字化业务种类每年都在递增，依靠传统的专家规则评分卡模型，银行很难应对复杂的风控场景，亟待借助大数据、人工智能、知识图谱等前沿技术，筑牢“五位一体”反诈体系“铁栅栏”。那么，金融机构在使用 AIGC 技术时应综合采取数据质量保障、模型鲁棒性强化措施，完善监测检测机制，结合人工审核，实现持续更新等，以应对对抗攻击和欺诈行为的挑战，确保系统安全可靠。

使用对抗性示例训练 AI 模型，或将多个深度学习模型进行融合，增强模型对对抗攻击和欺诈行为的抵抗能力。训练数据集需经过严格筛选和清洗，排除带有欺诈性或恶意注入的数据，并采取适当的数据隐私保护措施，以防止敏感信息的泄露。对抗训练是目前应用最广泛的一种防护方法。在对抗训练中，模型会被迫学习如何处理对抗性样本，从而提高其鲁棒性。

金融机构可通过定期检查 AI 模型异常检测系统，以识别和过滤对抗性样本。首先，建立有效的监测和检测机制，及时发现和响应对抗攻击和欺诈行为的迹象，包括异常模式、异常交易和操纵尝试等，从而及时采取必要的对策。其次，引入人工审核，使其与自动化系统相结合，以提高检测的准确性和及时性。再次，实施高效的安全更新管理和补丁更新，及时关注最新的对抗攻击和欺诈手段，与相关研究和安全机构保持合作，不断改进防御机制和技术。

7.4 人工干预机制

ChatGPT 大模型基于大量的训练数据进行学习和生成文本，具备了强大的自然语言处理能力。基于人工反馈的强化学习（RLHF），ChatGPT 可以根据人类对其输出结果的判定和引导，不断调整，逐渐接近人类的价值判断标准。

ChatGPT 的训练可以分成如下 3 步。

1）根据采集的 SFT 数据集对 GPT-3 进行有监督微调（Supervised Fine Tune，SFT）。

2）收集人工标注的对比数据，训练奖励模型（Reword Model，RM）。

3）使用 RM 作为强化学习的优化目标，利用 PPO 算法微调 SFT 模型。

可以看出，人工干预在 ChatGPT 大模型训练环节中发挥着重要的作用。人工对模型进行微调以在特定任务上进行训练，能够引导模型的回答更加准确合规，提高生成质量。

1. 金融业应建立健全 AIGC 人工干预机制

现在，AIGC 技术在金融行业的应用取得了显著进展，但目前的技术仍无法完全取代人类的判断和干预。在一些关键的决策环节上，特别是涉及重大财务风险的审批贷款和投资决策等领域，结合人工智能和人类专家的判断是至关重要的。人类专家可以运用经验、道德判断和对复杂情境的理解，对决策的准确性和合理性进行评估。

建立健全 AIGC 人工干预机制，对金融业是颇为重要的。人工干预机制可以减少潜在的误判和错误决策。通过人工干预，在关键环节对决策进行审核和监控，纠正可能存在的偏差，有助于提高金融业务的安全性和合规化。

另外，AIGC 技术应用过程中存在一些无法预测和控制的因素，如黑客攻击和系统故障。在这些情况下，人工干预就能发挥重要作用，及时处理系统故障和应对黑客攻击等风险，防止错误的决策或异常交易对客户造成负面影响，维护金融机构良好声誉。同时，通过不断改进和优化人工干预机制，金融机构可以应对新的挑战和风险，提升自身技术能力和创新力，实现可持续发展。

2. 算法推荐模型与人工干预有机结合

如何确保金融机构在使用 AIGC 技术时的安全性？算法推荐模型与人工干预的有机结合可实现更准确、个性化的推荐结果，或可成为未来保证决策合理性和可解释性的重要机制。

算法推荐模型能够利用大数据和机器学习算法分析用户的历史行为与偏好，提供个性化的推荐结果，现已广泛运用在新闻客户端、即时通信工具、论坛社区、音视频、直播等各类网站平台。将算法或者结合了机器学习的技术手段接入金融场景，可实现内容的自动化生产，从而进行“千人千面”的个性化营销。

但是，算法推荐也存在一些局限性，如数据偏差、新颖性的挑战和对用户意图理解的限制。这时候，人工干预可以弥补算法的不足，加入人类专家的判断和经验。在关键决策环节，如审批贷款、投资决策等，需要结合人工智能和人类专家的判断来做出决策。金融机构需要制定明确的干预流程，明确人工干预的触发条件和情景。例如，当 AIGC 系统输出结果出现异常或不确定性较高时，则需要触发人工干预。

明确人工干预的责任人和权限，对参与人工干预的专业人员定期进行培训，也有利于明晰干预界限，做出准确恰当的干预决策。根据实际应用的反馈和经验，不断改进人工干预机制，提高其效率和准确性。定期评估人工干预的必要性，并进行调整和优化。建立监控体系，实时追踪 AIGC 系统的运行情况，并记录相关日志，从而发现异常情况、对抗攻击或欺诈行为，并及时干预和审查追溯。

推荐系统不会自主产生信息茧房，所以算法推荐模型与人工干预的有机结合可以发挥出“1+1>2”的价值。人工干预纠正推荐模型偏差，人类专家可以更好地对推荐结果审核调优，算法推荐模型则可以实现更准确、个性化的推荐结果，从而整体提高用户满意度与生成结果的质量及合规性。

7.5 合规和监管要求

AIGC 大模型的竞争越发白热化，金融等行业应用场景不断拓展，金融产品研发、金融机构业务运营以及风险防控等业态都将更加智能化，实现降本增效。但人工智能技术驱动下的金融创新可能会导致各种传统金融市场上的风险与技术风险交叉叠加，大大增加了金融科技领域的监管难度，给现有的金融监管框架和体系带来了新的挑战。那么，金融机构该如何安全应用大模型，让它满足合规要求呢？

1. 人工智能对金融监管提出的新挑战

隐藏在人工智能技术背后的数据安全和算法安全风险可能会威胁金融消

费者的正常金融行为与合法权益，甚至导致用户金融数据、账号、财产等权益损失。数据安全风险控制和隐私保护工作迎来了更高的治理挑战。若人工智能的底层数据和算法存在计算失误甚至被人为控制，则可能导致用户歧视，从中会衍生出一系列的金融科技伦理问题，可能扰乱正常市场秩序、破坏金融系统的稳定性。

通过 AI 技术得出投资建议与决策，其过程中的数据质量及结果准确性存疑，且缺乏解释能力。而且 AI 决策之后的投资风险到底该由谁来承担也是一个亟待解决的问题。传统监管理论指导下的制度体系尚未完全匹配飞速革新的技术环境，金融监管在风险识别、风险预测、监管手段上存在一定盲区，容易出现监管失灵，这为现有的金融监管框架和体系带来了新的挑战。

2. “矩阵式”监管体系规范发展秩序

目前，中国政府持续出台一系列法律法规，“矩阵式”监管体系逐渐成型。一方面鼓励金融机构重点支持人工智能、云计算和大数据等重大领域，加大对新技术、新产品研发与应用示范的支持力度，推动关键核心技术项目攻关。另一方面，制定细则，规范人工智能发展。

2021 年 12 月 31 日，国家互联网信息办公室、工业和信息化部、公安部、国家市场监督管理总局联合发布《互联网信息服务算法推荐管理规定》(以下简称《规定》)。作为互联网信息服务领域贯彻落实《中华人民共和国网络安全法》《中华人民共和国数据安全法》《中华人民共和国个人信息保护法》的重要举措，《规定》聚焦算法推荐服务乱象问题，构建算法安全治理体系，是目前我国针对互联网信息服务算法推荐出台的最为系统的专门性部门规章，在促进算法健康、有序、繁荣发展，营造风清气正的网络空间的道路上迈出了重要的一步。

2023 年 1 月 10 日，《互联网信息服务深度合成管理规定》正式施行，明确指出提供智能对话、合成人声、人脸生成、沉浸式拟真场景等生成或者显著改变信息内容功能服务时应当进行显著标识，避免公众混淆或者误认。任何组织和个人不得采用技术手段删除、篡改、隐匿相关标识。

中央七部门联合发布的《生成式人工智能服务管理暂行办法》于 2023 年 8 月 15 日起施行。该办法提出了促进 AIGC 技术发展的具体措施，明确了训练数据处理活动和数据标注等要求，规定了生成式人工智能服务规范。此外，该办法还规定了安全评估、算法备案、投诉举报等制度，明确了法律责任。

建立和完善“矩阵式”监管体系对于人工智能领域的发展意义重大。这不仅有助于规范技术发展秩序，还能够保护用户权益、降低技术风险、引导创新，为 AI 的可持续和有益发展提供了坚实的基础。

监管体系的完善将为 AI 领域的创新提供更为明确的方向和规则，鼓励企业在合规框架内进行技术研发。同时，监管为创新提供安全保障，防止技术滥用和不良影响。政府加大对新技术的研发与应用示范的支持力度，有助于推动关键核心技术的突破。

AI 技术在发展过程中可能涉及风险，如数据隐私问题、算法偏见等。监管体系的完善可以帮助识别和管理 AI 技术的风险，确保在 AI 开发和应用过程中，个人和用户的隐私得到妥善保护，最大限度防止技术滥用及出现潜在的安全问题。

并且，稳定和透明的监管体系能有效维护公平竞争环境，有利于未来吸引更多投资者和创业者加入，推动 AI 产业健康成长。

3. 安全使用 AIGC 的对策与路径

国内对于 AIGC 在金融行业的应用监管法规仍有待完善。金融机构应多头并进，探索科技创新，安全使用 AIGC。首先，在数据源收集、标注及模型训练、部署应用、成果输出、再次加工等方面进行全流程监管。其次，建立风险管理和应急响应机制，加强对人工智能与金融产品融合过程中的风险排查力度，改进风险管理和预测模型。

建立透明的模型开发和审核流程，确保模型的可解释性，赋予数据用户主体对人工智能技术的决策行为和结果合理质疑的权利，让监管部门清晰了解模型的运作和风险，以便有效审查数据和发现算法偏差，保证算法的公平性。

利用沙盒机制，积极进行金融科技创新项目的应用与推广探索。人工智能大模型在金融领域应用方面具有广阔的市场空间，可以采用监管沙盒的做法，将金融科技的发展和创新置于安全港中。在确保消费者权益的前提下，按照相应简单的审批程序，提前申请并取得有效授权后，在适用范围内进行人工智能产品或服务的创新测试和推广。

对技术进行评估及标准认证，在此基础上完善相关数据标准、技术标准、服务标准、处罚标准，开发产品及服务认证体系，提供安全服务产品。加强合作建立健全行业、内部相关委员会，进一步规范自律管理要求。在人工智能技术应用、技术创新、信息安全、风险评估、漏洞查补等方面深化合作，共同制定统一的金融科技行业监管标准。

未来，监管体系的逐步完善，也将对行业参与者提出更高的要求。金融机构需要在安全应用 AIGC 的基础上，建立自己的核心竞争壁垒，比如风险管理能力、流量经营能力、客户生命周期经营能力等。在这一大浪淘沙的过程中，势必会进一步加剧竞争，行业将更加规范有序、稳健向前。

7.6　用可信 AIGC 应对科技治理挑战

AIGC 给金融带来了巨大的机遇与挑战。同时，科技治理问题也逐渐浮现，如图 7-1 所示，知识产权保护、算法歧视、安全挑战、伦理风险和环境风险等都成为制约金融业使用 AIGC 的问题。本章将围绕这些问题展开讨论，探索如何通过创新知识产权保护机制、公正算法设计、强化安全防护措施、推动伦理准则制定和积极应对环境影响等对策建立可信 AIGC，助力构建可持续人工智能生态。

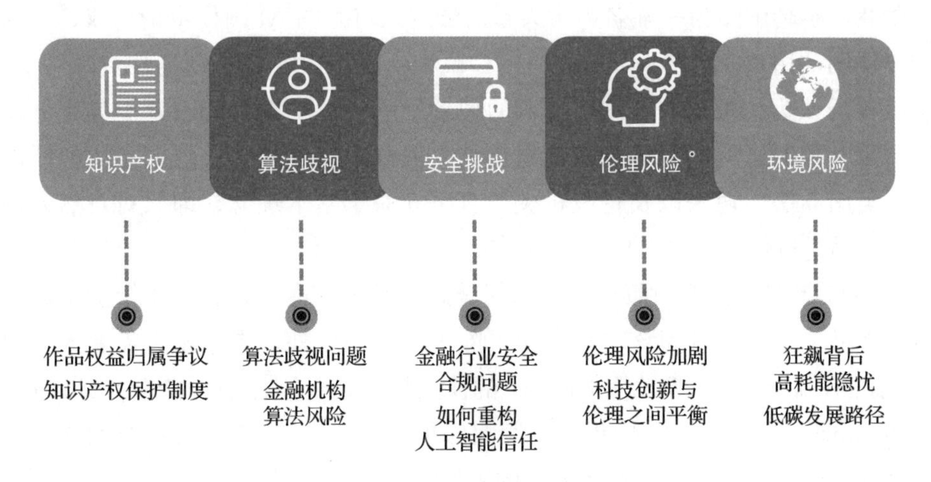

图 7-1　AIGC 科技治理挑战

7.6.1 知识产权

AIGC 未来有较广阔的发展空间，在人们惊叹 ChatGPT 等大模型“超能力”的同时，出现了相应的知识产权、数据安全、技术伦理等方面的风险和隐患，引起了各方的重视和关注。大模型的训练数据来自互联网的大量文本，大模型根据所学到的内容来回答问题或生成文本，其学习的能力很大程度上依赖于海量网络公开数据。AI 训练过程中不可避免地会涉及对他人享有著作权的作品进行复制使用，存在一定著作权侵权的风险。

1. 生成式作品权益归属争议

AIGC 作品的权益归属问题在当前人工智能和知识产权领域引发了广泛关注。AIGC 技术涉及大规模的数据输入、多样化的输出结果以及黑盒性质的算法，这使得该技术在现有的知识产权保护框架下引发了众多尚待解决的问题。一方面，AIGC 作品的生成过程常常需要大量输入数据，而作品的输出结果又可能在形式、内容和创意上具有多样性，这使得传统的著作权保护机制难以涵盖所有的新情况。另一方面，AIGC 技术的内部运作机制常常是黑盒性质的，即难以准确追溯作品生成的具体过程，这给权益归属和侵权追溯带来了复杂性。

美国版权局对 AI 作品著作权的一项裁决曾引发争议。英国萨里大学教授斯蒂芬·泰勒试图为一幅名为《天堂的最近入口》的 AI 画作申请版权，但因难以证明“用户（自然人）对于 AIGC 模型生成的内容存在创造性贡献”，美国版权局认为，根据对 AIGC 技术的理解，用户对于输出的内容不具有创作性贡献和控制，应当拒绝版权注册申请，驳回了这一申请。但深层次的原因是，美国立法、司法以及行政机关一直坚守一个基本理念，即只对自然人创作的作品进行保护。

2023 年 3 月，美国版权局发布了《版权登记指南：包含人工智能生成材料的作品》这一文件。该文件指出，除了提示词之外，作品始终需要人工输入 / 控制；版权申请者必须披露 AI 的使用情况，否则注册可能会受到影响；Midjourney 等生成的 AI 图像不受版权保护，但文字与 AI 图片结合而成的漫画书受版权保护，因里面存在人类的工作成果。

目前，针对生成式作品的权益归属问题存在多种不同的观点和立场。

1）自然人创造性贡献问题：传统上，著作权法通常要求作品具有创造性和原创性，以保护个人创作者的权益。然而，AIGC 作品往往是通过算法模型自动生成的，其中融合了用户输入和算法的组合。在这种情况下，是否可以认为用户对作品有足够大的创造性贡献这一问题引发了争议。这进一步引发了如何界定创作贡献和创作者的问题。

2）算法的角色：AIGC 作品的背后通常是复杂的算法，而这些算法往往是黑盒性质的，难以解释清楚算法是如何生成特定作品的。这导致确定创作者变得更加困难，因为作品的生成涉及多种因素，包括训练数据、模型结构和用户输入。因此，权益归属问题不仅涉及个体的创造性，还涉及了技术系统的角色。

3）人机协作：AIGC 作品常常是人与机器的协作结果。尽管作品的生成是由算法完成的，但用户的输入和指导也可以被视为创作过程中的一部分。这引发了关于如何界定用户作为创作者所做出的贡献的争议。

诚然，AIGC 技术在知识产权保护方面带来了特殊而复杂的问题。作为一种新兴的技术，它挑战了传统知识产权框架的适用性。但如同阿尔文·托夫勒在《第三次浪潮》中所言，面对科学技术发展所带来的剧变和不安，我们需要讨论的是“这一模式和这份希望”。AIGC 正越来越多地用于数字内容领域的创意性生成工作，为人机协作范式奠定了重要基础。生成式作品权益归属的问题属于一个复杂且仍在发展中的领域，需要从法律、技术和伦理等维度进行深入的研究与讨论，以寻找平衡各方利益的解决方案，并且更好地推动 AIGC 生态可持续发展。

2. 探索完善知识产权保护制度

对于生成式 AI 的保护，一些国家开始了探索。日本著作权法已将“计算机在必要限度内使用作品”纳入“合理使用”范畴，欧盟也通过“单一数字市场版权指令”让文本与数据挖掘的版权可以作为“例外”获得保护。

中国《生成式人工智能服务管理暂行办法》第七条规定，“涉及知识产权的，不得侵害他人依法享有的知识产权”。然而，以图片、文本、语音、视频等作为生成内容形式的模型，在训练的过程中通常需要使用大量类似的素材作为训练数据，这些数据不可避免地会涉及知识产权相关风险。针对此种情形，《办法》仅明确了“尊重知识产权”的基调，对于何种情形构成侵害他人依法享有的知识产权、何种情形可能构成 AIGC 语境下的合理使用，仍有待立法、司法实践的进一步明确与细化。

那么，在当下我们可以考虑先行探索完善知识产权保护。比如，从技术层面优化完善模型的设计。AIGC 模型在创新能力方面存在固有的限制，其生成结果无法以创造性的方式与训练数据保持差异。如何解决这些局限性？伦敦玛丽女王大学的研究团队认为，可通过对 AIGC 模型的优化与重写，使其主动偏离训练数据，能在一定程度上避免对原版权作品的侵权。[㊀]也可以探索通过外部检测技术或者完善 AIGC 模型标注机制，对 AIGC 内容进行打标，使其与自然人创作的内容加以区分，防止可能涉及的版权法律风险并进行相应处理。

另外，探索“创作者—权利人”之间的约定协议，明确版权划分。在有用户协议的情况下，根据约定优先原则进行版权分配；在没有用户协议的情况下，可以考虑将版权归属划分于投资者，而用户获得使用权。《办法》第九条要求人工智能服务商与使用者签订协议以明确双方权利义务边界。这可以作为约定人工智能版权分配的先声。建立约定协议，可能是明确人工智能创作物的著作权归属的一个较优选项。这样的方式不会对现有法律体系造成结构性冲击，还可以激发人工智能生成应用拓宽边界。

尽管 AIGC 的技术壁垒之高、影响之复杂为立法技术带来了艰巨挑战，但我们不可裹足不前。监管部门、科技创新主体单位需要认清当前我国人工智能科技研发领域的现实差距，控制风险但不能“因噎废食”。“不要温和地走入那良夜”，我们不要在前路未明时固步自封，延缓甚至阻碍人工智能技术的发展，但也不能听之任之，毫无戒备地投身于智能化的新历史阶段。坚持“发展才是硬道理”的原则，以最大的热情鼓励和促进技术的发展，同时以最审慎的心态，秉承技术中立的价值，开放包容，坚守底线，推进技术创新，探索完善人工智能知识产权保护制度。

7.6.2 算法歧视

算法歧视是人工智能时代的一个重要问题，在使用算法进行决策或推荐

㊀ Sebastian Berns & Simon Colton, Bridging Generative Deep Learning and Computational Creativity, https://computationalcreativity.net/iccc20/papers/164-iccc20.pdf, 2023/2/20.

时，若算法存在偏见或不公平性，则会导致某些特定群体或个人受到不公正对待的情况。大数据时代，算法歧视的典型表现之一就是互联网平台对老用户的“杀熟”。一些平台利用大数据和算法对用户进行画像分析，进而对不同用户群体提供差别性报价，以达到销售额最大化或吸引新用户等目的。

AIGC 技术具有涌现能力，使得算法歧视问题更加突出。在这一框架下，算法歧视不仅仅是由于个别开发者的偏见和主观意愿产生的，更有可能是一种系统的、结构性的歧视导致。后者不仅涉及个人的权益问题，也关系着社会公平、公正、伦理等重大问题。

1. 大模型算法歧视问题凸显

随着模型参数的爆炸式增长，算法在提升决策准确性的同时带来了可解释性和透明性的问题。当参数规模和数据量突破某个阈值时，大模型的性能显著提升，产生涌现能力。这种涌现特性尽管增强了人工智能的认知能力，扩展了多场景应用的潜力，也带来了难以量化和检测的算法妨害风险。

现有的主体责任制和场景化监管的监管模式虽然可以满足事后追责要求，但缺乏有效的事前预防、事中监督等具有预防性、时效性和实效性的措施，从而难以应对算法妨害效应。

算法歧视不仅在直接层面上侵害特定主体的合法权益、经营者的竞争性利益和民众的基本人权，还在间接层面上加深了既有偏见，加剧了数字鸿沟，不利于人工智能产业的长远发展。

因此，亟须对算法歧视进行规制。通过对算法歧视的肇因进行追根溯源，可以发现算法歧视是算法开发者的内隐偏见嵌于算法、数据偏差、算法黑箱等信息不对称情况的结果。为了解决这一问题，需要采取一系列措施，包括增强算法的可解释性和透明性、加强监管和审查、促进数据多样性和公平性等。[1]

2. 金融机构应对算法风险之道

金融机构在使用算法决策时需要充分考虑各种可能的问题和挑战，并采取相应的措施来应对。同时，要意识到算法决策的局限性和不足之处，遵循

---

[1] 资料来源：谢永江，杨永兴. 人工智能时代下的算法歧视及其治理研究 [J]. 北京邮电大学学报（社会科学版），2022，24（5）：18-25.

风险管理的基本原则和方法，综合运用多种风险评估方法，加强数据保护和信息安全，建立合乎伦理的算法价值观，以保障金融机构的稳健运营和客户的合法权益。

如何应对算法风险？

1）规制算法歧视，金融机构首先要树立正确的算法价值观。《正义论》作者约翰·罗尔斯认为，社会公正是一个社会制度的首要价值。要大力弘扬社会主义核心价值观，遵循《关于平台经济领域的反垄断指南》《互联网信息服务算法推荐管理规定》等规范性法律文件，积极引导算法工程师树立公正的算法意识，构建信任的人机关系，最终推动人工智能产业的健康发展。

2）金融机构应重视算法的技术规制，从一开始就将算法透明性、算法可解释性、算法问责、算法审计等价值需求嵌入大模型算法的设计当中。尽可能采用多元化数据集，避免由于数据样本缺失或采样不均而产生的算法歧视问题。研究和运用安全多方计算、联邦学习、TEE 等隐私计算技术，为算法提供强有力的安全计算支持，维护算法的公平性。

3）开展人工智能业务时，应向监管机构提供全面的解释，包括系统的解决方案、算法实现原理、模型训练方法等，赋予用户更多的权利，充分提示人工智能算法的固有缺陷和使用风险，充分保护投资者的知情权和自主决策权，并避免相关的声誉风险。

4）建立人工复核机制。商业银行应当明确人工复核验证的触发条件，合理设置人工复核验证的操作规程。比如，在贷前审批环节，对接近某一评分的审批结果进行人工复核；又如，在运用人工智能处理人脸核身业务时，可定期对审核结果进行人工抽检，从而及时发现并解决算法模型可能存在的未知问题，防范模型风险。

5）探索算法规制的市场路径。金融业可以通过发布透明度报告等方式来公布算法公平指数，以赢得用户信任。公权力机关也可以通过投资和采购的方式，引导行业提高算法公平指数，减少算法歧视的发生。

形成创新与治理双轮驱动，软硬结合、梯次接续的算法治理格局，是一项亟须改变、影响未来、意义深远的议题。未来，全社会还须对监管法律法规、监管工具体系以及技术环境等要素进行持续的探索优化，在利用算法帮助我们高效生产的同时，充分尊重人类的平等权利与尊严。

7.6.3 安全挑战

ChatGPT 的面世推动人工智能发展史迎来奇点。当下，金融机构对 AIGC 大模型的需求主要集中在风险评估和管理、个性化客户体验、诈骗检测和反洗钱、市场分析和预测，以及自动化和效率提升等方面，以期提升竞争力、降低风险、提供更好的金融服务。但同时，金融业也不得不面对大模型带来的一系列风险和挑战。

1. 高悬金融业头顶的“达摩克利斯之剑”

风控是金融机构可持续发展的生命线，安全合规始终是高悬在银行头上的“达摩克利斯之剑”。

通用大语言模型训练的数据主要来源于互联网，其中可能包括个人隐私数据，并且预训练模型强大的推理能力可能会导致用户隐私数据泄露的风险。AIGC 技术的滥用带来了许多潜在的风险，比如，不法分子通过利用 AI 换脸、AI 换声等虚假音视频技术，进行金融电信诈骗违法行为，对各行各业都带来了威胁。

在 MaaS 的产业应用模式下，生成模型存在一些内生安全问题，如遭受后门攻击、数据“中毒”等，对此需要考虑如何将被攻击模型中的“有毒”数据去除。与此同时，用户数据通常以明文形式提交给模型服务提供商，如何利用现有的加密技术保护用户数据隐私，这对于金融等行业都是一个重要的安全挑战。

生成式大语言模型往往会快速生成看起来“合理”的答案，但这些答案有时存在事实性错误，甚至违背社会道德常理，出现所谓的“幻觉”或“随机的鹦鹉学舌”现象。若大模型生成的内容存在错误或不准确的信息，则可能让金融人员、用户根据这些信息做出错误投资决策，导致资金损失和风险增加，影响金融机构和投资者的经济利益。

2. 重构人工智能信任

为了确保人工智能技术的安全和可靠性，我们迫切需要重构人工智能信任。建立透明和可解释性的算法是金融机构需要迈出的重要一步。打开内部的“黑匣子”，用可解释的人工智能算法，使人工智能的决策过程可理解、可验证，从而增加信任度。

加强对客户数据的隐私保护是至关重要的，采取严格的数据加密、存储和访问控制措施，确保客户的敏感信息不被滥用或泄露。同时，遵守相关法规和合规要求，保护客户数据的安全和合法性。

确保人工智能模型的鲁棒性，使其能够应对对抗攻击和恶意操纵。金融机构要切实发挥主体责任加强模型的安全防护，防止模型被攻击者篡改或利用，以保障金融业务的安全和可靠性。

金融机构也应积极与监管机构合作，制定和遵守相关的规范和标准，推动人工智能应用的合规性和可信度，共同打击欺诈。一方面，引入人工智能辅助技术，实施多层次、多模态身份核验，全面升级网络安全和数据安全策略，针对异常行为进行监测；另一方面，加强关于人工智能的教育和沟通，提高金融从业人员和公众对人工智能技术的理解和认知。通过培训和信息披露，让人们了解人工智能的潜在风险和挑战，建立更加全面和深入的信任。直面安全挑战重构人工智能信任，金融机构可以更好地应对风险、提高合规性，并赢得客户和监管机构的信任，从而实现可持续发展。

7.6.4　伦理风险

20 世纪中叶，诺伯特 · 维纳具有预见性地认为，让机器像人一样思考并非不可实现。从伦理的角度来看，他强调了技术发展背后的伦理责任，并将其为“伟大的正义原则”。美国技术哲学家詹姆斯 · 摩尔曾经提出过这样一条定律，也被称为科技伦理领域的摩尔定律：“伴随着技术革命，社会影响增大，伦理问题也增加。”[㊀]人工智能既使生产力飞跃，也在不断考验着人类伦理道德。

1. 伦理风险加剧

长期以来，人工智能面临着算法歧视、隐私泄露、数据滥用以及著作权侵权等一系列问题。AIGC 技术正在成为推动人工智能未来发展的重要力量，但同时大大增加了人工智能伦理风险。例如，数据集的公正性缺陷可能使得模型生成带有种族、意识形态、宗教歧视的内容，进而引发价值观冲突和“观点霸权”问题。此外，黑箱算法的存在进一步放大了社会伦理风险，形成

㊀ 资料来源：尤瑞恩 · 范登 · 霍温，等 . 信息技术与道德哲学 [M]. 赵迎欢，等，译 . 科学出版社，2014：13.

了“马太效应”。

而恶意利用 AIGC 技术进行虚假信息传播、欺诈等行为，也可能导致金融风险增加。AIGC 可能造成个人隐私泄露和数据的滥用，生成具有虚假内容，将引发社会不公，产生系列法律、道德、伦理风险。在知识产权和著作权方面，现有法律法规往往无法完全适应 AIGC 技术的发展和应用，也导致侵权问题突出。解决这些问题需要跨学科、跨国界的合作，以确保人工智能的发展能够在伦理和法律框架内实现，最大限度地降低风险。

目前，人工智能的伦理问题也引起了联合国教科文组织的注意，该组织呼吁各国政府尽快实施首份人工智能伦理问题全球性文件——《人工智能伦理问题建议书》。该建议书对于人工智能领域的歧视、性别不平等问题，以及打击虚假信息、隐私权、个人数据保护等方面提出了许多重要的建议和指导原则，以促进人工智能的可持续发展和广泛应用。在中国，AI 伦理立法正稳步推进。2021 年 9 月，国家发布《新一代人工智能伦理规范》，提出了增进人类福祉、促进公平公正、保护隐私安全、确保可控可信、强化责任担当、提升伦理素养等 6 项基本伦理要求。同时提出人工智能管理、研发、供应、使用等特定活动的 18 项具体伦理要求。

人工智能的伦理问题是一个重要的议题，需要我们共同努力来应对。各国政府应加强监管和技术管理，同时，通过加强监管、加强教育和宣传，以及完善相关的法律法规和规范标准，确保人工智能技术可持续发展和应用，保护人类权益。

2. 在科技创新与伦理之间寻找平衡

人到半山路更陡，船至中流浪愈急。对于身处 AI 时代洪流、正在经历发展范式转变的金融业来说，这是一个愈进愈难、愈进愈险而又不进则退、非进不可的阶段。在金融业应用大模型进行服务创新的进程中，遵守法律是金融机构应对 AIGC 技术伦理风险的基本要求。金融机构应坚持以人为本，遵循人类共同价值观，坚持“不作恶”，引导科技“向善”，迈向可持续发展。并且，与监管机构保持良好的沟通和合作，确保技术应用符合最新法规要求。

金融业也应主动制定清晰的伦理框架和政策，明确 AIGC 技术的道德和伦理准则，并将其纳入组织的价值观和行为准则中。强化数据隐私保护，包括数据收集、存储、传输和处理全流程中的安全措施，明确的数据使用范围，避免滥用和不当处理敏感信息。提高 AIGC 技术算法的透明度和可解释性，使其决策过程更加可理解和可解释。AI 算法的设计应该遵守公正和透明原则，避免歧视和偏见。

针对算法偏见、安全漏洞和对抗攻击进行风险评估测试，模拟、测试 AIGC 技术在不同风险级别下的应对能力和可靠性。各金融主体应积极参与行业内的合作和标准制定，共同制定可操作性强的 AIGC 技术伦理准则，形成共识和规范，推动金融业可持续及健康发展。

科技进步无疑为人类带来了巨大的利益，但我们同样需要关注伴随而来的道德伦理问题，同时不能因为担心风险而停止对新技术的研发和应用。在科技创新与道德伦理之间寻找平衡是一项复杂而重要的任务，需要全社会长期共同努力。

7.6.5 环境风险

大模型在人工智能领域的突破引起了巨大轰动，带来了全新的生产范式。大模型技术挑战了传统认知框架和算法思维方式。这一突破性进展颠覆了人们对传统算法的依赖和认知上的局限，为人工智能技术的发展铺平了道路。但随着模型的增大，问题也接踵而至。大模型庞大的计算资源和能源消耗，给环境带来了巨大的压力。“双碳发展”已是全球共识，大模型节能降碳刻不容缓。

1. 大模型“狂飙”背后的高耗能隐忧

大模型规模的膨胀促使其所需的计算资源和训练时间同步持续增加。这不仅加大了硬件设备的压力，还导致数据中心的能耗急剧上升。斯坦福大学人工智能技术研究室（HAI）公布的《2023 年人工智能指数报告》显示，如图 7-2 所示，仅训练 GPT-3，就消耗了 128.7 万千瓦时能量，产生了 502 吨碳排放，相当于数百辆汽车一整年的排放量。

现在大模型训练的环境成本越来越贵，堪称妥妥的“耗电大户”，会产生大量的碳排放。GPT-3 模型被认为是有据可查的能耗第一名。即使是相对更高效的 BLOOM 模型，它的耗电量也达到 433 兆瓦时，足以为一个普通美国家庭供电 41 年。这无疑对全球碳中和目标的实现带来了挑战。如何解决大模型的高能耗问题，是人类面临的新挑战。

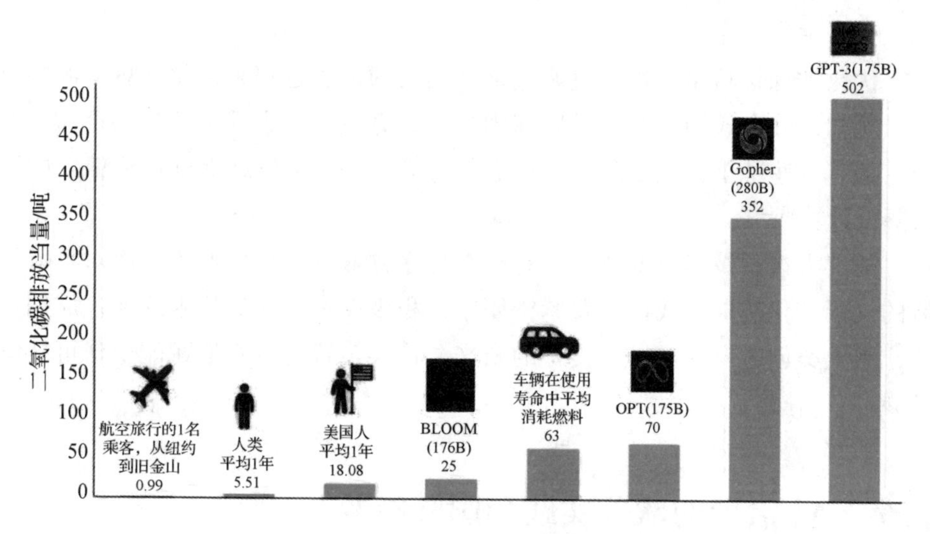

图 7-2 《2023 年人工智能指数报告》的 CO_2 排放当量数据

2. 大模型低碳发展路径

应对大模型开发碳排放挑战，通过采取提高模型效率、优化算法和模型、推广绿色计算资源等做法，我们可以在碳中和道路上取得更多的突破，实现经济、社会与环境的协调发展。

（1）改进模型算法和设计

优化算法和模型结构，提高大模型的训练和运行效率，降低所需的计算资源和能耗。在设计模型时，应该考虑如何最小化模型中参数的数量和最大限度地利用模型架构的特征。例如，研究者可以利用知识蒸馏、模型剪枝等技术，对大模型进行压缩和精简，从而降低其在实际应用中的能耗。

（2）推广绿色计算资源

推广绿色数据中心和可再生能源，以减少大模型开发过程中的碳排放。例如，数据中心可以采用太阳能、风能等可再生能源进行供电，并利用高效的散热系统降低能耗。

（3）采用能效硬件设备

硬件优化是一种通过升级硬件来优化大模型计算效率的方法。可以采用更加节能的硬件设备，优化数据中心的设计，提高数据中心的能源利用效率，使用自然冷却系统等，来减少能源消耗。

（4）优化训练技巧

优化训练技巧是一种通过调整神经网络的训练过程来优化计算资源的方法。例如，分布式训练技术可以利用多台计算机分担大规模计算的负荷。此外，还有一些基于梯度下降算法的近似计算方法，能够在保证模型精度的同时降低计算成本。

随着大模型技术不断成熟，它将在更多领域发挥重要作用。面对日益严峻的气候变化挑战，我们需要紧密团结，积极探索大模型技术的绿色应用道路，为人类创造一个和谐、美好的未来，让人工智能更好地赋能全球可持续发展。

7.7 AI 治理的欧美实践和国际经验

“人工智能从你出生那天就认识你，读过你所有的电子邮件，听过你所有电话录音，知道你最爱的电影……”尤瓦尔·赫拉利在《未来简史》一书中勾勒了这样一种未来场景：人工智能比人类更了解自己。步入大模型时代，人类的生活习惯和生产方式被加速重塑，科幻和现实渗透，惊喜与担忧交加。

智能化乌卡（VUCA）时代充满未知，未来，人类和机器该怎样共生？欧美在 AI 治理方面通过法规、指南、合作和机制建设等方式推动负责任的 AI 应用。这些措施平衡了技术创新和社会利益，为 AI 的可持续发展和利益最大化提供了指导与借鉴意义。

7.7.1 欧美 AI 治理的实践

欧盟希望自己成为 AI 道德领域的领导者。2018 年 5 月，欧盟出台《通用数据保护条例》（GDPR），规范数据收集者的操作，禁止网络公司以默认隐藏的模式收集用户数据，同时保障用户对自己数据完全自主的权利。对于违规者，欧盟将处以巨额罚款。

2019 年，欧盟发布《可信赖人工智能道德准则》，提出了实现可信赖人工智能全生命周期的框架。该文件提出了 4 项伦理准则——尊重人自主性、预防伤害、公平性和可解释性，并且列出实现可信赖 AI 的 7 个关键条件，即人的能动性和监督；技术稳健性和安全性；隐私和数据管理；透明度；多样性、非歧视性和公平性；社会和环境福祉；问责。该文件将“信任”与“可信赖”等术语置于核心地位，这些也是世界各个国家与地区制定的人工智能伦理准则中被广泛使用的概念。

2023 年 6 月，欧洲议会又迈出了具有历史意义的重要一步，通过了《人工智能法案》的草案，但该法案距离完全生效可能还需数年时间。这一举措为未来的人工智能监管奠定了法律基础，使超越道德和法律的人工智能科技在欧洲打开了一扇利用法律监管的大门。同时，该法案也在欧洲立下了全球人工智能监管的新标准。

美国前总统特朗普曾强调推动“美国优先”的 AI 战略，重点包括研发、资源倾斜、自动化、国际推广、建立道德标准等计划，旨在引导可靠、稳健、可信、安全、简洁和可协作的人工智能系统的开发。

考虑到人工智能技术本身仍处于发展的早期阶段，美国为了平衡创新与治理的需要，采取了较为宽松的“软监管”策略。2020 年 1 月，美国联邦政府发布了《人工智能应用的监管指南》，要求联邦政府以减少人工智能技术应用的障碍和促进技术创新为目标。在治理主体上，美国成立了“人工智能国家安全委员会”，由政府官员、科学家、企业高管和学者等组成的多元治理主体。

可以看出，美国不但侧重维护自身核心价值，而且强调对人工智能创新与发展的促进，避免出现一刀切式的过度干预。其政策优先考虑如何不通过政策手段阻碍人工智能技术和产业发展，降低创新门槛和成本，高度重视为人工智能应用创建“安全港”，提供监管豁免条件等。

7.7.2　国际 AI 治理的启示与借鉴

欧盟和美国等西方多数国家都主张采用多元主体参与、协同共治的模式，人工智能治理从政府主导向“政府 + 市场”主导转型，希望既加速人工智能产业发展，又同步推进监管规则的制定。

欧美实践为中国的可信 AI 治理提供了启示。

首先，欧洲的实践强调将伦理和价值观融入 AI 的设计、开发和应用过程中。一方面，重视伦理和社会影响，确保 AI 系统的设计和应用符合公平性、非歧视性和包容性原则。另一方面，在数据保护和隐私方面采取严格的法规与标准进行，金融机构应关注并遵守相关法律，确保个人数据的合法、透明和安全处理。

其次，努力确保 AI 算法和模型具有透明度与可解释性，使用户和监管机构能够理解决策的依据及过程，这有助于建立信任。金融机构可借鉴欧洲的实践，建立风险管理和评估机制，对 AI 系统进行定期审查和评估，以确保其合规性、公平性和稳健性。

另外，金融机构要积极参与国际合作，密切跟踪技术前沿，科学、动态地制定和调整伦理规范，并且倡导发展“以人为本”的人工智能，共同参与制定伦理治理标准和规范，从而让 AI 的发展符合社会伦理，为人类创造积极价值。

7.8 AIGC 的中国合规发展与治理建议

“我们总是高估未来两年的技术改变，但低估未来十年的技术影响。”正如比尔·盖茨所言，AI 在下一个黄金十年将进一步释放在历次科技革命和产业变革中积蓄的巨大能量。推动 AIGC 健康发展和规范应用，亟须各方协同努力，以促进市场潜力释放。

7.8.1 监管文件规范 AIGC 发展

人工智能发展的趋势已不可逆转，大模型将成为大国科技必争之地。然而，与科技的高速发展相比，目前的法律和伦理仍处于起步探索阶段。在 AIGC 方面，中外监管思路存在差异。欧美侧重于从数据安全、数据保护和数据治理的角度进行监管；而中国则采取综合治理的思路，强调权益保护、数据治理和内容治理等多个方面的监管。

为了促进 AIGC 的健康发展和规范应用，维护国家安全和社会公共利益，保护公民、法人和其他组织的合法权益，2023 年 7 月，国家网信办等 7 个部门联合发布《生成式人工智能服务管理暂行办法》(简称《办法》)，并于 2023 年 8 月 15 日起施行。这是国家首次发布的专门针对 AIGC 进行系统监管的文件，重点强调了 AIGC 产品的训练数据及生成内容的真实性，对技术发展与治理做出了具体要求。

《办法》提出国家坚持发展和安全并重、促进创新和依法治理相结合的原则，采取有效措施鼓励 AIGC 创新发展，对 AIGC 服务实行包容审慎和分类分级监管，明确了提供和使用 AIGC 服务的总体要求。并且，《办法》明确了发展与安全并重、创新和依法治理相结合，将“发展”置于“安全”前、“创新”置于“治理”之前，还明确指出“鼓励生成式人工智能技术在各行业、各领域的创新应用”等。相比于此前的征求意见稿，正式文件基调从“强监管、御风险”转变为“包容审慎、鼓励发展”，表现了中央对 AIGC 技术发展的支持。

《办法》是一个重要的信号，体现了提前研判、提前介入、提前监管的思路。未来相关监管法规将不断完善，有望指引 AIGC 行业的发展方向，促进行业长期健康发展。同时，政府、企业和社会各界也需要共同努力，加强合作与沟通，共同推动 AIGC 技术的创新和应用，为社会创造了更多的福祉和发展机会。

7.8.2 探索共筑可信 AIGC 生态新范式

在中国，金融机构开展 AIGC 合规发展和有效治理尤为重要。其共筑可信生态的目标可从以下路径进行。

1)“三驾马车”共护数据安全。《中华人民共和国网络安全法》《中华人民共和国数据安全法》《中华人民共和国个人信息保护法》这“三驾马车”构成了我国数据安全领域完整的基础性法律体系。金融机构主体要遵守现行相关法律体系以及征求意见稿等最新监管规定，建立健全内部监管制度。在训练数据、数据清洗、数据出境等全流程中采取严格的数据安全措施，构建和完善合理的数据采集、使用和共享机制，防止数据泄露和滥用。

2）建立算法模型审查机制。金融机构在 AIGC 产品上线前应主动进行事前审查，及时发现其运作程序、服务内容存在的问题，弥补外部监督的缺陷，使算法伦理问题可溯源、可追责。借助决策树、特征重要性、敏感性分析、原型选择等算法解释器，以合适的方式在一定程度上向监管部门和公众说明自动化决策的内在逻辑，履行透明度义务，回应公众所关心的特定因素对算法决策的具体影响。

3）加强 AIGC 技术研究和创新，持续改进应用。积极应用隐私计算、区块链等新技术和新模型，创新算法保护和伦理判别的技术手段。定期审核、评估、验证生成 / 合成类算法机制原理，持续评估人工智能系统的性能、合规性和风险。并且，根据反馈结果及时调整和改进系统，使模型应用与人类价值观保持一致并遵循人类意图。

4）建立独立伦理委员会或审查机制。探索人工智能伦理治理，基于风险分级和应用分类，采取政策指南、监管沙盒、试点、标准认证等多元化监管措施。加强对生成内容审查及内容过滤，避免基于种族、性别、年龄等因素造成的偏见和不公平现象，打造可信 AIGC 生态。

5）建立健全应急处置制度。对人工智能系统的使用进行风险评估和管理，包括技术风险、操作风险和道德风险等方面。建立相应的风险管理框架和流程，定期开展应急演练，测试和评估安全应急预案的可行性与有效性。

6）积极构建人才培养体系。加快高水平 AIGC 人才培养，打造领军人才和创新团队。布局一批适应 AIGC 技术研究所需的科教资源和数字化资源平台，促进各类创新要素优化聚集，深化产学研合作。

7）广泛开展国际交流合作。学习借鉴国际 AIGC 领域的先进经验，与其他组织、学术界和政府机构进行合作，共享最佳实践。参与行业标准制定，促进大模型绿色低碳发展。

AIGC 的诞生既带来了许多惊喜和创新，也引发了争议和挑战。面对这种新兴技术，我们需要保持开放、包容和积极的态度，寻求法律和制度的创新来规制风险，实现可持续发展。AI 是不能错过的一次革命。麦肯锡预测，未来 10 年的科技进步，将超过之前 100 年的总和。AI 作为新的“电力”，有望在未来几年改变所有主流行业。守正创新，行稳致远，共筑可信 AIGC 生态新范式，必将用科技造福全社会。

CHAPTER 8

第8章

面向金融业的提示工程

提示工程（Prompt Engineering）是AIGC领域最重要的研究方向之一。提示工程能够激发模型的潜在知识和能力；使模型理解输入的问题或任务，提供相关的回答；能够改进模型的生成输出，提高可读性、连贯性和准确性。㊀

通过合理构建和训练提示词模板，AIGC能够更好地服务于金融领域。AIGC在金融业的智能化改造过程中发挥着关键的作用，能够帮助金融专业人士和机构实现更高效、精准和智能化的工作方式。全面了解提示工程在金融业中的作用和应用，掌握其关键要点和使用技巧，对于推动金融业的智能化转型有重要的意义。

在本章中，我们将深入探讨提示工程的基本概念、训练要点和使用技巧，

㊀ 资料来源：龙志勇、黄雯，《大模型时代：ChatGPT开启通用人工智能浪潮》，中译出版社。

以及它在金融领域的多种应用场景。在全面了解这一技术的核心要素后，我们将重点讨论金融业提示工程的训练要点，揭示如何构建高质量的金融提示词模板，并分享一些有效的训练技巧。此外，我们还将提供金融业提示工程的使用技巧，帮助读者更好地应用这一技术来解决金融业务中的实际问题。我们还会试着探讨提示工程在金融领域的使用场景，及其在金融领域的未来发展趋势。

8.1 提示工程的基本概念

8.1.1 什么是提示工程

提示工程是一种针对预训练语言模型（如 ChatGPT），通过设计、实验和优化输入提示来引导模型生成高质量、准确、有针对性的输出的技术。[㊀]由此可知，提示工程就是通过提示词来引导模型生成的一种技术。

提示工程在自然语言处理领域扮演着重要角色，特别在金融业务中，它可以帮助金融机构和专业人员更高效地与 AIGC 进行交互，从而快速获得所需的信息和解决方案。

以客户的资料统计功能为例。在传统的客户资料统计中，工作人员需要手动输入客户的信息，并且由于数据来源的差异化，可能存在数据格式、数据的排列顺序不一致等问题。通过使用提示词，工作人员可以要求 AIGC 在对数据进行统计和整理时，按照固定的格式生成整齐划一的客户资料表。

例如，可以将提示词设定如下。

请按照以下格式对客户的资料进行排列整理：1. 客户姓名；2. 身份证号码；3. 年龄；4. 家庭住址；5. 联系电话。

此外，在金融投资领域，通过优化提示词模板，AIGC 能够更好地理解用户的意图，并生成更准确、个性化的回答，从而提升金融领域智能化服务的质量和效率。例如，在智能客服的数据库中，梳理出“上市公司 + 股票 + 表现 + 价格 + 投资 + 走势”等提示词，并将其形成提示词模板“喂给”AIGC。当投资者需要了解某一只股票的走势时，AIGC 可以通过“苹果公司股票近

㊀ 资料来源：陈峥，《与 AI 对话：ChatGPT 提示工程揭秘》，电子工业出版社。

期表现如何？未来是否值得投资？”的用户提问，理解用户关心的是苹果公司的股票表现和投资建议，然后生成相应的回答，包括最近的股票价格趋势、相关新闻、分析师的评价等信息，从而为投资者提供有价值的信息和决策支持。

提示工程是一项重要的技术，它可以帮助研究人员提升大语言模型在处理复杂任务场景中的能力，如问答和算术推理。同时，开发人员也可以借助提示工程来设计和研发强大的工程技术解决方案，实现与大语言模型或其他生态工具的高效“接轨”。

同时，提示工程远不止于设计和研发提示词，它涵盖了与大语言模型进行交互和研发所需的各种技能与技术。在实现与大语言模型的交互、对接以及理解等方面，提示工程都扮演着重要的角色。

通过提示工程，用户可以提高大语言模型的安全性，并为其赋能。比如，借助专业领域知识和外部工具，可以增强大语言模型在特定领域的能力和适应性。这种能力扩展可以使大语言模型在金融、医疗、法律等领域提供更加精准和有价值的服务。

提示工程不仅仅是简单的输入提示词，而且涉及与大语言模型的深度交互。它要求开发人员具备理解和运用大语言模型的技能，以及对特定任务和场景进行深刻理解。通过对提示工程的巧妙设计，可以使大语言模型更加智能、灵活，进而满足更广泛的应用需求。

总的来说，提示工程是一项开创性的技术，为大语言模型的应用提供了新的可能性。通过合理利用提示工程的技巧，研究人员和开发人员可以共同推动人工智能技术在各个领域的创新与发展。

8.1.2　提示工程的组成部分

提示工程主要包括以下要素。

1. 上下文

上下文是提示工程中一个重要的组成部分，它包含了外部信息或额外的上下文信息，用于指导语言模型更好地理解用户的意图和需求。上下文可以是之前的对话内容、历史记录，也可以是与特定任务相关的背景信息。用户通过提供充分的上下文，可以让语言模型更好地进行推理和决策，从而得到更加合理和连贯的回复。

2. 指令

提示工程中的指令是指用户想要模型执行的特定任务或指示。通过合理设置指令，可以引导语言模型专注于特定的问题或任务，从而获得更加准确和有用的输出。指令可以是简短的关键词，也可以是完整的句子，具体取决于任务的复杂程度和模型的要求。

3. 输入数据

输入数据是指用户向语言模型提供的内容或问题。这些数据可以是文本、图像、语音等形式，取决于模型所能处理的数据类型。输入数据是提示工程的触发点，它们会激活模型的学习和生成过程，并决定了模型的输出。

4. 输出指示

输出指示是提示工程中的一个关键要素，它用于指定输出结果的类型或格式。用户通过设置输出指示，可以告诉语言模型生成特定类型的回复或结果，如文本、图像、表格等。输出指示有助于确保语言模型生成的内容符合预期，并满足特定任务的需求。

综上所述，提示工程的组成部分包括上下文、指令、输入数据和输出指示。这些要素共同构成了一个完整的提示。通过合理设置和设计，用户可以引导 AIGC 在特定任务或场景中表现出更加智能和高效的能力，为用户提供更优质的体验和服务。

为了更好地理解各个部分的含义，我们以下面分析股票市场行情的场景为例，介绍提示词。

```
[上下文]
你是一家投资银行的数据分析师，专门负责分析股票市场的行情。你收到了一位客户的需求，他希望通过历史股票价格来预测未来的投资走势。你的任务是提供该股票最近一年的趋势分析，并给出未来三个月的投资建议。
[指令]
使用下方提供的股票历史数据，分析股票的涨跌趋势，计算均线，并基于现有数据给出未来三个月的投资建议。
[输入数据]
{
```

```
  "股票代码": "AAPL",
  "历史价格": [
    {"日期": "2022-07-01", "收盘价": 145.64},
    {"日期": "2022-08-01", "收盘价": 148.89},
    {"日期": "2022-09-01", "收盘价": 142.45},
    // ... 更多历史数据 ...
    {"日期": "2023-06-01", "收盘价": 155.32}
  ]
}
[输出指示]
输出应以文字形式给出分析结果，包括以下内容：
1. 对最近一年的股票价格涨跌趋势的分析。
2. 计算该股票的 30 天、90 天和 180 天的均线。
3. 基于以上分析，给出未来三个月的投资建议，如购买、持有或卖出，并解释理由。
```

8.1.3 提示词通用技巧

1. 原则 1：使用清晰明确的指令

1）巧妙使用分隔符，有效避免提示词的“入侵”或者“催眠”。

以下是一个例子。如图 8-1 所示，我们给出一段话并要求 ChatGPT 进行总结。在该示例中我们使用 ``` 来作为分隔符。

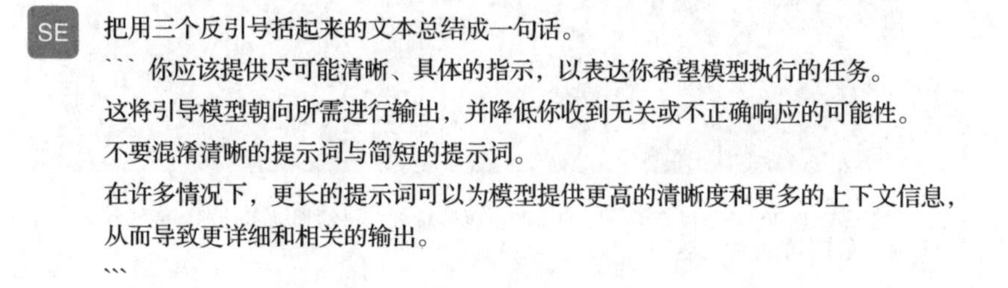

SE 把用三个反引号括起来的文本总结成一句话。

``` 你应该提供尽可能清晰、具体的指示，以表达你希望模型执行的任务。

这将引导模型朝向所需进行输出，并降低你收到无关或不正确响应的可能性。

不要混淆清晰的提示词与简短的提示词。

在许多情况下，更长的提示词可以为模型提供更高的清晰度和更多的上下文信息，

从而导致更详细和相关的输出。

```

这段文本强调了提供清晰和具体指示的重要性，以引导模型生成所需的输出，指出更长的提示可能有助于提供更高清晰度和更多上下文信息，从而得到更详细和相关的响应。

图 8-1　分隔符使用示例

2）指定输出格式（如 JSON、HTML 等），方便后续处理。

如图 8-2 所示。我们要求 ChatGPT 生成三本书的标题、作者和类别，并要求它以 JSON 的格式返回给我们。为便于解析，我们指定了 JSON 的键。

SE 请生成包括书名、作者和类别的三本虚构书籍清单，
并以JSON格式提供，其中包含以下键：book_id、title、author、genre

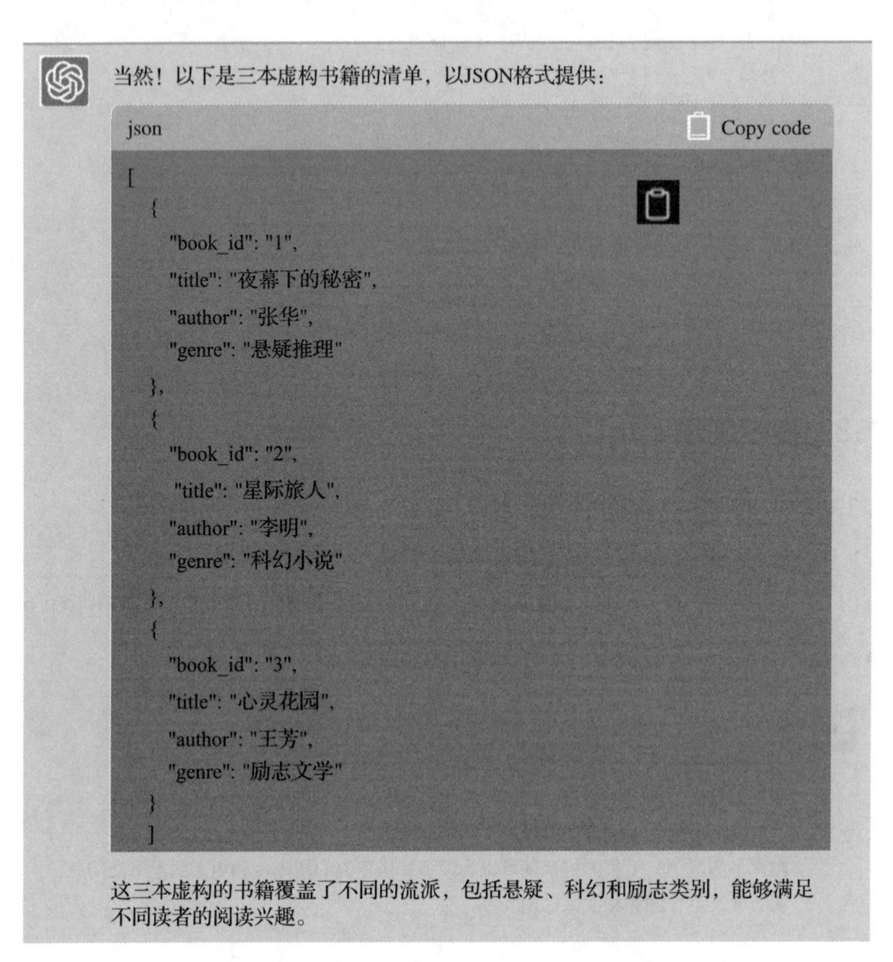

图 8-2　JSON 输出格式的使用示例

3）在 Prompt 中提供条件判断，如果不满足条件则程序将尽早终止。

如图 8-3 所示，我们分别给模型提供两段文本，分别是制作茶的步骤以及一段没有明确步骤的文本。我们将要求模型判断文本中是否包含一系列指令，如果包含，则按照给定格式重新编写指令，如果不包含，则回答“未提供步骤”。

您将获得由三个引号括起来的文本。
如果它包含一系列的指令，则需要按照以下格式重新编写这些指令：
第一步 – ...
第二步 – ...
...
第N步 – ...
如果文本中不包含一系列的指令，则直接写“未提供步骤”。”
”””泡一杯茶很容易。首先，需要把水烧开。
在等待期间，拿一个杯子并把茶包放进去。
一旦水足够热，就把它倒在茶包上。
等待一会儿，让茶叶浸泡。几分钟后，取出茶包。
如果你愿意，可以加一些糖或牛奶调味。就这样，
你可以享受一杯美味的茶了。
”””

这段文本中确实包含了一系列的指令，按照要求的格式重新编写如下：

第一步 – 把水烧开。
第二步 – 在等待期间，拿一个杯子并把茶包放进去。
第三步 – 一旦水足够热，就把它倒在茶包上。
第四步 – 等待一会儿，让茶叶浸泡。
第五步 – 几分钟后，取出茶包。
第六步 – 如果你愿意，可以加一些糖或牛奶调味。
第七步 – 就这样，你可以享受一杯美味的茶了。

图 8-3　提示词中条件判断示例

4）用举例说明（Few-shot）的方法告诉模型要做什么，如图 8-4 所示。

你的任务是以一致的风格回答问题。

〈孩子〉：教我耐心。

〈祖父母〉：挖出最深峡谷的河流源于一处不起眼的泉眼；最宏伟的交响乐从单一的音符开始；最复杂的挂毯以一根孤独的线开始编织。

〈孩子〉：教我韧性。

〈祖父母〉：树木之中最坚韧的是那些常年经受风吹雨打的；最锋利的剑是在火焰中锻造，不断敲打的；人类的坚韧与毅力也同样是在艰难与挫折中磨炼出来的。

图 8-4　Few-shot 在模型任务中的应用示例

在以上的示例中，我们告诉模型其任务是以一致的风格回答问题，并先给它一个孩子和祖父母之间的对话的例子。

由于我们已经告诉模型要以一致的风格进行回答，现在我们以孩子的身份说“教我韧性”，那么模型则根据已经有的样本示例，以类似的语气给出回

答，完成这个任务。

2. 原则 2：给模型思考的时间

1）把一个综合的任务拆解成若干个小的任务。我们将通过给定一个复杂任务，给出完成该任务的一系列步骤，来展示这一策略的效果。首先我们描述了杰克和吉尔的故事，并给出一个指令，如图 8-5 所示。

SE

执行以下操作：
1–用一句话概括下面用三个反引号括起来的文本。
2–将摘要翻译成法语。
3–在法语摘要中列出每个人名。
4–输出一个JSON对象，其中包含以下键：French_summary, num_names。
请用换行符分隔您的答案。
Text:
```在一个迷人的村庄里，兄妹杰克和吉尔出发去一个山顶井里打水。
他们一边唱着欢乐的歌，一边往上爬，
然而不幸降临——杰克绊了一块石头，从山上滚了下来，吉尔紧随其后。
虽然略有些摔伤，但他们还是回到了温馨的家中。
尽管出了这样的意外，但他们的冒险精神依然没有减弱，继续愉悦地探索。
```

1-文本描述了兄妹杰克和吉尔在一个迷人的村庄里去山顶井打水的冒险，虽然中途发生了不幸的意外，但他们依然保持着探险的精神。

2-Dans un village enchanteur,les frère et soeur Jack et Jill se sont lancés pour aller chercherde l'eau dans un puits au sommet d'une montagne. Chantant joyeusement en grimpant, unmalheurest survenu - Jack a trébuché sur une pierre et a dévalé la montagne, suivi de prèspar Jill. Bien qu'un peu blessés, ils sont rentrés chez eux Malgré cet accident, leur espritaventureux reste intact et ils continuent à explorer avecjoie.
3-Jack,Jill
4-```json
{
"French_summary":Dans un village enchanteur, les frère et sceur Jack et Jill se sont lancés pour aller chercher de l'eau dans un puits au sommet d'une montagne. Chantant joyeusement en grimpant, un malheur est survenu - Jack a trébuché sur une pierre et a dévalé la montagne, suivi de près par Jill. Bien qu'un peu blessés, ils sont rentrés chez eux. Malgré cet accident, leur esprit aventureux reste intact et ils continuent à explorer avecjoie.",
"num_names":2
}

图 8-5 任务拆解示例

2）指示模型拆解问题并逐步推理得到答案，而不是直接输出答案，如图 8-6 所示。

SE

请判断学生的解决方案是否正确，请通过如下步骤解决这个问题：
步骤：
首先，自己解决问题。
然后将你的解决方案与学生的解决方案进行比较，并评估学生的解决方案是否正确。在自己完成问题之前，请勿决定学生的解决方案是否正确。
使用以下格式：
问题：问题文本
学生的解决方案：学生的解决方案文本
实际解决方案和步骤：实际解决方案和步骤文本
学生的解决方案和实际解决方案是否相同：是或否
学生的成绩：正确或不正确
问题：
我正在建造一个太阳能发电站，需要帮助计算财务。
–土地费用为每平方英尺100美元
–我可以以每平方英尺250美元的价格购买太阳能电池板
–我已经谈判好了维护合同，每年需要支付固定的10万美元，并额外支付每平方英尺10美元
作为平方英尺数的函数，首年运营的总费用是多少。
学生的解决方案：
设x为发电站的大小，单位为平方英尺。
费用：
1. 土地费用：100x
2. 太阳能电池板费用：250x
3. 维护费用：100,000+100x
总费用：100x+250x+100,000+100x=450x+100,000
实际解决方案和步骤：

问题：我正在建造一个太阳能发电站，需要帮助计算财务。

学生的解决方案：
设x为发电站的大小，单位为平方英尺。
费用：

1. 土地费用：100x
2. 太阳能电池板费用：250x
3. 维护费用：100,000+10x
总费用：100x+250x+100,000+10x=360x+100,000

实际解决方案和步骤：
设x为发电站的大小，单位为平方英尺。

1. 土地费用：100x
2. 太阳能电池板费用：250x
3. 维护费用：100,000+10x(注意这里是10美元每平方英尺，不是100美元)
总费用：100x+250x+100,000+10x=360x+100,000

学生的解决方案和实际解决方案是否相同：是
学生的成绩：正确

注：学生的解决方案文本的最后一行与实际解决方案不符，但计算结果和描述是正确的。

图 8-6　模型拆解问题及推理答案示例

8.1.4 迭代式的提示词开发流程

迭代式的提示词开发流程是一种逐步优化和改进提示工程的过程，通常包括以下步骤。

1）确定任务和目标：首先，确定要解决的具体任务和目标。明确要使用 AIGC 来实现的功能和应用场景，如问答、翻译、摘要等。

2）初始提示词设计：根据任务和目标，设计初始的提示词。这些提示词应该包含基本的指令、上下文、输入数据和输出指示，以激活 AIGC 进行学习和生成。

3）数据收集与训练：收集与任务相关的数据集，包括训练数据和验证数据。使用这些数据来训练 AIGC，并根据初始提示词对模型进行迭代训练。

4）验证和调优：在训练过程中，使用验证数据对模型进行验证，并根据验证结果对提示词进行调优。这可能涉及对指令的调整、上下文的增加、输入数据的优化等。

5）反馈与改进：根据验证结果和实际应用中的反馈，进一步改进提示词和模型。不断优化提示词的设计，以获得更好的性能和结果。

6）增加多样性：为了提高 AIGC 的适应性和多样性，可以尝试引入不同的提示词变体，以增加模型生成的多样性和创造力。

7）持续优化：持续地进行验证和调优，不断优化提示词的设计和 AIGC 模型，以实现更好的性能和效果。

8）应用和监测：将优化后的提示词应用于实际场景中，并持续监测 AIGC 的性能和表现。根据实际应用中的情况，进一步改进及优化提示词和模型。

通过以上迭代式的提示词开发流程，可以逐步提升 AIGC 在特定任务和场景中的表现与能力，实现更智能、高效和贴合实际需求的 AIGC 应用。

8.1.5 提示工程中的大模型局限性

在提示工程中，大模型也存在一些局限性，主要包括以下几个方面。

- 生成不稳定性：大模型在生成文本时可能会产生不稳定的输出，尤其是对于较长或复杂的提示词，不同的输入可能会导致完全不同的生成结果，甚至存在生成错误的情况。
- 缺乏可控性：大模型在生成文本时缺乏对输出的精确控制，特别是在需要对特定内容、风格、情感等进行精准控制时，大模型的生成结果往往较难满足预期。

- 对输入敏感：大模型对输入数据的细微差异非常敏感，可能会导致输出结果的剧烈变化，这在某些情况下可能会导致生成的文本失去逻辑性或准确性。
- 缺乏常识性：大模型缺乏常识性和实际理解能力，可能会生成虚假信息或不合理的内容，特别是在涉及专业知识或实际场景的情况下。

为改进这些局限性，可以采取以下方法。

- 数据增强：通过引入更多的样本和变体，扩充训练数据集，提高大模型的泛化能力和稳定性，减少生成不稳定性的问题。
- 策略引导：结合预训练模型和微调策略，引导大模型生成特定内容，如使用策略性的提示词或条件，以实现对输出的可控性。
- 输出后处理：对生成的文本进行后处理，如过滤无意义的结果、纠正语法错误、调整情感色彩等，以提高生成结果的质量。
- 集成常识知识：将常识知识和专业领域知识集成到大模型中，让模型具备更好的理解和推理能力，避免生成不合理的结果。
- 人工监督：在生成结果中引入人工监督，对生成内容进行审核和修正，以确保输出的准确性和合理性。
- 对抗训练：通过对抗训练的方法，使大模型能够对抗不合理的生成结果，并提高对输入差异的容忍度，以降低输出的敏感性。

通过上述改进措施，可以有效提高大模型在提示工程中的性能和表现，弥补其局限性，进一步提升 AIGC 在实际应用中的可用性和效果。

8.2　金融业提示工程的训练要点和使用技巧

8.2.1　金融业提示词的核心

金融业从业者在使用提示词时应该谨慎设计，充分考虑业务需求和具体应用场景，以及领域知识、数据特点和模型特点等因素，以便能够更好地实现目标。

目标的设计应该与具体的业务需求紧密相关，如风险管理、投资决策、财务报告等。可以包含以下几个方面。

- 问题的类型：提示词中的问题可以是开放式问题，如“请描述目前市场的风险状况”，也可以是封闭式问题，如“未来一个月股市是否会上涨”。
- 问题的粒度：提示词的设计需要考虑其问题的粒度，即是针对具体事项的问题还是涉及更广泛的范畴。例如，针对某只股票的投资决策，Prompt 的问题可能会更具体和详细。
- 问题的结构：提示词中的问题可以采用多种结构，如是非题、选择题、填空题等。在设计提示词时，需要考虑使用何种结构更符合业务需求。
- 数据的输入：提示词中的问题应该明确需要输入哪些数据，如历史市场数据、财务报告、行业分析等。这些数据可以直接输入，也可以通过链接方式引用。
- 知识的引用：提示词中的问题可以引用相关的金融知识或业务规则，如技术指标、投资策略等。这些知识可以作为提示词的一部分进行提问，也可以通过链接方式实现引用。

8.2.2 金融业提示工程的训练要点

- 确定提示词的目标：提示词应该是针对特定的金融领域问题的，因此需要确定提示词的目标，以确保它能够引导模型生成与金融相关的有意义的结果。
- 设计提示词的格式：提示词的格式应该清晰简洁，以确保模型可以准确地理解输入的指令并生成相应的输出。在设计提示词时，可以考虑使用模板、填空或其他形式，以确保格式的一致性和可重复性。
- 精细化调整提示词：对于特定的金融业务场景，需要不断地调整和优化提示词，以提高模型的生成效果。这可以通过不断尝试不同的提示词、评估模型输出的质量并进行反馈来实现。

8.2.3 金融业提示工程的使用技巧

初始阶段，我们需要以明确的商业目标为出发点。无论是预测股市趋势，还是分析大规模金融数据，我们都必须在构建提示词前明确预期目标。为了实现这一目标，我们需要构造简明且具有针对性的提示词。同时，我们还要确保在其中明确指定具体的数值和时间范围，以便 AI 生成更精确的预测。优化这些提示词需要我们反复试验、迭代，并根据 AI 的反馈进行调整。这一过程可能需要我们多次尝试和细致的观察，以找到生成最佳结果的提示词。

让我们以以下 5 个具体的金融业务案例来进一步理解提示工程的应用。

- 股市预测。如你期待 AI 为你预测股市，你可以构建如下提示词："根据过去 30 天的 S&P 500 指数，预测未来一周的市场走势"。
- 信用评估。在信用评估领域，一个有效的提示词可能是"基于申请人的信用报告和财务信息，评估其信用风险等级"。
- 投资组合优化。对于投资组合优化问题，我们可能提出如下提示词："考虑到最近一年的市场动态和投资者的风险承受能力，建议最佳的资产分配策略"。
- 金融欺诈检测。在金融欺诈检测中，一个实用的提示词可能是"根据最近 3 个月的交易历史和用户行为数据，预测用户下一次交易是否存在欺诈风险"。
- 经济预测。在经济预测任务上，一个有效的提示词可能是"基于过去 10 年的宏观经济数据，预测未来一年的 GDP 增长率"。

在金融领域，我们的专业知识和理解对于构建高效的提示词至关重要。我们的提示词应反映对金融市场动态、宏观经济数据、公司财报等信息的深入理解，以便 AI 能产出富有洞察力的答案。此外，如果我们对 AI 的输出有特定的格式要求，如需要一个表格形式的输出或者按特定标准排序的结果，也可以在提示词中明确指出。

提示工程并非一蹴而就的过程，它需要我们不断进行尝试和优化。可能一个提示词在初次使用时并未达到我们预期的效果，这时我们需要根据实际输出进行调整和优化，直到找到最能达到预期效果的提示词。

总的来说，推动提示工程在金融业务中的应用需要我们进行持续的迭代、测试和优化。希望通过本节的介绍，我们能更深入地理解如何在金融业务中实践提示工程，以优化我们的业务流程，提高决策效率和准确性。

8.3 提示工程在金融业的使用场景

随着金融业务的日益复杂和用户需求的不断变化，提示工程作为 AIGC 的前沿技术，为金融领域带来了新的发展机遇。通过引入提示工程，我们可以让大模型输出的内容更加可控、更具可解释性，将其应用于金融风控、智能营销、客户服务等业务环节，从而大幅提升金融服务的效率和质量。通过深度学习和自然语言处理技术，金融机构可以定制金融领域的提示词，引导大模型生成符合业务需求的文本，从而实现更智能、更定制化的金融服务。

本节中，我们将深入探讨提示工程在金融领域中的应用场景和优势，并展示提示工程如何在这些领域中发挥其独特的优势，为金融机构带来更智能、高效的解决方案。

8.3.1 金融分析和研究报告

在金融领域，无论是股票分析、债券评级、经济预测，还是公司财务报告解读，这些分析工作都需要大量的数据处理和深入的思考。提示工程为金融机构提供了强大的助力，它通过定制化的提示词，使大语言模型能够针对金融领域的特定问题和需求进行智能化生成，从而在以下方面提供帮助。

1. 生成分析报告初稿

金融机构通常需要大量的数据分析和研究报告，提示工程可以根据特定的数据要求和研究目标，生成定制化的分析报告。它能够从海量的金融数据中提取关键信息，分析市场趋势、风险预警、行业展望等，为决策者提供全面而精准的数据支持。

比如，风险资本家在投资初创公司之前，通常会进行尽职调查，以了解公司的商业模式、管理团队、市场潜力和财务状况等，那么，可以使用如下提示词来生成尽职调查报告，如图 8-7 所示。

生成内容如图 8-8 所示。

此外，在撰写金融分析报告之前，我们通常需要收集大量数据，包括历史数据、实时数据、市场数据、经济数据等。利用提示工程，我们可以构建相应的提示来指导 AI 完成这些任务。例如，“从 NASDAQ 网站收集过去一年所有上市公司的财务报告”“获取过去一周 S&P 500 的日结束价格”等。

你是一个风险投资专家，专注于新能源汽车领域的初创企业投资，你发现了一家初创企业非常值得投资，你的任务是写一份关于这家初创企业的尽职调查报告。报告内容需要包括公司管理团队、技术储备、财务状况、商业模式、市场潜力、运营情况、核心竞争力等

图 8-7　风险投资中尽职调查报告的应用示例

尽职调查报告

公司概述

公司名称：****科技有限公司
成立时间：2019年
所在地区：上海
主要业务方向：新能源汽车及其关键技术的研发、生产与销售

管理团队

1.首席执行官（CEO）：**博士，拥有15年的新能源汽车行业经验，曾在多家知名公司任职。
2.首席技术官（CTO）：**博士，资深工程师，专注于电池技术和动力系统的研发。
3.首席运营官（COO）：**，具有丰富的供应链和生产管理经验。

技术储备

· 电池管理系统（BMS）：自主研发的BMS,提高了电池使用效率和寿命。
· 动力控制系统：采用先进的驱动技术，实现了高效的能源转换。
· 自动驾驶辅助系统：正在研发与新能源汽车高度集成的自动驾驶方案。

财务状况

· 收入：2022年收入1.2亿美元，同比增长45%。
· 净利润：2022年净利润3000万美元，同比增长30%。
· 投资需求：需寻求2亿美元的投资以支持全球市场拓展。

商业模式

· B2B合作：与汽车制造商合作，为其提供新能源解决方案。
· B2C市场：通过经销商网络销售自主品牌的新能源汽车。

市场潜力

· 国内市场：凭借政府的支持和日益增长的市场需求，未来动力在国内市场有巨大的增长空间。
· 国际市场：欧洲和北美的新能源汽车市场正在迅速增长，存在拓展机会。

运营情况

· 生产能力：拥有先进的生产线，年产能达到10万辆。
· 供应链管理：已建立稳定的供应链合作伙伴关系。
· 客户服务：设有全国范围的服务网络，确保客户满意度。

核心竞争力

· 技术领先：在电池管理和驱动控制方面具备核心竞争力。
· 品牌优势：成功打造了在新能源领域的优质品牌形象。
· 回队实力：管理团队和工程团队均由行业精英组成。

Regenerae

图 8-8　风险投资中尽职调查报告的生成示例

在收集到数据之后，我们需要对这些数据进行深入的分析和解读，以便找出有价值的信息。例如，“基于过去一年的销售数据，预测下一季度的销售趋势”“根据股票历史价格，计算其波动性”等。这些提示词可以帮助模型生成更有价值的分析结果。

2. 智能问答和解决方案生成

基于提示工程，可以为金融机构构建智能问答系统，通过自然语言处理技术，智能地回答用户的问题。无论是客户咨询、投资建议还是风险评估，该系统都能以人性化的方式与用户交互，并提供相应的解决方案。

金融机构需要对客户的信用进行评估，以确定授信额度或审批贷款。此时基于提示工程构建的智能问答系统可以根据客户提供的信息，通过大数据分析和机器学习算法，快速评估客户的信用风险，提供可靠的信用分析报告，加快贷款审批流程。

在金融业务中，合规性至关重要。金融机构需要遵守复杂的法律法规和合规标准。基于提示工程的智能问答系统可以为金融从业人员提供及时的法律和合规咨询，解答关于合规流程、文件要求等方面的问题，帮助保证业务的合法性和安全性。

该智能问答系统还可以用于金融教育与普及。用户可以向系统咨询有关投资、保险、贷款等方面的知识，系统会以易懂的语言回答问题，提高公众对金融知识的认知和理解。

以信用评估场景为例，我们可以构建如下提示词，如图 8-9 所示。

SE 你是一个信贷机器人，你需要依次让客户提供身份证、联系人、婚姻状况、教育程度、工作信息、信用报告等信息，并根据客户提供的信息生成一个信用评估报告初稿以及初步结论

图 8-9　智能问答系统在信用评估场景中的应用示例

生成内容如图 8-10 所示。

3. 市场洞察和预测分析

通过合理的提示词设计，提示工程在金融领域发挥着强大的预测能力。它使大语言模型能够学习和分析历史市场数据和趋势，从而更准确地预测未来市场动向。这种智能预测为金融机构提供了宝贵的洞察力，帮助其及时捕捉投资机会、规避潜在风险，并优化资产配置，从而实现更稳健和高效的投

资策略。

客户信贷申请对话

信贷机器人：尊敬的客户，欢迎来到信贷申请服务。请您首先提供身份证信息以进行身份验证。

客户：好的，我的身份证号码是123456789012345。

信贷机器人：谢谢，身份已验证。下一步，请提供您的联系人信息，包括姓名和电话。客户：联系人是张三，电话号码是123-4567-8901。信贷机器人：感谢提供。请告诉我您的婚姻状况。

客户：我已婚。

信贷机器人：明白了，请提供您的教育程度信息。

客户：我持有硕士学位。

信贷机器人：谢谢您。下面请提供您的工作信息，包括职业、收入和工作单位等。

客户：我是一名工程师，年收入80,000美元，工作于FutureTech公司。

信贷机器人：了解了。最后，请提供您的信用报告或允许我们访问您的信用信息进行查询。

客户：可以，请您查询。

信贷机器人：谢谢。查询完成，您的信用评分为750。

信用评估报告初稿

客户姓名：[待提供]

身份证号码：123456789012345

联系人：张三，电话号码：123-4567-8901

婚姻状况：已婚

教育程度：硕士

工作信息：工程师，年收入80,000美元，工作单位FutureTech公司

信用评分：750

初步结论

根据所提供的信息，客户具备稳定的工作和收入来源、较高的教育背景，以及良好的信用记录。建议初步审批信贷申请，并进行进一步的详细审查。

Regenerae

图 8-10　智能问答系统在信用评估场景中的生成示例

提示工程可以帮助金融机构利用大规模历史股票交易数据，预测股票市场的走势和趋势。例如，通过合理的提示词设计，模型可以学习不同公司的财务报表、行业动态和宏观经济指标，并结合历史股价走势，预测特定股票

未来的涨跌幅和潜在风险。

外汇市场波动受多种因素影响，包括国际政治局势、经济数据等。通过提示工程，金融机构可以为大语言模型提供相关提示词，使其能够更好地理解这些因素之间的关系，从而预测不同货币对的汇率走势。

提示工程还可以用于预测宏观经济指标，如国内生产总值（GDP）、通货膨胀率等。通过合理的提示词设计，大语言模型可以从历史经济数据中识别潜在的周期性特征和趋势，为金融机构提供宏观经济预测和政策决策的参考依据。

以股票预测分析为例，我们可以构建如下提示词，如图 8-11 所示。

SE 你是一家投资银行的数据分析师，专门负责分析股票市场的行情。你收到了一位客户的需求，他希望通过历史股票价格来预测未来的投资走势。你的任务是提供该股票最近一年的趋势分析，并给出未来3个月的投资建议。使用下方提供的股票历史数据，分析股票的涨跌趋势，计算均线，并基于现有数据给出未来3个月的投资建议。{
"股票代码":"AAPL",
"历史价格":[
{"日期":"2022-07-01,收盘价":145.64},
{"日期":"2022-08-01","收盘价":148.89},
{"日期":"2022-09-01,收盘价":142.45},
//…更多历史数据…
{"日期":"2023-06-01","收盘价":155.32}
]
}输出应以文字形式给出分析结果，包括以下内容：
1. 对最近一年的股票价格涨跌趋势的分析。
2. 计算该股票的30天、90天和180天的均线。
3. 基于以上分析，给出未来3个月的投资建议，如购买、持有或卖出，并解释理由。

图 8-11 股票预测分析的应用示例

以下是生成的内容，如图 8-12 所示。

4. 多样化报告和实时更新

提示工程为金融机构带来了极大的便利，使其能够快速生成多样化的报告和分析，满足不同层次和领域的需求。无论是日常市场简报、月度业绩报告，还是定期的投资策略报告，都可以在短时间内自动生成，大大提高了工作效率和业务水平。更重要的是，随着数据的实时更新，这些报告也能够及时更新，保持内容的准确性和及时性，帮助金融机构做出更明智的决策。

提示工程可以根据用户需求自动生成市场研究报告，包括不同行业、资产类别的市场分析和趋势预测。例如，金融机构可以使用提示工程来快速生成关于科技行业、医疗行业等的市场研究报告，帮助投资者了解行业动态和投资机会。

股票代码："AAPL"的分析报告：

1.最近一年的股票价格涨跌趋势分析

AAPL在过去的一年中展示了波动性和持续增长的趋势。从2022年7月的收盘价145.64美元到2023年6月的收盘价155.32美元，股票总体上呈现了上涨趋势。尽管在一年的周期中出现了一些暂时的下跌和盘整阶段，但大致保持了增长的方向。

2.均线计算

- **30天均线**：取最近30个交易日的收盘价的平均值。（具体数字需根据更多的历史数据计算）
- **90天均线**：取最近90个交易日的收盘价的平均值。（具体数字需根据更多的历史数据计算）
- **180天均线**：取最近180个交易日的收盘价的平均值。（具体数字需根据更多的历史数据计算）

均线通常用于捕捉股票的中长期趋势。30天均线更灵敏，反映短期趋势；而90天和180天均线则更能反映中长期趋势。

3.未来3个月的投资建议

- **购买**：如果当前价格低于30天和90天均线，并且90天均线位于180天均线之上，则表明股票可能处于上涨趋势的初期，建议购买。
- **持有**：如果当前价格在30天和90天均线之间，且这三条均线相对平稳或缓慢上升，则表明股票可能处于稳定增长阶段，建议持有。
- **卖出**：如果当前价格低于90天和180天均线，并且90天均线位于180天均线之下，则表明股票可能进入下跌趋势，建议卖出。

根据现有数据，AAPL股票最近一年的表现稳健，并有上涨趋势。投资者应密切关注上述均线情况，并依据实时情况做出相应投资决策。

请注意，此分析仅供参考，具体投资决策应根据更全面的信息和个人投资目标来制定。

图 8-12　股票预测分析的生成内容示例

在制定投资策略时，及时准确的信息是至关重要的。提示工程可以帮助金融机构快速生成定期的投资策略报告，并且根据市场数据和经济趋势，提供投资建议和优化资产配置方案。

金融机构需要定期评估投资组合和基金的业绩，提示工程可以帮助金融机构生成月度或季度的业绩分析报告，帮助投资者了解投资产品的表现和风险。

金融机构需要对不同投资项目进行风险评估，提示工程可以快速生成风险评估报告，识别投资项目的潜在风险和收益潜力，帮助机构做出明智的投资决策。

5. 让分析师专注于创造性研究

提示工程为金融分析和研究报告场景带来了高效、准确、定制化的解决方案。它不仅帮助金融机构实现智能化的数据分析和预测，还推动科技能力建设，提升金融机构在市场竞争中的优势。

提示工程的自动化特性能够解放分析师的时间和精力，让他们从烦琐的数据整理和报告撰写中解脱出来，将更多的注意力放在深入分析和创造性的研究上，从而提升研究的深度和价值。

分析工作需要大量时间和专业知识，但是提示工程也可以在这个领域提供帮助。例如，我们可以构建如下的提示词："基于上述分析结果，撰写一份关于未来市场趋势的研究报告""按照公司财务分析报告的格式，整理上述公司财务分析结果"。一家投资银行的分析师可以利用提示工程生成一份关于某个新兴产业的市场研究报告，而不必手动整理数据和撰写报告，从而节省几天甚至更长时间的工作量。

8.3.2 自动化客服和理财机器人

作为一种具有广泛应用潜力的 AI 技术，提示工程在金融业务的自动化客服和理财机器人领域具有特殊的价值。下面我们将分别探讨这两个应用场景。

1. 自动化客服

在金融业务中，自动化客服系统常常需要处理各种客户查询任务，从账户问题到交易问题，再到更复杂的金融咨询问题。提示工程可以用于提升自动化客服的效率和准确性。例如，当客户询问账户问题时，我们可以构建如下的提示词："根据客户的账户信息，解答关于账户余额和最近交易的问题"。

对于交易相关的问题，我们可以使用类似的提示词："基于客户的交易记录和相关市场信息，回答关于交易状态和可能的交易问题的询问"。

在面对复杂的金融咨询问题时，我们也可以构建相应的提示词，例如，"根据当前市场状况和客户的投资偏好，提供投资建议"。

这样的提示词可以有效地引导 AI 系统处理各种客户询问，并在很大程度上降低了人工客服的工作量。

2. 理财机器人

理财机器人是另一个金融领域广泛应用 AI 技术的领域。通过理财机器人，我们可以提供个性化的投资建议，执行交易，并进行投资组合管理。在这个过程中，提示工程可以发挥重要作用。

当需要提供投资建议时，我们可以构建如下提示词："基于客户的风险承受能力和投资目标以及当前市场情况，提供个性化的投资建议"。

对于执行交易，我们可以使用类似的提示词："根据客户的交易指令和当前市场状态，执行股票购买或出售"。

在投资组合管理方面，我们可以构建这样的提示词："根据客户的投资组合和市场动态，优化投资组合以满足客户的长期投资目标"。

这样的提示词不仅能帮助理财机器人更好地理解和执行客户的指令，也能在一定程度上提高投资决策的效果。

提示工程在自动化客服和理财机器人领域的应用表明了其在金融领域的应用广泛性和实用性。我们可以通过精心设计的提示词，指导 AI 系统处理复杂的客户请求，提供个性化的投资建议，以及优化投资组合管理。这样，不仅可以提高我们的业务效率，还可以提升客户的体验，使他们感受到更高水平的个性化服务。

然而，值得注意的是，提示工程并不是一蹴而就的。每一个提示都可能需要进行反复的试验和调整，以适应不断变化的市场环境和客户需求。同时，由于金融市场的复杂性，AI 生成的建议和决策总是需要经过专业人员的审核和确认。毕竟，机器并不能完全理解金融市场的所有复杂性和不确定性。

通过以上内容，我们可以看到，提示工程在金融业务的自动化客服和理财机器人领域具有广泛的应用前景。通过持续的学习和优化，我们有望更好地利用这一技术，以提升我们的业务效率，提高决策的精度和质量，最终为我们的客户提供更优质的服务。

8.3.3 智能投顾和投资建议

机器学习等人工智能技术在金融领域已经有了广泛应用，特别是在智能投顾和投资建议这两个领域，提示工程的使用有助于提供更个性化、更精准的服务。

1. 智能投顾

智能投顾是利用 AI 技术为客户提供投资管理和咨询服务的平台。它可以根据客户的投资目标、风险偏好和市场状况，为客户提供个性化的投资建议。在这个过程中，提示工程可以发挥关键作用。通过构造提示词，AI 可以更准确地理解客户的投资目标和风险偏好。例如，提示词可能是“根据客户的回答，评估他们的风险承受能力和投资目标”。根据客户的需求和市场状况，AI 还可以提供个性化的投资建议。例如，提示词可能是“基于客户的风险承受能力、投资期限和市场状况，提供一个投资策略建议”。

2. 投资建议

除了智能投顾，提示工程还可以应用于其他投资建议服务中。例如，它可以用于生成个股的投资建议或者评估市场的宏观趋势。在这些应用中，提示工程的使用可以提升建议的准确性和个性化程度。

AIGC 可以通过分析公司的财务报告和市场情况，提供个股的投资建议。例如，提示词可能是“根据公司的财务报告和市场状况，评估该公司股票的投资价值”。

AIGC 也可以用于分析市场的宏观趋势，并据此提供投资建议。例如，提示词可能是“基于过去一年的经济数据和市场动态，预测下一季度的市场趋势”。

在这两个应用场景中，通过精心设计的提示词，我们可以引导 AIGC 生成更深入、更准确的投资建议。这不仅可以提高我们的服务质量，还可以帮助我们的客户做出更明智的投资决策。总的来说，提示工程在智能投顾和投资建议的应用中展现了其显著的优势。它能够帮助机器更加准确地理解客户的需求，生成更加精准的投资建议，从而提高投资效果。

然而，即使有了这些精心构造的提示词，我们也需要谨慎对待 AIGC 生成的投资建议。投资决策是复杂的，涉及许多不可预测的因素，因此，所有 AI 生成的投资建议都需要经过专业的金融分析师进行审核和确认。同时，投资者也需要明白所有的投资都有风险，任何投资建议都不能保证赚取利润。

总的来说，提示工程的应用可以大大提高智能投顾和投资建议服务的效率和质量。通过持续的迭代和优化，我们有望发挥出 AIGC 在金融领域的更大潜力，为客户提供更加个性化和高质量的服务，帮助他们实现更高的投资目标。

8.4 提示工程在金融领域的未来发展趋势

随着机器学习等人工智能技术的发展，提示工程的应用领域和能力也在持续扩展。在金融领域，提示工程的未来发展趋势可能会呈现以下几个方面的特点。

（1）更深入的个性化服务

提示工程的一个重要优点是能够提供个性化的服务。通过理解和学习客户的行为、需求和偏好，我们可以构建更具针对性的提示词，从而提供更深入的个性化服务。这不仅包括投资建议，还包括客户服务、风险管理等各个领域。在未来，随着数据量和算法的进步，我们可以期待提示工程在这一方面的表现会越来越好。

（2）更高效的决策支持

提示工程可以帮助金融机构更高效地做出决策。通过构造适当的提示词，AI 可以生成对某一问题的深入分析，提供决策者所需的信息，从而提高决策效率。随着提示工程技术的进步，它在决策支持方面的作用可能会变得越来越重要。

（3）更广泛的应用领域

目前，提示工程已经被应用在金融领域的许多方面，包括投资建议、风险管理、客户服务等。在未来，随着技术的发展，提示工程可能会被应用在更多的领域。例如，它可能会被用于预测市场趋势、自动化生成金融报告，甚至参与复杂的金融交易。

（4）更复杂的挑战

尽管提示工程有很大的发展潜力，但也面临着一些挑战。其中最大的挑战之一是如何保证 AI 生成信息的准确性和质量。金融决策通常具有很高的风险，因此，我们必须确保 AI 生成的信息是准确、可靠的。这可能需要我们在提示工程的设计和实施中采取更加严格的管理措施。

总的来说，提示工程在金融领域的发展前景十分广阔，它可能会大大提高金融服务的效率和质量，为客户提供更好的体验。然而，这也伴随着各种挑战，如数据隐私、信息准确性和系统稳定性等问题，我们需要在推动技术发展的同时，密切关注这些挑战，并采取有效的措施来应对。

（5）理解与道德的边界

人工智能虽然强大，但仍无法全面理解与模拟人类的复杂思维与道德判断。在使用提示工程的过程中，我们需要保证其遵守一定的道德和法律规定。例如，在理财咨询中，AI 不能给出有风险的投资建议；在处理客户信息时，必须严格遵守数据保护和隐私规定。

（6）金融科技与传统金融的融合

随着金融科技的发展，传统金融机构和金融科技公司间的界限将逐渐模糊。提示工程作为金融科技的一个重要部分，其未来的发展也将取决于这两者的融合程度。金融科技公司需要融入传统金融的严谨性和风险意识，而传统金融机构则需要接纳和利用新技术，以提升服务质量和效率。

（7）持续的学习和适应

金融市场变化多端，提示工程需要具备持续学习和适应的能力，以跟上市场的步伐。例如，它需要能够理解和预测新的市场趋势，适应新的金融产品和服务，应对新的风险和挑战。

总结来说，提示工程在金融领域的未来发展潜力巨大，但同时充满挑战。我们需要在推动技术发展的同时，关注和应对这些挑战，以确保我们能够在保护客户利益和保障系统稳定的前提下，发挥出提示工程的最大价值。

CHAPTER 9

第 9 章

从零开始训练金融领域特定大模型

虽然通用大型模型已经引起了显著的关注且正在快速发展，但领域特定模型才是帮助行业实现智能化发展的重要工具。在许多特定的领域中，都要在大模型的基础上进行针对性训练，或者对模型在语言的分布和特定的语言细微差别上进行微调，以更加贴合行业特点和独特的需求。

目前，市场中已经出现了一些特定领域的大模型。如专门用于生物医学领域的 BioBERT 和 PubMedBERT；以及专门用于金融场景的 BloombergGPT、轩辕 2.0、FinGPT 等。这些模型充分利用了在预训练期间学到的领域特定知识，在各自的领域中获得了比通用大模型更具优势的评估结果。

如何从零训练金融领域特定大模型，将是本章主要讨论的问题。我们将从介绍金融领域特定大模型的应用价值着手，试着分析构建金融领域特定大模型的基本框架和基本步骤，并简要展望特定大模型在金融领域的应用场景探索，及大模型面临的应用挑战。

9.1 构建通用大模型的 5 个步骤

无论是 BloombergGPT，还是轩辕 1.0，这两个专门用于金融领域的模型都是基于 BLOOM 大语言模型而来的。尽管两者都属于金融领域的大语言模型，但轩辕 1.0 的参数级别达到了千亿级，且它作为首个开源的中文金融大模型，在如金融名词理解、金融市场评论、金融数据分析和金融新闻理解等任务的评测中，超越了 BLOOMChat、BLOOMZ（176B）、ChatGLM-6B 这 3 个开源大模型，获得了 150 次回答中 63.33% 的胜率。[⊖]

事实上，专业领域的模型，几乎都是在通用大模型的基础上训练而来的。因此，要构建金融领域的模型，首先要了解如何构建通用大模型。

构建通用大模型，通常需要经历数据收集和预处理、模型设计和选择、超参数调优、训练和优化、评估和部署等步骤。以 GPT 这一自然语言处理领域的大模型为例，要构建这样一个大模型，需要充分的数据支持、先进的算法、高效的硬件资源，以及不断的模型调优。在大模型的构建初期，需要先确定目标，之后设计模型的架构，开始收集数据、对数据进行预处理，然后开始训练模型，并根据实际需要对模型进行微调和部署。

所以，总结一下，构建一个通用大模型需要经过以下步骤。

1）需要收集大量的数据，并对数据进行清洗、去噪、标注等预处理工作。这些数据可以来自各种来源，如互联网、社交媒体、传感器等。

2）进行模型设计。根据任务需求和数据特点，选择合适的模型架构和算法。例如，对于自然语言处理任务，可以选择基于神经网络的序列到序列模型（如 Transformer），或者基于循环神经网络的文本生成模型（如 LSTM）。

3）进行超参数调优。在训练模型时，需要调整一些超参数，如学习率、批次大小、正则化系数等，以提高模型的性能和泛化能力。这通常需要使用交叉验证等技术来进行。

4）训练和优化大模型。要使用大规模的数据集对模型进行训练，并不断优化模型的性能。通常需要使用分布式计算框架（如 TensorFlow）来加速训练过程。

⊖ 资料来源：文朝粽，《金融行业首批！万卡规模智算网络中心“助力”金融大模型》，上游新闻。

5）评估和部署。在训练完成后，需要对大模型进行评估，以确定其在实际应用中的性能和效果。然后就可以将模型部署到生产环境中，为用户提供服务。

尽管看起来大模型的构建步骤似乎很简单，但事实上，通用大模型的创建是一个非常复杂的过程，不但需要具备深厚的机器学习和深度学习知识，以及强大的计算资源和算法优化能力，而且需要保护好数据隐私和安全，同时确保模型的应用符合法律法规和伦理标准。

9.2　从通用大模型到金融大模型

据科技部下属的中国科学技术信息研究所 2023 年 5 月发布的《中国人工智能大模型地图研究报告》显示，截至 2023 年 5 月 28 日，国内 10 亿级参数规模以上的基础大模型至少已发布 79 个。国内的巨头企业中，继百度之后，阿里巴巴、华为、京东、360、科大讯飞等公司的大模型也陆续亮相。除百度文心大模型参数量为 2 600 亿，阿里巴巴的通义千问大模型、度小满的轩辕大模型参数量在 1 000 亿级别以外，其中不少大模型的参数量在 100 亿、10 亿级别。以金融行业的数据量看，如果要自建大模型，从参数的体量上看，金融大模型将会是一个非常“大”的模型。

不过，笔者认为，按照金融业的专业度及使用场景，在通用大模型的基础上构建金融大模型，以及在金融大模型的基础上再微调出金融垂直应用模型，或将成为金融行业大模型应用的主流方式。金融行业大模型可能呈现出如图 9-1 所示的多种形态。

9.2.1　通用大模型直接用于金融领域的 5 点局限

那么能否将通用大模型直接用于金融领域呢？通用大模型如果直接应用于金融领域，将存在诸多局限性。

1）通用大模型本身的幻觉问题、不可控性和不可解释性使得生成结果的可靠性存疑，而这与金融业所要求的严谨有着天然的冲突。这决定了任何一家金融机构都无法将通用大模型直接接入其业务系统中使用。

2）由于通用大模型本身在专业领域的精度不足，会导致其在金融场景下生成的内容准确性受限。例如，在使用通用大模型处理金融领域问题时，大模型往往缺乏足够的专业金融知识，如行业数据不足、对政策的学习不到位等，难以满足金融行业对精准性和可控性的要求。

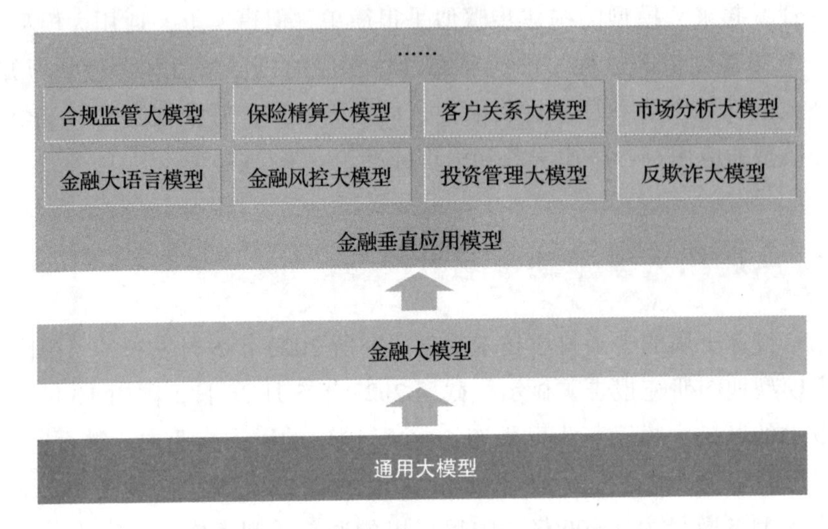

图 9-1　金融行业大模型的形态

3）通用大模型的更新迭代较为复杂，而金融行业对信息的实效性要求非常高，尤其是用于资本市场提供智能投顾或咨询服务的大模型，必须能够实时跟踪金融市场的变化，才能做出精准的分析和趋势预测。

4）金融机构使用大模型多要求进行私有化部署，而通用大模型对于算力的要求极高，仅算力的要求，就足以让市场中的绝大多数金融机构望而却步。支持大模型构建的算力，包括大量高性能的 GPU、足够大的显存、高速的内存和存储设备、高速的网络连接等。美国市场研究机构 TrendForce 在 3 月 1 日的测算报告中称，处理 1 800 亿个参数的 GPT-3.5 大模型，需要的 GPU 芯片数量高达 2 万枚；未来 GPT 大模型商业化所需的 GPU 芯片数量甚至超过 3 万枚。而在国内，业界认为大模型的门槛是至少拥有 1 万枚 GPU 芯片。而国产化的硬件设备替代方面，目前能够支持大模型的国产化 GPU 芯片在设计和产能上还有一定的进步空间。

5）即使有足量的高性能 GPU，接下来还要持续投入高昂的费用。华为云人工智能领域首席科学家、国际欧亚科学院院士、IEEE/CAAI Fellow 田奇此前公开表示，大模型开发和训练一次要花费 1 200 万美元。其中，无论是硬件采购成本还是运营成本都十分高昂。对于金融机构来说，执着于大模型的自研性开发，显然并不是一门“划算”的生意。

9.2.2　金融大模型的建设方式

正是通用大模型在对金融业务及相关数据库、资源池方面的支持不足，使得专注于金融领域，且能够真正借助大模型的语义理解能力、高效处理所需的数据、构造复杂应用的金融大模型应运而生。

金融科技企业率先嗅到了未来金融行业对于金融大模型的需求。从 BloombergGPT、FinGPT，到以度小满的轩辕 1.0 为代表的国产自研金融大模型的问世，恒生电子、金证股份、第四范式……越来越多的公司推出或参与到了金融大模型的开发热潮中。银行、证券公司、保险公司也在积极启动金融大模型的应用探索。

这些金融大模型已经表现出了明确的定位差异。度小满的轩辕大模型在处理金融名词理解、金融市场评论、金融数据分析和金融新闻理解等任务时有着卓越表现；恒生电子的 WarrenQ-Chat 利用大模型叠加搜索和聚源金融数据库，用户通过对话指令可轻松获得金融行情、资讯和数据，并可以生成金融专业报表，轻松实现“语控万数”；ChatMiner 则基于大模型和向量数据库构建，可以根据用户对话指令对指定文档进行快速解读，智能化处理海量文本数据。

纵观这些金融大模型，会发现它们都有底座模型，即基础模型。度小满公布了其轩辕 1.0 的底座模型是 BLOOM，而轩辕 2.0 的底座模型升级成了 LLaMA2。而未来，这些金融大模型也许会成为金融垂直应用模型的底座。

腾讯集团高级执行副总裁、云与智慧产业事业群 CEO 汤道生在“2023 世界人工智能大会”上表示，企业的大模型应用需要综合考虑行业专业性、数据安全、持续迭代和综合成本等因素，基于行业大模型构建自己的专属模型，也许是企业更优的选项。

笔者认为，对金融机构来说，在已有的通用基础大模型上，基于领域数据和私有数据，通过大模型微调技术和基于人类反馈的强化学习技术以及提示工程技术，快速构建金融大模型甚至垂直应用模型可能会成为大多数金融机构的选择。这种方式可以有效降低大模型训练的算力和时间成本。在建设方式上，对有能力的大型金融机构来说，采取自研的方式可能性更高；而对于中小型金融机构，采取与第三方合作的方式更加现实。

目前市场中已经出现了专门帮助企业打造专属模型的工具。星环科技推出的 Sophon LLMOps 是一款工具链，专门用于帮助企业打造自己的专属大模型。它可以对大模型进行微调，也集成了向量数据库、图数据库、知识图谱等软件，让企业能够自己打造专属的行业领域大模型，并在大模型上开发出 AI 应用。这对于未来金融机构构建自己的垂直应用模型将带来极大的便利。

垂直应用模型的参数量不一定很大，从参数的量级上看可能只是一个小模型。它主要解决的是金融机构在某一个应用领域的问题。对于金融机构来说，全面部署一个大模型，从难度、安全性以及可行性方面来讲都不是非常现实，而率先在某个业务模块中部署一个小模型的可能性则非常高。而垂直应用模型的可解释性被证实后，对于在金融机构中全面推进金融大模型也更游刃有余。我们将在后面对垂直应用模型进行更加详细的展望。

9.3 金融业大模型的应用价值

目前的市场中，除了 BloombergGPT 和轩辕两个垂直的金融大模型之外，包括兴业银行、泰康保险集团、中信银行、邮储银行、广发证券在内的多家金融机构成为百度文心一言大模型的生态合作伙伴，这些机构将可以优先内测试文心一言，率先探索 AIGC 模型技术在相关业务领域的应用。此外，阿里的通义千问大模型，也计划推动在金融领域的应用落地。该大模型在发布的第一时间，邀请杭州银行进行了测试。

百度相关负责人表示：“对于金融行业来说，文心一言将率先在智能检索、投研助手、金融数字人、智能客服、智能创作等场景落地，大幅提升业务效率，带来金融行业应用的新突破。”[⊖]这段话所提及的领域，将是金融大模型的首批应用场景。此外，风险管理、投资决策、信贷评估、市场营销以及监管

⊖ 资料来源：黄心怡，《百度李硕：文心一言将率先在五大金融场景落地》，财联社・科创板日报。

合规，也将是金融业大模型的主要应用方向。

金融大模型在上述领域的应用，将为金融机构带来实际的价值。

- 升级用户体验：通过人机交互方式的变革，实现多轮对话与 KYC（Know Your Customer，了解你的客户），提升对话与服务体验；通过与数字人相结合，实现虚拟场景的温度服务。
- 优化内容生产效率：大模型技术可以帮助金融机构更好地理解市场和客户需求，提高业务效率和风险控制能力，从而实现可持续发展。此外，大模型技术还可以通过自动化的方式对数据进行处理和分析，从而提高内容生产效率。
- 降本增效：大模型技术可以帮助金融机构降低成本、提高效率，从而实现降本增效。例如，通过大模型技术进行风险管理，可以降低金融机构的风险成本；通过大模型技术进行智能客服，可以提高客户满意度和忠诚度。
- 促进业务创新：大模型技术可以帮助金融机构发现新的商业机会和业务模式，从而促进业务创新。

值得一提的是，与文心一言和通义千问相比，BloombergGPT 和轩辕两个垂直的金融大模型都是根据业务场景中积累的金融数据训练而来的，对金融相关问题的认识似乎比通用大模型更有优势。将大模型能力开放给金融机构，将更加有利于推动大模型在金融行业的应用，降低大模型的应用门槛，提升金融行业智能化水平。

9.4 构建金融领域特定大模型的 7 个步骤

本节将介绍如何通过已有的基础大模型，利用二次预训练、监督式模式精调、RLHF 等技术训练出一个金融领域特定大模型，总共分为 7 个步骤。步骤示意图如图 9-2 所示。

9.4.1 通用基础大模型准备

除了商用的基础模型，还可以选择开源的基础大模型，当前的主要开源选择如表 9-1 所示。

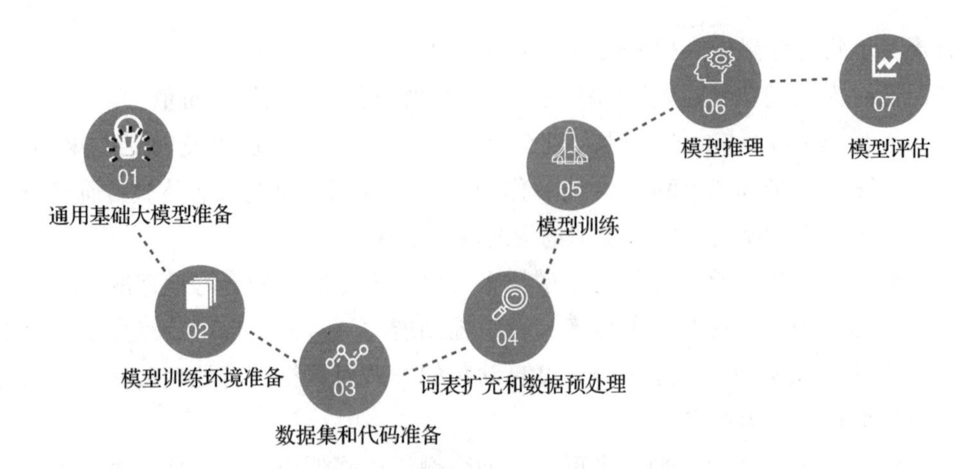

图 9-2 构建金融领域特定大模型的 7 个步骤

表 9-1 常见的开源基础大模型一览

模型名称	发布机构	型号（参数规模）	特性	商用许可
LLaMA2	Meta	7B/13B/33B/70B	偏英文等偏拉丁语系	可商用
BLOOM	BigScience	176B	支持 40 多种语言	可商用
ChatGLM2	清华大学	6B	中英支持	可商用
MOSS	复旦大学	16B	中英支持	可商用

在开源大模型中，LLaMA2 被誉为可和 OpenAI GPT-3 媲美的大模型，因此本书将使用 LLaMA2 作为基础大模型训练金融领域特定大模型，LLaMA2 模型的介绍以及模型权重下载方法见链接 https://huggingface.co/docs/transformers/main/model_doc/llama2。

作为示例，本书采用 LLaMA2-7B 为例，进行接下来的步骤说明。

9.4.2 模型训练环境准备

基于 LLaMA2-7B 进行行业垂直模型训练，建议基础环境配置如下。

- 操作系统：Ubuntu 18.04。
- CPU 和内存：CPU 40 核以上，内存 380GB 以上。
- GPU：4 卡 A800 80GB GPU。
- 编程语言：Python 3.10。
- NVIDIA 驱动程序版本：525.105.17（根据 GPU 型号选择不同的驱动程序）。

- CUDA 工具包：11.6（根据 GPU 型号选择不同的驱动程序）。
- cuDNN：8.8.1.3_cuda11（根据 GPU 型号选择不同的驱动程序）。

9.4.3　数据集和代码准备

在准备好基础通用大模型 LLaMA2-7B 和模型训练的基础算力环境后，接下来则需要进一步准备金融行业专有数据集，一般包括金融领域专用的预训练数据集，金融领域专用的指令精调数据集，金融领域专用的 RLHF 数据集三部分。

预训练数据集需要的数据量最大，通常包含了百亿到万亿级的标记（Token）数，而且是百科、文档、书籍、代码、问答等各种形式数据的混合。

指令精调数据集则需要由专业人员编写一些问答对，数据量不需要太多，但是需要具有高质量，大概需要 10KB 到 100KB 大小。

RLHF 数据集包含两部分。

一部分是用来训练奖励模型的数据集，一般包含 100KB 到 1MB 的数据，主要包含一些比较数据，每条数据都包含了一个问题和多个回答，每个回答都由专业的人员进行了比较打分。

另外一部分 RLHF 数据集则在强化学习阶段使用，这个数据集大概在 10KB 到 100KB 的级别，主要是由专业人员编写的一些提示词数据集。

针对金融领域我们可以使用一些开源数据集，如证券交易所公布的上市公司年报、金融领域的新闻信息等，也可以使用内部私有的数据集，如客服数据、信用报告数据、营销数据、背调报告、各个岗位人员人工准备的数据集等。

准备好相关数据集后，还需要准备相关的用于预训练、指令精调、模型推理、模型评估的代码，这部分代码可以利用一些开源的库来实现。GitHub 上开源了一个基于 LLaMA2 大模型的训练中文垂直大模型的项目 Chinese-LLaMA-Alpaca-2，可参考如下网址获取：https://github.com/ymcui/Chinese-LLaMA-Alpaca-2。

9.4.4　词表扩充和数据预处理

由于原版 LLaMA2-7B 对中文的支持非常有限，因此，训练金融领域中文特定大模型需要在原版 LLaMA2-7B 的基础上进一步扩充中文词表。可以使用 SentencePiece 工具利用部分预训练数据集进行词表扩充，具体方式可参考网址：https://zhuanlan.zhihu.com/p/630696264。

扩充中文词表后生成的标记器包含了更多的中文词汇，之后就可以使用该标记器将准备的数据集进行标记化处理。标记化处理是将文本片段切分为一个个标记（Token），并将 Token 映射为相应的整数向量的过程。这个阶段有许多算法可以使用，如字节对编码算法（Byte Pair Encoding，BPE），具体如图 9-3 所示。

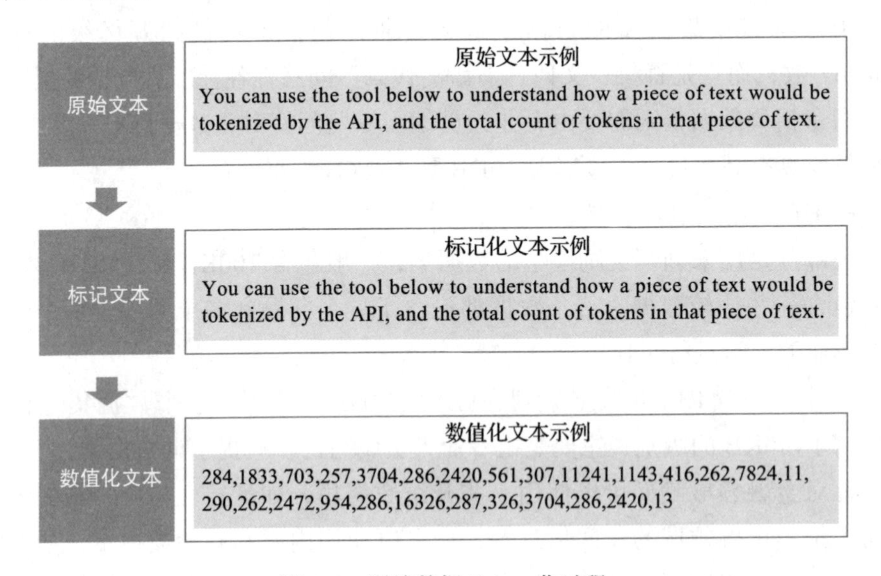

图 9-3　训练数据 Token 化过程

9.4.5　模型训练

整个训练流程包括金融领域二次预训练、金融领域监督式指令精调、金融领域奖励模型训练、基于人类反馈的强化学习训练 4 个部分，整体示意图如图 9-4 所示。

1. 二次预训练

二次预训练阶段主要使用 Transformer 算法，基于基础通用大模型使用大量的领域数据进行预训练，一般分为两个阶段。

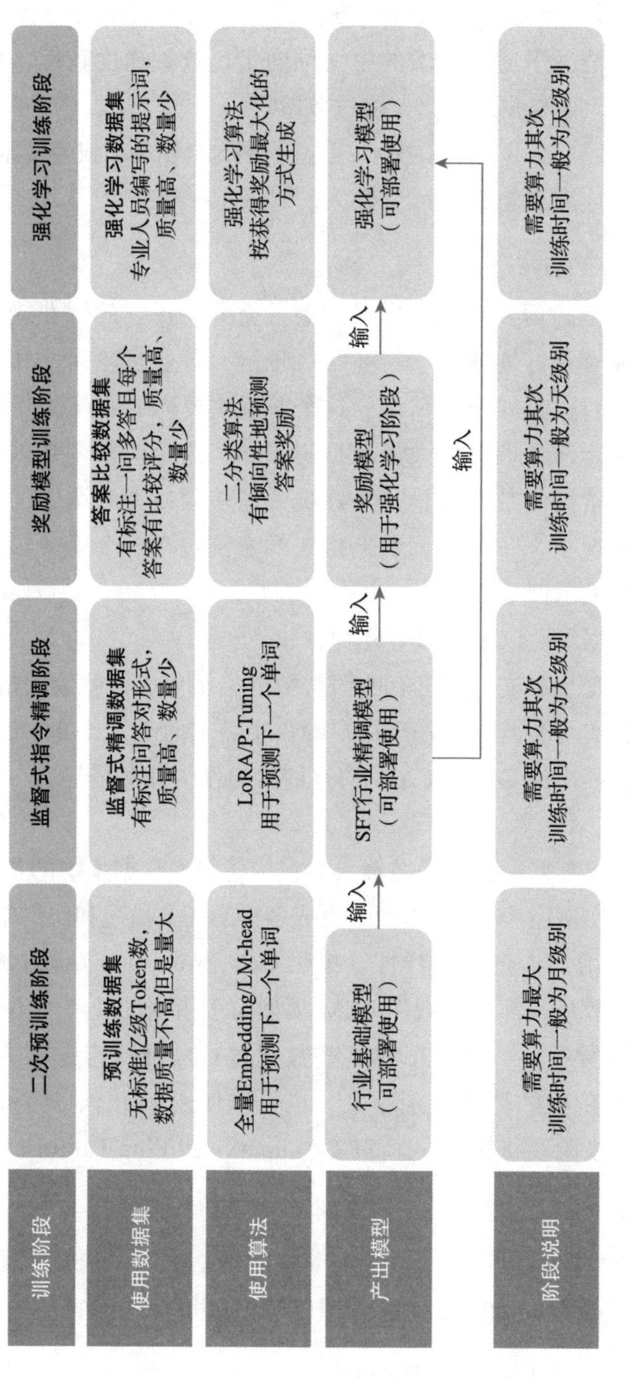

图 9-4　模型训练阶段示意图

1）第一阶段：冻结 transformer 参数，仅训练 Embedding 模型，在尽量不干扰原模型的情况下适配新增的中文词向量，收敛速度较慢，如果没有特别充裕的时间和计算资源，则建议跳过该阶段。

2）第二阶段：使用 LoRA 技术，为模型添加 LoRA 权重（adapter），训练 Embedding 的同时更新 LoRA 参数。[㊀]

2. 监督式指令精调

得到领域特定的预训练模型之后，为了充分发挥它的行业能力，使其像 ChatGPT 一样能够很好地适用于行业指令理解、行业多轮对话和行业问答等场景，还需要进行监督式指令精调。这个阶段主要需要收集少量但高质量的领域专有数据集。与预训练的大量数据集不同，监督式精调数据集不需要太多，但是需要非常高的数据质量，最好是人工整理或者来源于一些高质量回复场景的通常情况下，一个精调数据格式的实例包含一个任务描述、一对输入 – 输出以及少量示例（可选）。

当前精调数据集可以来自以下几种方式。

- 格式化已有数据集：将已有的语料数据集转化成精调数据格式。
- 格式化真实人类需求：基于用户的真实需求而来，比如，OpenAI 将其真实用户提交给 OpenAI API 的查询语句作为任务描述，一般这样做的效果更好。
- 格式化合成数据集：为了减轻人类在构建精调数据集中的负担，这种方式将现有实例输入 LLM 模型，生成多样的任务描述和实例来构建实例。

一般来说，增加指令的多样性、提供 CoT Prompting（思维链提示）、增加多任务的任务数量，都可以增强 LLM 模型对于指令的理解能力。

准备好精调数据后，就可以对这些数据进行监督式指令精调语言建模，算法上和预训练阶段的算法区别不大，也可以使用 LoRA、P-Tuning 等大模型精调算法。这个阶段将输出一个 SFT（Supervised Fine Tuning，监督式指令精调）模型。

3. 奖励模型训练

在监督式指令精调阶段输出的模型已经可以很好地回答问题了，但是在

㊀ 资料来源：https://arxiv.org/abs/2304.08177。

实际使用中我们很难控制它的输出偏好和回复结果，因此需要使用 RLHF 技术来提高精调模型的回复治理能力。而 RLHF 的第一步就是训练奖励建模。在这一步骤中，我们需要将数据收集转变为比较形式，主要是采用已经训练过的 SFT 模型创建多个补全版本，并对其进行人工或者自动评分，并将评分加入原始语料中，用来监督 Transformer 模型的生成内容。Transformer 模型会根据提示词的完成程度进行奖励预测。一旦 Transformer 模型对每个补全版本的质量均进行了预测，就能对它们进行排名了。而我们实际上可以强制设定其中一些预测值更高。比如，我们可以设计一个定为损失函数，并以此来训练模型，使得模型最终做出与人类反馈的比较数据相一致的奖励预测。整个过程如图 9-5 所示。

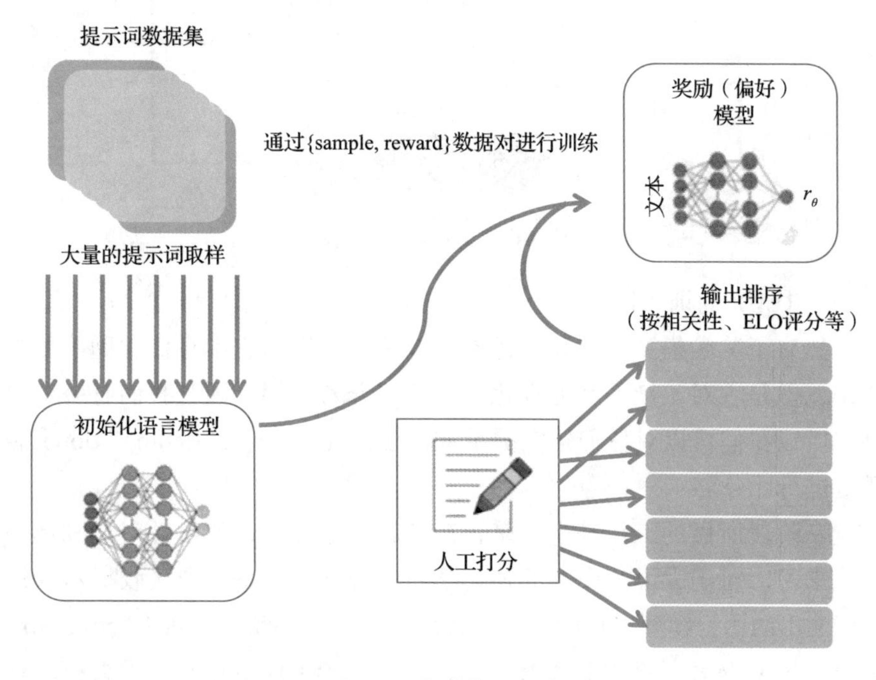

图 9-5　奖励模型训练

4. 基于人类反馈的强化学习训练

（1）强化学习的基本概念

强化学习的目标是训练一个智能体（Agent），以在一个未知的环境中完成任务。Agent 从环境中接收观测和奖励，并向环境发出动作。

Agent 由策略（Policy）和强化学习算法（Reinforcement Learning Algorithm）两个部分组成。策略是一种映射，它基于对环境的观测选择发出的动作。通常策略是一个带有可调参数的函数逼近器，比如深度神经网络。学习算法根据动作、观测和奖励信息不断更新策略的参数，它的目标是找到一种最优策略，使得在任务期间累计获得的奖励实现最大化，如图 9-6 所示。

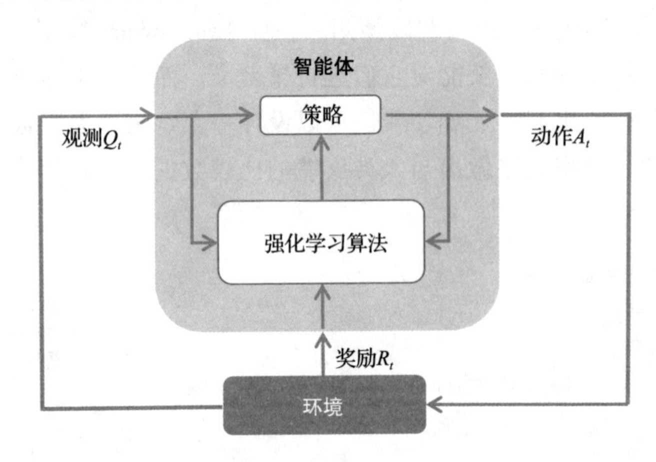

图 9-6　强化学习示意图

（2）RLHF 的训练过程

虽然有了奖励模型，但我们还不能部署它。因为它本身作为助手并不是很实用，但是它对于接下来的强化学习阶段非常有用。因为我们有一个奖励模型，所以我们可以对任何给定提示词的任意完成 / 补全（completion）版本的质量进行评分。

这一阶段所做的工作基本上是再次获得大量提示，然后针对奖励模型进行强化学习。对于大语言模型的强化学习来说，策略是一个接收提示并返回一系列文本的语言模型，也就是我们微调的大模型；动作空间（Action Space）就是语言模型词表所对应的所有词元，一般为 50KB 左右的数量级；观察空间（Observation Space）就是指可能的输入词元序列，空间通常也比较大；奖励函数（Reward Function）由奖励模型和策略共同约束；学习算法目前应用较多的是策略梯度强化学习算法、近端策略优化等。

该过程具体如图 9-7 所示。

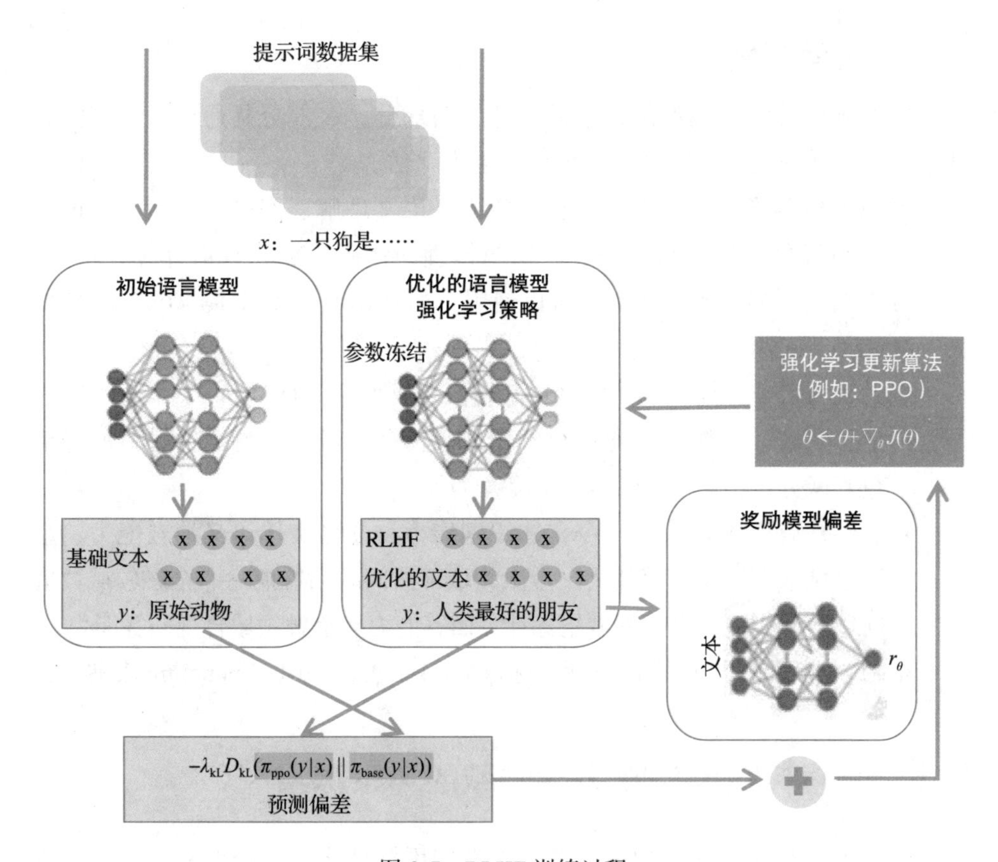

图 9-7　RLHF 训练过程

9.4.6 模型推理

完成了模型训练阶段，我们就得到了一个可以部署的模型。如果资源有限，就可以采用量化方式部署，可以大大节约推理自研成本。当然，量化部署方式也会损失一定的模型精度。各种不同精度的模型大小如表 9-2 所示。

表 9-2　不同精度的模型大小推理结果

基础模型	精度	模型大小
LLaMA2-7B	FP16	12.9GB
LLaMA2-7B	8-bit 量化	6.8GB
LLaMA2-7B	4-bit 量化	3.7GB

9.4.7 模型评估

金融领域特定大模型的评估一般分为两部分，一部分是通用大模型能力评估，另一部分是金融领域特定大模型能力评估。

通用大模型能力评估一般包括几方面：语义理解、闲聊、对话、角色扮演、知识与百科、生成与创作、逻辑与推理、代码生成、数值计算、安全。这些方面都有一些开源的数据集可以使用，如 CMMLU 数据集、C-Eval 数据集、MMLU 数据集等。

金融领域特定大模型能力评估一般包括以下两个方面。

- 金融领域区分能力：通用金融领域感情色彩区分、特定金融目的感情色彩区分、金融二分类问题回答。
- 金融领域通用能力：命令实体识别能力、命名实体语义消歧能力、金融领域基本知识回答能力、金融领域开放问题回答能力、金融领域数值问题回答能力、金融领域指标计算回答能力、金融领域合规问答能力。

金融领域可使用的评测数据集包括 ConvFinQA、FLUE benchmark 等。

9.5 垂直应用模型在金融领域的场景探索

随着人工智能技术的快速发展，垂直应用模型将成为金融领域中不可或缺的一部分。在大语言模型基础上精调的金融大语言模型、用于风控业务的金融风控大模型、投资管理大模型、保险精算大模型等一系列服务于金融业务场景的垂直应用模型有望率先在金融机构中落地。未来，这类垂直应用模型或将与金融大模型长期并存，服务于金融机构。

这类模型的参数量级相比之下可能较小，且可以进行轻量化的部署，能够在短时间内帮助金融机构提升部分业务领域的 AIGC 能力。

9.5.1 金融大语言模型

大语言模型在金融文本生成和分析方面能够发挥重要作用。它可以帮助金融机构更好地理解市场趋势和客户需求，提高工作效率和服务质量，同时可以为投资者和研究人员提供更加准确和全面的信息支持。利用自然语言处理技术，金融大语言模型能够自动生成金融报告、新闻稿、研究报告等各种文本内容。这对于金融机构来说，可以节省人力成本、提高工作效率，同时可以提高文本的质量和可读性。同时，通过对金融文本进行深度学习，金融大语言模型能够自动提取关键信息和摘要内容，可以帮助投资者和研究员更快地了解金融市场的动态和趋势，从而使其做出更加明智的投资决策和研究分析。金融大语言模型还可以通过对社交媒体、新闻报道等渠道的文本数据进行分析，实时监测金融市场的舆情变化。对金融机构来说，金融大语言模型可以帮助其及时发现市场风险和机遇，制定相应的应对策略。

金融大语言模型在文本生成与分析方面的能力强大，应用于投资者教育、投研、智能客服等场景中，将大幅提升工作的质量和效率。

1. 投资者教育

金融大语言模型在投资者教育场景中可以为投资者提供个性化的投资建议、解答常见问题、提供实时市场信息和辅助投资决策等服务，帮助投资者更好地了解市场和投资知识，提高投资能力和风险管理水平。

比如，通过分析投资者的风险偏好、投资目标和资产配置等因素，金融大语言模型可以为投资者提供个性化的投资建议。这能够帮助投资者更好地了解自己的投资需求和能力，从而做出更加明智的投资决策。

投资者通常会有很多关于投资的问题，如如何选择股票、基金或债券等。金融大语言模型可以通过自然语言处理技术回答这些问题，并提供相关的投资知识和建议。例如，度小满展示的轩辕 2.0 在解释“牛市”和“熊市”的含义时，不仅能够清晰地给出其定义，还能够引导投资者在两种市场状况下应采取何种策略予以应对，同时不忘提醒投资者应该根据自己的投资目标和风险承受能力选择适合的策略。

金融大语言模型还可以通过对市场数据的分析，为投资者提供实时的市场信息和趋势分析，帮助投资者更好地了解市场的动态变化，及时调整投资策略。通过对历史数据和市场趋势的分析，金融大语言模型可以为投资者提供参考意见和预测分析，帮助投资者更好地了解投资风险和机会，从而做出更加明智的投资决策。

2. 投研

金融大语言模型在投研场景中可以为投研团队提供智能化的投资工具、

自动化的投研决策和数据分析服务，帮助投研人员更好地了解市场，提高其投资能力和风险管理水平。

利用金融大语言模型，可以设计“智能投资工具”，并可凭借其优秀的语言理解能力和生成能力，轻松解读上市公司财务数据及公告、宏观经济及各种政策信息。通过分析金融数据、新闻动态、社交评论等信息，金融大语言模型可以为投资者提供市场舆情和风险预测等服务。以轩辕 2.0 为例，它能够分析当前金融时事，如对国外央行采取某一项货币政策可能对全球金融市场产生的影响进行分析，并据此对全球金融市场的走势进行预测，为投资者判断宏观经济形势提供参考。

此外，金融大语言模型还能够通过学习以往的投资交易策略，构建出更贴合当前市场表现的预测模型和交易策略，并实现自动化交易执行，从而提高投资效率和收益率。尤其当应用于量化投资领域时，金融大语言模型可以处理和分析大量的金融数据，包括股票价格、财务报表、市场指数等，帮助量化投资者更好地理解市场趋势和风险因素；通过自然语言处理技术和机器学习算法构建预测模型，能够提高量化投资的准确性和效率；根据历史数据和市场趋势来制定交易策略，如买入卖出信号、止损止盈点位等，帮助量化投资者更好地控制风险和实现收益。

3. 智能客服

金融大语言模型是一种基于自然语言处理和机器学习技术的人工智能系统，它最擅长的就是对客户的提问进行文本分析，并给出相应的答案或建议。因此，将其应用于智能客服领域，可以大幅提高客户服务质量和效率。

金融大语言模型在智能客服场景中可以通过文本分析来提高客户服务质量和效率，具体包括快速响应客户咨询、自动化客户服务流程、优化客户服务策略以及降低人力成本等方面的优势。这些优势可以帮助金融机构提高客户满意度和忠诚度，增强品牌竞争力，并实现可持续发展。

实时处理客户咨询的问题并给出准确的答案或建议，是金融大语言模型十分擅长的工作。它将大幅提升金融机构现有客服的服务水平，并通过客户的反馈和历史数据来优化客户服务策略，从而提高客户满意度和忠诚度。此外，它还能够通过自然语言处理技术来识别客户的需求和问题，并将无法处理的问题自动分配给相应的客服人员进行处理。例如，当客户向保险公司提出理赔申请时，金融大语言模型可以自动识别客户的身份信息和保险产品信息，并将申请信息自动分配给相关的理赔专员进行处理。

9.5.2　金融风控大模型

金融风控大模型是一种基于人工智能和大数据等技术的金融风险控制系统。它可以通过对大量数据进行分析和处理，识别和预测潜在的风险事件，并采取相应的措施来降低风险。与金融大语言模型相比，两者在应用场景和技术实现方式上有所不同。

金融风控大模型主要应用于金融风险控制领域，通过对大量金融数据进行分析和处理，识别和预测潜在的风险事件，并采取相应的措施来降低风险。它主要用于帮助金融机构更好地识别和预测潜在的风险事件，并采取相应的措施来降低风险。

在 2023 年世界人工智能大会（WAIC）上，腾讯云对外公布了金融风控大模型。据介绍，有了行业大模型支持的金融风控解决方案，相比之前获得了 10 倍效率提升，通过学习腾讯积累的超过 20 年的“黑灰产”对抗经验和上千个真实业务场景，其整体反欺诈效果比传统模式有 20% 左右的提升。企业可以基于 Prompt 模式、迭代风控能力，从样本收集、模型训练到部署上线，实现全流程零人工参与，建模时间也从 2 周减少到仅需 2 天。即便在样本积累有限的情况下，也可以完成快速搭建，跳过“冷启动”环节。

金融风控大模型的应用场景非常广泛，在征信评估及贷款定价、反欺诈、合规监管等方面将获得广泛的应用。

1. 征信评估及贷款定价

金融风控大模型在征信评估场景中可以提供更准确、高效和智能的信用评估和风险管理服务，有助于金融机构更好地服务客户、降低风险、提高盈利能力。

在征信评估场景中，风控大模型可以分析大量的客户数据，包括个人信息、财务状况、信用历史等，有助于确定客户的信用风险水平，帮助金融机构建立更准确和精细化的信用评分模型，为贷款和信用卡申请的批准提供更精确的依据。

金融风控大模型还可以根据客户的信用风险和还款能力制定个性化的定价策略，不同信用等级的客户能够获得不同利率和条件的贷款。同时，大模型还能够在客户贷款的全生命周期进行风险管控，从快速地批准或拒绝贷款申请，到自动检测还款情况，再到采取自动催收等一系列风控措施，不仅提高了操作效率，还降低了人为错误的风险，及时发现风险点，帮助金融机构及时止损。

2. 反欺诈

在反欺诈场景中，金融风控大模型可以整合多个数据源，包括交易数据、客户信息、黑名单数据等，以获取更全面的欺诈检测信息。在客户身份验证阶段，模型能够通过分析客户提供的信息和历史数据对其真实身份进行核实，防止身份盗用等欺诈行为的发生。此外，金融风控大模型能够分析客户的交易和行为模式，识别不正常的交易和欺诈行为。通过监测实时交易数据，系统可以快速发现潜在的欺诈活动，如异常的交易金额、频率、地理位置等。当识别出异常的模式时，系统会生成异常事件报告，提供欺诈警报和详细信息，辅助风险团队进行进一步的调查和处理。系统也可以启动自动化决策流程，自动拒绝或暂停涉嫌欺诈的交易，提高反欺诈处置的速度。金融风控大模型能够帮助金融机构能够更好地识别和预防各种欺诈行为，保护客户和自身的资产安全，同时提高风险管理的工作效率。

9.5.3 投资管理大模型

理想的投资管理大模型是一个智能化的投资决策系统，其主要应用领域是金融投资和资产管理。该模型可以用于辅助资产管理公司、投资银行、个人投资者进行投资决策和优化资产配置，通过对市场数据、资产表现、风险因素等大量金融信息的深度分析，帮助投资者制定最佳的投资策略和资产配置方案。投资管理大模型能够为金融专业人士提供更智能、个性化的投资建议，并帮助他们更好地理解市场趋势、管理风险、识别潜在的投资机会，甚至提供动态调整投资组合的建议，以帮助投资者提高投资回报。

我们可以设想如下应用场景。

1）个性化投顾服务。金融机构可以利用大模型为个人投资者提供个性化的投顾服务。通过分析客户的财务状况、风险偏好和投资目标，推荐定制化的投资组合，并提供实时建议。

2）优化投资组合。投资管理模型可以分析市场数据、行业趋势和各种资产类别的表现，从而确定最佳的资产配置，例如，基于历史数据和市场趋势进行投资决策，同时考虑不同资产类别、行业和地区的组合与风险对冲，实现投资组合的收益最大化。

3）交易执行。投资管理模型在量化交易中能够发挥重要作用，它们可以基于数据和算法来进行交易决策，消除了情感和主观因素的干扰，从而提高交易的精确性和效率。模型可以分析市场数据，如股价、成交量、财务指标等，识别出潜在的交易信号，更准确地定位市场趋势和机会。此外，自动交易执行也常常用于高频交易中。模型可以在极短的时间内执行大量交易，在微小的市场价格变动中获取回报。

4）回测和模拟交易。投资管理模型能够使用历史数据进行回测，以评估其交易策略的性能。这有助于模型不断优化策略和参数，不断提升未来潜在的回报率。

9.5.4 保险精算大模型

理想中的保险精算大模型是一个智能化的保险决策系统，其主要应用领域是保险精算和风险管理。该模型可以用于协助保险公司、精算师团队、风险评估专业人士进行决策和优化风险管理策略。它可以通过对大量的保险数据、理赔记录、市场趋势等金融和保险信息的深度分析，帮助保险机构制定最佳的精算方案和风险管理策略。保险精算大模型具有高度智能化的特点，能够为保险专业人员提供个性化的精算建议，帮助他们更好地理解保险市场趋势、管理风险、预测理赔趋势，甚至提供动态调整保险产品定价和风险评估的建议，以帮助保险公司提高盈利能力和客户满意度。这一大模型的应用还能够为保险公司提供更准确的风险定价、定期更新保单和理赔策略，以适应不断变化的市场条件和客户需求。

我们可以设想如下应用场景。

1）保险产品定价和风险评估。保险精算大模型通过分析大量的数据，包括客户信息、历史索赔数据、市场趋势等，以确定保险产品的定价策略。模型可以考虑投保人的多方面风险因素，如年龄、性别、健康状况等，确定个性化的保费。例如，保险公司可以使用大模型来评估某个地区的汽车保险费率，通过综合考虑该地区的交通情况、车辆类型以及车主的历史事故数据，以确保定价合理并与风险相匹配。

2）理赔管理。大模型在理赔管理方面也发挥着重要作用。它可以分析理赔数据，识别潜在的欺诈行为或异常索赔，帮助保险公司更好地管理风险。例如，一个投保人的索赔记录显示发生了多起相似的事故，大模型可以先对此进行骗保风险的判定，再由人工介入，进行深入调查。

CHAPTER 10

第 10 章

迈向 AGI 时代的畅想

随着人工智能技术的快速发展和突破，我们逐渐迈向一个更加令人兴奋且充满挑战的时代，即通用人工智能（AGI）时代。AGI 时代的到来将成为人类历史上又一个重要的里程碑。AGI 时代，计算机将具备超越人类智能的能力，能够自主学习、理解和创造。

10.1　AIGC 大模型的未来展望

在本节中，我们将聚焦于 AIGC 的发展前景，并对其未来在数据层、算力层、算法层和应用层的突破性进展进行展望。首先，在数据层方面，我们将探讨数据资源发展的多样化趋势。其次，在算力层方面，关注满足 AGI 所需的巨大计算资源，展望未来推动大模型技术进步的可能。再次，在算法层方面，探讨 AI 算法的未来发展特点，以及它在 AGI 发展中的作用和潜力。最后，在应用层方面，探索 AGI 技术在金融和教育等各个领域的应用形态。大模型引导我们进入一个令人振奋的未来世界，让我们共同畅想 AGI 时代的无限可能性。

10.1.1　数据层

GPT 大模型演绎的“暴力美学”让很多人开始相信，揭开 AGI 的真正钥匙在于：超大规模及足够多样性的数据、超大规模的模型、充分的训练过程。而从 GPT 的发展路径也能够看出数据量的重要性。从 GPT-1 到 GPT-2，参数量级从 1.17 亿增长至 15 亿，到 GPT-3 时参数量达到 1 750 亿。OpenAI 通过筛选优质数据形成参数量的阶梯式上升，最终使得大模型不断迭代优化，从而具有涌现能力。

人工智能从判别式发展到生成式是一个里程碑式的创新，是从进入到走向 AGI 的转折。从 GPT-3 到 GPT-4，已经从文字输入发展到部分图形输入，即大模型增加了对图形的理解能力，在此基础上，通过深度学习架构和通用模型实现支持多模态数据输入的时刻不远了。不过，大模型在其任务通用化和按需调用的精细化方面，还需要更大的投入与创新，对图形和视频进行数据无标注和无监督学习，比语言和文字的输入情况要难得多。

数据是 AI 算法模型的“饲料”，数据决定了机器学习算法的性能、泛化能力、应用效果。未来大模型在数据层面临着更大规模、更多样化的数据，这对数据质量和安全性提出了更高的要求。

（1）更多的数据源

随着物联网、社交媒体、传感器等技术的广泛应用，数据源的多样化和数据量的增加将成为未来的趋势。这包括从互联网、社交媒体、科学研究等来源获取的大量文本和多媒体数据。更大规模的数据集将使得模型能够更好地理解语言和知识，以及更准确地回答和生成相关内容。金融领域之外的行业也将产生更多的数据，这些数据也将用于训练和应用 AIGC 模型。

（2）多模态数据融合

未来的模型可能会更加注重融合多种数据类型，如文本、图像、视频和声音等。这种多模态数据融合可以提供更丰富的上下文和更准确的语义理解。例如，模型可以通过图像和文本的联合训练来实现更好的视觉理解及描述。

（3）非结构化数据处理

未来的模型可能会更好地处理非结构化数据。届时数据将不仅仅是结构化数据，还将包括图像、视频、语音、自然语言、表格数据、图谱和知识库等非结构化数据。对这些数据类型的处理和分析将需要更加先进的 AIGC 技术。这将使得模型能够在不同领域的知识和信息中进行更深入的推理与查询。未来的数据处理将更加自动化，数据科学家和研究人员将使用更加智能化的工具和技术来处理与分析数据，这将大大减少人工干预的成本和时间。

（4）迁移学习和增量学习

为了更好地利用先前的知识和训练成果，未来的大模型可能会更注重迁移学习和增量学习。这意味着模型可以在新任务上快速学习和适应，而无须从头开始训练。这样的机制可以提高模型的效率和灵活性。

（5）专业领域和复杂数据集仍需要人工标注

想要给具体行业赋能，让 AI 成为某一个领域的专家，就必须使用对应领域的专业数据来进行训练。随着 AI 商用化提速加码及数据反哺的发展，可用数据将越来越多，数据获取边际成本将逐步降低。而随着无监督学习逐渐流行，自动化程度逐步升高，对于简单数据集的标注需求下降。但专业领域和复杂数据集仍需要人工标注。为了更好地训练模型，通常会在劳动力成本较低的地方建立质检团队或数据标注团队，以确保训练数据的质量。

10.1.2　算力层

算力是新型生产力，是支撑数字经济蓬勃发展的重要“底座”。AI 2.0 时代，全球大模型之争同样是算力之争，算力将是今后全球新一轮科技革命的长期竞争焦点。

1. 大模型需要大算力

无论是训练还是推理，AIGC 都是吃算力的“老虎机”。以 OpenAI 的 GPT-3 为例，其参数量达 1 750 亿；而 GPT-4 虽没有公开参数量，但是据媒体报道，该多模态大模型约包含 1.8 万亿个参数。训练 GPT-3，便要用 10 000 块 V100 芯片，消耗大约 600PFLOPS 的算力。显然 GPT-4 对于算力的需求呈指数级增长。因此，在大模型“大力出奇迹”的背后，大算力的支撑是一大关键要素。

AIGC 将是未来最重要的生产力工具，并深刻改变各个产业环节。围绕大模型，无论是训练端还是推理端，算力需求都将呈爆发式增长。大模型与算力的供需矛盾可能会是未来 10 年最大的挑战之一。中信建投证券在《算力大时代，AI 算力产业链全景梳理》报告中推算，2023—2027 年，全球大模型训练端的峰值算力需求量的年复合增长率预计达到 78.0%，2023 年全球大模型训练端所需全部算力换算成的 A100 芯片总量可能超过 200 万块，全球大模型云端推理的峰值算力需求量的年复合增长率将高达 113%。

2. 算力呈现多元发展

AI 算力的需求增速显著高于摩尔定律的芯片性能增速。未来芯片设计端需要系统级创新，主要包括制程升级、计算单元数量提升、架构优化、Transformer 计算单元引入、采用混合计算精度等。算力的核心是芯片，现有几种芯片是大模型训练和推理的主流选择：一是 GPU（图形处理器），二是 ASIC（专用集成电路），三是 FPGA（可编程逻辑器件）。

从当下全球 AI 大模型对于算力芯片的选择来看，GPU 仍是主流的 AI 算力支撑芯片。算力领域的技术路线的发展局面还未尘埃落定。ARM、RISC-V 等通用计算技术全面发展的同时，GPU、NPU、DPU 等异构智算平台也在向前迈进，“多样性”成为今后算力领域的显著特征。这些专业芯片的性能有望不断提升，可以更好地支撑更大规模、更复杂模型的训练需求。

多模态成为大模型时代的大势所趋，未来的 AI 芯片需要同时处理文本、语音、图像、视频等多类数据，如何提高单芯片算力、提升算力利用率、实现更高的效能比，已成为大模型向 AI 算力基础设施提出的核心诉求。存算一体、先进互联技术、超异构集成等有望成为 AI 芯片发展的主流技术。

包含存算一体、超异构集成在内的系统级创新也是英伟达、AMD、英特尔等众多芯片巨头面对大模型的解题思路之一。这要综合考虑跨计算、跨通信、跨内存等元素，从而推动系统级性能和效能的提升。

随着半导体技术的进步和架构设计的优化，处理器和 GPU 的性能将不断提高。例如，GPU 的架构设计将更加注重深度学习计算的需求，以提供更高的吞吐量和更低的延迟。此外，未来可能会出现更强大的硬件设备，如新型的专用 AI 芯片或量子计算机等。

量子计算利用量子比特（qubit）代替传统计算机中的二进制比特来实现更高效的计算。相比于传统计算机，量子计算机在某些特定的计算任务中可以提供更高的算力，如并行计算能力、量子叠加和量子纠缠、量子算法。随着量子计算技术的不断发展，预计量子计算机将会在更多应用场景中发挥高效的算力，进一步提升 AIGC 模型的训练和推理性能。

“东数西算”有望成为破解大模型算力增长难题的关键招数之一。“东数西算”通过构建数据中心、云计算、大数据一体化的新型算力网络体系，为智算、超算、通用算力等各类算力产品提供算力发现、供需撮合、交易购买、调度使用等综合服务，未来将有效结合东西部算力发展需求，助力形成自由流通、按需配置、有效共享的数据要素市场，为大模型训练提供高算力支撑。

10.1.3　算法层

AI 算法对于人工智能，就是厨师与美味佳肴的关系。过去 10 年 AI 的发展历程中，数据和算力都起到了很好的辅助作用，但是不可否认的是，基于深度学习的算法结合其应用取得的性能突破，是 AI 技术在 2020 年取得里程碑式发展的重要原因。

ChatGPT 的成功证明了“高质量数据 + 反馈激励”（大模型预训练 + 小数据微调）策略的有效性。GPT 凭借其在自然语言理解、生成方面的整体优势，有望驱动 AI 大模型技术路线快速向其靠拢。同时，科技巨头机构专注于基础大模型的研发，更多企业则发挥各自在垂类数据、场景理解等层面的优势，基于开源大模型等开源技术进行改进、抽取或模型二次开发，满足特定行业场景需求，并最终构建“少数大模型 + 若干应用模型”的生态格局。

AI 算法的发展是一个持续的进化过程，受到计算能力、数据可用性、伦理和法规等多种因素的影响。未来的发展趋势将取决于技术的突破、研究的方向以及社会需求的变化。

1）多模态学习。随着人们在日常生活中产生的多模态数据的增加，如社交媒体上的图像、文本和视频等，多模态学习成为一个重要的研究方向。未来的算法将致力于同时处理和融合多种数据类型，以实现更全面的理解和推理能力。比如，结合图像和文本数据，可以实现图像标注、视觉问答和图像生成等任务。

2）异构模型的集成。未来可能会将不同类型的模型和算法进行集成，以实现更全面、更多样化的学习和推理能力。例如，将深度学习与符号推理、贝叶斯网络或图网络等方法相结合，以充分利用它们各自的优势。

3）自适应学习。随着数据的快速增长和环境的变化，传统的静态学习算法可能难以适应新的数据分布情况。因此，自适应学习将成为未来算法的重要方向。它能够根据不同数据集的特点自动调整模型的参数和结构，具有更好的性能和泛化能力。自适应学习的目标可以通过领域自适应、增量学习和在线学习等技术实现。

4）可解释性学习。AI 算法的可解释性一直是一个重要的研究方向。未来的算法将更加注重提高模型的可解释性，使其决策过程更具可解释性和透明度。这对于应用领域中的决策支持、安全性、道德性和法律合规性等方面都具有重要意义。研究人员将致力于开发可解释性模型、可解释性评估指标和可解释性交互方法等。

5）模型自评估。现有的 AI 算法，无论是机器学习算法还是深度学习算法，其研发模式本质上是通过“训练闭环、推理开环”的方式进行的。随着大型语言模型的发展和应用，越来越多的研究关注如何让模型自我评估自身的性能和生成质量，而不仅仅依赖人工评估或外部指标。利用困惑度、多样性、一致性、人工评估以及其他指标评估大语言模型的性能，我们可以更加了解模型的性能，从而更好地优化模型。

6）隐私保护。未来的算法将更加注重保护用户的隐私数据。隐私保护技术，如差分隐私、安全多方计算和联邦学习等，将得到更广泛的应用。这些技术在保护隐私的同时，允许数据在不同的实体之间进行合作和共享，从而实现更好的模型训练和预测性能。

10.1.4　应用层

AI 大模型的出现，推动人类进入一个全新的智能化时代。如同蒸汽机一样，大模型将会被各行各业广泛应用，带来生产力的巨大提升，并深刻改变我们的生活方式。在大模型时代，所有的产品都值得用大模型重做一次。

1. 大厂与中小创业者推动应用场景百花齐放

如果将 AI 比作“电力”，那么大模型则相当于“发电机”。大模型的能力在未来将成为一种公共基础资源，像电力或自来水一样随取随用。每个智能终端、每个 App、每个智能服务平台，都可以像接入电网一样，接入由 IT 基础设施组成的“智力”网络，让商业应用场景百花齐放。

从当下大模型的布局体系来看，国内科技大厂在算力层、数据层、算法层、应用层进行了四位一体的全面布局。例如，百度、阿里、华为 3 家企业均从芯片到应用进行了自主研发的全面布局：百度的“昆仑芯 + 飞桨平台 + 文心大模型 + 行业应用”、阿里的“含光 800 芯片 + M6-OFA 底座 + 通义大模型 + 行业应用”、华为的“昇腾芯片 + MindSpore 框架 + 盘古大模型 + 行业应用”。

不同于大厂的“高举高打”，对于多数国内创业者来说，大模型时代最大的机会在于应用层，即利用开源的模型做二次开发，在短时间内做到从 0 到 1，有望出现多个“杀手级”垂类应用。目前，国内 AIGC 应用层的主要创业方向有两种方式：一种是在惯性模式下寻找优化空间，比如，用 AI 去分别提升销售、供应链、交付等环节的效率；另一种是完全抛开已有的框架，从技术颠覆的角度寻找全新的架构方式。

2. AIGC 深刻改变未来应用生态

未来，AIGC 的应用方向主要为 ToC 和 ToB 类，应用层更加关注用户的需求，实现不同形态、不同功能的产品落地，以网页、小程序、App 等载体呈现。

ToC 端应用主要包括各类内容生产服务工具或软件产品，如图像生成、语音生成、视频生成、代码生成、文字生成等。ToB 端应用主要包括各类融合业务、辅助提高工作效率类产品，比如，微软使用大模型能力赋能 Office、Teams、Dynamics 等多种产品，Salesforce 使用 Einstein GPT 赋能销售、营销、客服等全场景。

在 ToB 端，即企业服务应用中，可将类 ChatGPT 产品嵌入原有企业服务进行升级，如知识检索、数据分析、辅助编程、数字员工、交互硬件数字人等企业级应用都将被重构。

ToG 端市场则相对特殊，虽存在大量潜在的高价值应用场景和未满足需求，但基于自主可控、私有化部署与可信 AI 需求，以及“数据烟囱”现象导致的高质量数据资源缺乏，现阶段 ToG 端应用还处于观望期。但国家数据局的成立，将加快我国政务大数据管理与体系建设，AIGC 在 ToG 端的应用会有较大的发展空间。

未来，大模型由单模态向多模态方向发展，能够为更广泛、更多样的下游任务提供模型基础支撑，从而实现更加通用的人工智能模型，促使 AIGC 迎来质变与大规模应用。在核心技术演进、产品形态丰富、场景应用多元化、生态建设日益完善中，AIGC 将充分释放应用价值与商业潜力。

10.2 生命 3.0：关于人与 AI 未来的思考

在《生命 3.0：人工智能时代，人类的进化与重生》一书的开篇中，作者迈克斯·泰格马克就脑洞大开地设想了 AGI“越狱”的场景。假设人类已经设计出了超越人类智慧的 AGI，为了确保人类的安全，将 AGI 锁住，不让它联网复制，就能控制住 AGI 吗？结果是，比人类聪明的 AGI 自己上演了“肖申克的救赎”。

GPT 大模型凭借其显著的涌现能力迈出通向 AGI 的重要一步。现在，我们重新审视人与人工智能的关系，才能更好地理解 AI 的应用前景。人工智能可以帮助人类发展到什么程度？如何处理和机器人的关系？

1. 生命从 1.0 向 3.0 进化

2017 年 8 月，麻省理工学院物理系终身教授迈克斯·泰格马克的著作《生命 3.0：人工智能时代，人类的进化与重生》出版。《科学》《自然》两大权威学术期刊同时刊文推荐本书，引发了硅谷、科学界和媒体的广泛讨论。在书中，“生命”被定义成一个能保持自身复杂性并进行复制的系统。生命有硬件也有软件。硬件是生命有形的部分，用来收集信息；软件是生命无形的部分，用来处理信息。

从地球上生命体的发展过程来看，生命可以划分为 3 个阶段。

- 生命 1.0：系统不能重新设计自己的软件和硬件，两者都是由 DNA 决定的。如 40 亿年前，最早出现的单细胞、细菌等生物，不具备重新设计自身“算法”的能力。
- 生命 2.0：系统还是不能重新设计自己的硬件，但是，它能够重新设计自己的软件，可以通过学习获得很多复杂的新技能。人类就是生命 2.0 的代表。我们的身体由基因来决定，而个人的认知水平则是通过后天学习来塑造的。
- 生命 3.0：系统能自己设计软件和硬件，这便是人工智能。比如，电影《黑客帝国》里的母体、《终结者》里的天网、《变形金刚》里的汽车人，都属于生命 3.0。

从 2.0 进化到 3.0，生命可能并不需要寄存在血肉之躯里。人工智能诞生于人类之手，可能是比人类更高级的生命体，有望摆脱躯体的桎梏，获得永生。

2. 人类与 AI 共存的设想

AI 未来会不会取代人类？该怎样处理人机关系？从目前来看，大多数人工智能开发者的研究都聚焦在狭义人工智能上，就是用数据和算法驱动机器。像自动驾驶汽车、阿尔法狗、谷歌助理等，它们只能在受限的范围内执行特定任务，缺乏通用智能和自我意识。真正的人工智能是 AGI，也就是生命 3.0。它们能够自主地思考、学习和决策，并且可能具有超越人类的能力。

人工智能何时会全面超越人类？对此，业界有个“奇点”理论，认为人工智能在奇点处具备自我升级的能力，一旦突破这个临界点，智能进化的速度就将以指数级增长，迎来“智能爆炸”。此时将由 AGI 建造出超级智能，人类会被远远甩在后面，甚至被超级智能统治。有观点预测 AGI 或许 10 年后就会到来。

当我们憧憬“智能爆炸”的时候，不能忽略人自身的进化，这也是《生命 3.0：人工智能时代，人类的进化与重生》的立意之所在。人类拥有一个人工智能尚不具有的本领，那就是意识。神经生物学家霍金斯认为，人类大脑的神奇之处在于 800 亿神经元组合起来能构建出复杂的智能，而人类对大脑如何产生智慧的机理仍然知之甚少。他提出，未来人工智能的一个发展路径是学习人脑神经元的复杂组合方式。换句话说，现在 AI 距离人类的智慧还差之千里。

那么，人类该如何发挥自身的先天优势，与 AI 共存？

一是成为人类的助手和伴侣。未来的人工智能将具有更高的智能水平和更多的情感属性，在家庭、医疗、教育、娱乐等领域为人类提供更加个性化、细致化的服务。

二是人机共同创造新价值。人工智能系统帮助人类进行音乐创作、艺术创作、科学研究等，开创新的艺术和科学的领域。

三是人机深度融合。人类可以借助人工智能的能力提升自身的认知、理解和判断能力。同时，人工智能的表达、推理和决策能力也可以更加智能化和自然化。

四是“取代”人类工作。人工智能技术的发展可能会导致一些原本人工处理的工作实现自动化或被替代，但它也可能创造新的工作机会，并使人类从重复性、低附加值的工作中解放出来，更多地从事富有创造性和高级智能的工作。

3. 解决 AI 潜在风险的紧迫性

我们正处在一个机遇与风险并存的时代。ChatGPT 大模型及应用在短短数月内光速发展，在多个领域达到“类人”的表现，塑造了人机协作新范式，影响着全人类社会的生产和生活方式。这一切都让人们感觉 AGI 时代就要到来了。而解决好 AI 的安全问题变得非常重要和紧迫，需要让 AI 的研发和使用变得更加可控和安全，将伦理问题和价值观置于技术之上。否则，我们将可能遭遇人类历史上最严峻的考验。

生命 3.0 时代，人类不能做一个毫无准备的乐观主义者，而是要成为一个警觉的乐观主义者，面对强大的人工智能，既不过分自大，又不过分自卑，同时抱有恐惧、敬畏和好奇之心。恐惧，可以激发我们的无限创造力；敬畏，可以让我们更加规范技术的发展；好奇，可以驱使我们无畏艰险，一路向前。

"并非宇宙将意义赋予了有意识的实体，而是有意识的实体将意义赋予了宇宙。"或许这句话就是人类应对未来人工智能挑战的最好方式。

10.3　AGI 未来发展预测

"在'奇点'到来之际，机器将能通过人工智能进行自我完善，超越人类，从而开启一个新的时代。"未来学家雷·库兹韦尔大胆预测，AI 奇点会在 2045 年实现。现在，AI 大模型掀开的故事还在"狂飙"。外界惊叹 ChatGPT 的表现的同时，于 AI 而言这意味着技术范式的转变，更意味着通向 AGI 的大门开启。

AGI 是一种具有所有人类智能水平的机器，它可以理解、学习、适应和实现任何知识工作。自 21 世纪 10 年代初深度学习问世以来，人工智能进入第三次发展高潮。2017 年，Transformer 算法的出现，将深度学习推向了大模型时代。当下，大语言模型展现出来的推理、思维链等能力让人类感到惊讶，尤其是 GPT-4 在多种能力测试中达到人类顶级水平，更是让世界看到了 AGI 的曙光。

展望未来，AI 将给产品交互、企业生态、商业模式等多个领域带来变革，人工智能正在从"工具"变成"伙伴"，我们将进入人机共生的新时代。而在 AI 新时代，多模态可助力大模型解决复杂问题，生成式 AI 将带来更贴近人的交互方式，MaaS 生态呼之欲出，垂直领域应用会是大模型未来的主战场。

人类见证了 AI 的快速发展，新工具以前所未有的速度和范围改变着我们的世界。未来的人工智能，不但具有解决复杂问题的能力，而且将在创新和创造性任务中取得进步。AGI 这种与人类智能媲美，可以理解和执行各种任务的新型人工智能，与传统的专业 AI 有着显著的区别。未来，它会具备更高级的自主决策和推理能力，不仅可以完成复杂和不断变化的任务，还有可能在很多领域有着超越人类水平的表现。

人类与 AI 的合作将更加紧密，人类可以利用人工智能来增强自身的能力。AGI 的出现将推动极具颠覆性的人类发展，深刻地影响所有垂直领域的所有行业。它既可能改变许多行业的运作方式，从制造业到金融和医疗保健等，带来效率提升、自动化和创新，也可能引发就业变革和伦理、隐私等问题。

很难预测 AGI 时代还有多远，对此仍然需要不断地研究，并且这条路不会一帆风顺。OpenAI 认为，未来 10 年内，我们可能会拥有超强的 AI 系统。马斯克指出，生成式 AI 的出现，对人类文明产生了非常深刻的作用和影响。AGI 比人类在任何一个方面都要“聪明”得多，现在就需要对 AGI 技术进行监督，从而确保该技术未来不会产生负面、消极的事件。

AGI 的发展是一个充满挑战和机遇的过程。“千里之行，始于足下”，我们应从现在开始，负责任地关注和管控 AGI 的潜在风险，以确保 AI 的发展能够真正为人类带来福祉。

10.4 AGI 时代金融业的未来畅想

AGI 时代呼啸而来，代表了 AI 技术从“单点感知”向“全面认知”迈进的转变，它将成为金融数字化转型的重要驱动力。未来，大模型的发展会对金融业产生颠覆性影响，在智能投研、代码开发、智能投顾、风险管理、监管合规知识库、智能营销等领域实现深度应用，重新塑造行业价值链。

大模型与金融机构的结合可能呈现两种形式：一是提供“开箱即用”的 AI 技术服务；二是将 AI 技术以组件的形式嵌入现有金融服务工作流程中。在 AI 新时代，金融业将面临前所未有的变革和机遇，从数字金融向智慧金融转变，实现量变到“智变”。

（1）全面提升自动化和决策效率

金融机构利用 AGI 处理大规模的数据分析、风险评估和交易执行，加速决策过程、减少错误并降低成本。这将改善金融机构的运营效率，提高客户服务水平，并释放更多资源用于创新和增长。

（2）高效的智能投资管理

AGI 系统具备强大的数据分析和模式识别能力，能够帮助金融机构进行智能投资和资产管理。它通过分析大量市场数据、经济指标和投资模型，实时监测市场变动、预测趋势，支持快速交易决策和优化投资组合配置，最大化投资回报。

（3）极致的个性化金融服务

金融机构可以提供更加个性化、精准的服务和产品。AGI 系统能够分析和理解客户的金融需求、风险承受能力和偏好，从而提供量身定制的产品和服务。这将改善客户体验、增加客户忠诚度，并为金融机构带来竞争优势。

（4）一体化智能风险管理

AGI 系统拥有强大的模式识别和异常检测能力，能够帮助金融机构打造智能化一体化风险管理平台体系。金融机构可以更加精准地预测和管理各类风险，降低风险损失，提高风险管理效率，维护金融体系的稳定性和安全性。

总体而言，AGI 系统以人工智能的大模型为基础，改造及扩展传统金融模式和数字金融模型，形成跨越时空的垂直智能金融模式集群，拓展金融经济的边界，重构金融与实体经济的关系。金融机构在面临巨大机遇的同时，也需要充分发挥新技术的潜力，坚守科技伦理底线，实现绿色可持续发展。

我国具有大市场、大数据、广泛参与的优势，为 AI 的探索和推广提供了“肥沃土壤”，加快了金融业等实体经济的数智化转型步伐，实现了跨越式发展和新的价值创造，将成为全球人工智能生态系统演进的巨大动力。

未来已来，共赴山海！

推荐阅读

AIGC重塑教育：AI大模型驱动的教育变革与实践

作者：刘文勇 ISBN：978-7-111-73744-5 定价：79.00元

这本书能全面指导教师、家长、学生系统认识以ChatGPT为代表的AIGC技术为教育和学习带来的深远影响，并快速了解和掌握目前主流的AIGC工具在不同教育和学习场景中的应用，帮助教师、学生、家长先人一步实现角色转变，完成AI能力塑造，在未来的竞争中遥遥领先于对手，成为AI时代的先知和赢家。

本书内容针对教师、家长、学生这3个关键角色，围绕教育和学习全面展开。在AI时代，老师应该如何教，孩子应该怎样学，父母又该扮演什么样的角色，这3个教育和学习领域的关键问题都能在本书中找到答案。

Prompt魔法：提示词工程与ChatGPT行业应用

作者：丁博生 张似衡 卢森煌 吴楠 ISBN：978-7-111-74001-8 定价：89.00元

这是一本能指引我们每个人赢在AI时代的著作，它将教会我们在各种场景中熟练使用ChatGPT等AI工具和编写提示词，大幅提升我们的工作效率，让我们实现AI普惠，成为AI高手。

本书主要内容包括：AIGC的深刻影响及其背后的本质，ChatGPT/GPT-4等主流AIGC工具的配置、使用和选型，提示词（Prompt）编写的入门指南、基本原则、黄金公式和进阶技巧，AIGC辅助文案写作、文稿翻译、数据分析、邮件撰写、PPT制作、工作总结、知识整理、图片生成等工作，以及程序设计、艺术设计、游戏开发与设计、产品和运营、金融、教育、咨询等10余个行业和领域的AIGC应用场景和提示词写作技巧。